सराय
अनुवाद
शृंखला

बेतिलिस्म रात

रोशनी का आधुनिक सफ़र

वुल्फ़गैंग शिवेलबुश

अनुवाद
योगेन्द्र दत्त

वाणी प्रकाशन

वुल्फ़गैंग शिवेलबुश कृत

बेतिलिस्म रातः रोशनी का आधुनिक सफ़र

(सराय अनुवाद शृंखला की दूसरी पेशकश)

(मूल जर्मन से ऐन्जेला डेवीस द्वारा किये गये अंग्रेज़ी अनुवाद *Disenchanted Night : The Industrialization of Light in the Nineteenth Century*, University of California Press, Berkeley and Los Angeles, California, 1995 का हिन्दी संस्करण)

परिकल्पना और प्रस्तुति : सराय-सीएसडीएस
अनुवाद : योगेन्द्र दत्त
शृंखला संपादन : रविकान्त
इस किताब के संपादक : रविकान्त + संजय शर्मा
पुस्तक सज्जा और आवरण : मृत्युंजय चैटर्जी
संपादन सहयोग : महमूद फ़ारूक़ी, राकेश कुमार सिंह
लिप्यंतरण सहयोग : प्रीतू झा (फ्रांसीसी), ईषा (जर्मन)
कॉपीः रमज़ान अली, अरुण माहेश्वरी, विनोद भारद्वाज, गणेश रजवार
उत्पादन सहयोग : आशीष महाजन, सचिन, विकास, चन्दन
विशेष आभार : राधिका सुब्रमण्यम, शाश्वती मज़ुमदार, रवि वासुदेवन, रवि सुंदरम, जीबेश बागची, मॉनिका नरूला, शुद्धब्रत सेनगुप्ता, अवधेन्द्र शरण

प्रकाशक :

सराय
विकासशील समाज अध्ययन पीठ (सीएसडीएस) का कार्यक्रम
29, राजपुर रोड, दिल्ली–110054, भारत
फ़ोनः (+91) 11-23942199, फ़ैक्सः (+91) 11-23943450
ई-मेलः dak@sarai.net, वेबसाइटः www.sarai.net

वाणी प्रकाशन

21 ए, दरियागंज, नई दिल्ली - 110 002

ISBN : 978-93-5000-254-4

मुद्रक : आर.टेक ऑफसेट, दिल्ली-110095

मूल्य :४९५.००

आवरण : विन्सेन्ट वैन गॉग, कैफ़े टेरेस ऐट नाइट

ये किताब सराय के वेबसाइट पर मुफ्त डाउनलोड के लिए उपलब्ध रहेगी।

अनुक्रम

भूमिका के बदले

मशाल—ज्योति का प्रतीक.

—वह ज्योति जो हमारी मुट्ठी में हो!

हाँ, मशाल मनुष्य की उस विजय की सूचना है, जब उसने पंच-प्रकृतियों—क्षिति, जल, पावक, गगन, समीर—में सबसे भयानक पावक, अग्नि—पर क़ब्ज़ा किया, उसे मुट्ठी में लिया और विधाता को चुनौती दी!

विधाता को—चुनौती!

लो, ओ विधाता, दिन बनाकर तुम्हें सन्तोष नही हुआ, तो तुमने रात बनाई—प्रकाश तुम्हारे लिए काफ़ी नही था, तुमने अंधकार बनाया। अंधकार बनाया और हमें उसमें भटकने, तड़पने, बिलबिलाने, चिल्लाने को छोड़ दिया। हम चिल्लाते रहे—तमसो मा ज्योतिर्गमय! और तुम – तुम कभी तारे की झिल-मिल, चाँद की चकमक, बिजली की लुक-छिप और जुगनू की भुक-भुक के बहाने हम पर मुस्कराते रहे, हँसते रहे! ओहो, ठहाके मारते रहे! किन्तु अब? अब हमारे हाथ में यह मशाल—यह ज्योतिर्लिंग—है, अब? बोलो, लजाते क्यों हो! बुड्ढे!

नही बोलते, तो सुनो—

अब, हम इस ज्योतिर्पुंज को हाथ में लेकर तुम्हारी अंजनबसना कुहू निशा में भी अपना रास रचाएँगे.

तुम्हारे अंधकार की सेना हमारे इस प्रकाशपुंज को देखते ही इस तरह पलायित होगी, जिस तरह शिकरे के पर की फटफटाहट सुनते ही पक्षी समूह!

यही नही, जहाँ तुम्हारे तारे, बिजली, जुगनू की कौन बात, बारह कला चाँद और सोलह कला सूरज—वह जिसे भुवनभास्कर कहलाने का घमंड है—हार मानेगा, व्यर्थ सिद्ध होगा, वहाँ भी हमारा मशाल जगमग करेगा, ज्योति का बाज़ार लगाएगा! हम इसे अपने हाथ में लेकर भयंकर भूधर की तमिस्रामयी हृदय-स्थली—भयंकर गुफा—में ही प्रवेश नही करेंगे, पृथ्वी की छाती फोड़कर उसकी धुकधुकी की भी गिनती करेंगे!

धन्य है हमारी मशाल—धन्य हैं हम, इसके स्रष्टा.

मशाल—ज्योति का प्रतीक.

गैस और विद्युत की दुनिया में रहने, रमनेवालों! ज़रा अपनी कल्पना को पीछे ले जाओ, तब तुम्हें मशाल का महत्व मालूम पड़े!

('मशाल' – रामवृक्ष बेनीपुरी)

बेनीपुरी ने यह शब्द चित्र 1949 में खींचा था, शिवेलबुश की मूल जर्मन किताब 1989 में आई. बेनीपुरी ने इसे अपनी अनोखी ललित निबंध शैली में लिखा था और शिवेलबुश ने लिखी इतिहास की

एक मुकम्मल किताब. जिस समय-बिंदु से बेनीपुरी पीछे जाते हैं, शिवेलबुश वहीं से आगे बढ़ते हैं. 'मशाल' जहाँ एक समाजवादी क्रांति का प्रतीकात्मक आह्वान है, वहीं *बेतिलिस्म रात* आधुनिक, 'नक़ली' रोशनी का एक सामाजिक सफ़रनामा, जिसमें दीये से लेकर डायोरामा तक के तकनीकी बदलाव की वैज्ञानिक कहानी तो है ही, पर किस बदलाव से घर, शहर, सत्ता और समाज पर क्या फ़र्क़ पड़ता है, किस बदलाव पर वे कैसे चमत्कृत होते हैं, किस पसोपेश में पड़ते हैं, और आख़िरकार उनके साथ वे कैसे खिलवाड़ करते हैं, कैसा रोज़ाना का सलूक करते हैं, ख़ास मौक़ों पर उनका कैसा इस्तेमाल करते हैं, इसका बयान भी है. किस तरह की रोशनी कब, किस लड़ाई में, किसका हथियार बनती है, और कब प्रतीक, कब मंच सजाती है और कब नेपथ्य में चली जाती है, ये सब है इस किताब में. लब्बोलुबाब ये कि हर अच्छे इतिहास की तरह ये एक साथ आर्थिक, तकनीकी, सांस्कृतिक और मनोवैज्ञानिक दास्तान है. उन्नीसवीं सदी के युरोपीय साहित्य के उद्धरण और अभिलेखागार के दस्तावेज़ों के साक्ष्य के अलावा अनेकानेक दिलकश तस्वीरें इस लोकप्रिय किताब को स्थायी तौर पर अमूल्य बनाती हैं.

दोस्तो! हमने ख़ुद से और हिंदी जनपद से वादा किया था कि तकनीकी इतिहास के सामाजिक व सांस्कृतिक पहलुओं से मुताल्लिक़ कुछ ऐसी किताबें छापेंगे जो हममें बौद्धिक स्फुरण पैदा करती रही हैं. आधुनिकता, ख़ासकर युरोप की औद्योगिक आधुनिकता पर वुल्फ़गैंग शिवेलबुश की दो बेहतरीन किताबें हमारे उसी मंसूबे का हिस्सा हैं. पिछली सर्दियों में ज़ाक रॉसिएर की *सर्वहारा रातें* (अनुवाद : अभय कुमार दुबे, वाणी प्रकाशन, 2009) के बाद *बेतिलिस्म रात* को दिन का उजाला दिखाकर हम उस वादे को आंशिक तौर पर आज पूरा कर रहे हैं. योगेन्द्र दत्त ने उनकी दूसरी किताब *रेलवे जर्नी* का भी अनुवाद कर छोड़ा है. हम इसे भी जल्द से जल्द सम्पादित करके शाया करेंगे. दिल्ली विश्वविद्यालय और दीगर जगहों पर इतिहास पढ़ते-पढ़ाते हमें ऐसी किताबों की कमी खलती रही है, लिहाज़ा ऐसी कोशिशों से हमारी उम्मीद ये भी रहती है कि हिंदी और दूसरी महादेशीय भाषाओं में इस तर्ज़ पर और शायद इससे बेहतर इतिहास लिखे जायेंगे. और ये भी कि ये किताबें इतिहासेतर व्यापकतर पाठक समुदाय तक पहुँचेंगी.

बहरहाल, ऐसे इतिहास हमारे यहाँ चाहे जितने विरल रहे हों, पर उनको लिखने के लिए दिलचस्प स्रोतों की कोई कमी नहीं है. मिसाल के तौर पर, क़ुदरती रोशनी या कृत्रिम रोशनी की प्रौद्योगिकी के साथ एशियाई मुठभेड़ की दास्तानों से हमारा काव्य अटा पड़ा है. चाहे आप बेनीपुरी की तरह आधुनिकता से आड़ा-तिरछा रिश्ता बनाने वाले अकबर इलाहाबादी के ये सार-गर्भित शे'र देखें :

बर्क़ के लैम्प से आँखों को बचाए अल्लाह।
रोशनी आती है और नूर चला जाता है।।

चाहे राही मासूम रज़ा की *क्रांति-कथा* देखें या फणीश्वर नाथ रेणु की कहानी *पंचलाइट* को, आपको ऐसे कई दृष्टान्त मिल जायेंगे, जो अपने ज़माने की रोशनी या उसकी कमी, उसको लेकर होते संघर्षों, या फिर उसकी बहुतायत से चुंधियाते समाज से मुखामुखम हो रहे हैं:

भारत धूलों से भरा, आँसुओं से गीला, भारत अब भी व्याकुल विपत्ति के घेरे में।
दिल्ली में तो है खूब ज्योति की चहल-पहल, पर, भटक रहा है सारा देश अँधेरे में।

(दिनकर, 'भारत का यह रेशमी नगर')

कहाँ तो तय था चिराग़ाँ हरेक घर के लिए।
कहाँ चिराग़ मयस्सर नहीं शहर के लिए।।
शाम ही से बुझा सा रहता है।
दिल हो गोया चराग़ मुफ़लिस का।।

कहना ना होगा कि उर्दू शायरी की महफ़िलें, उसके मुशायरे, शमा-ए-महफ़िल के बग़ैर जम ही नहीं सकती थीं और न ही कोई रूमानी शायरी आफ़ताब-महताब के बिना मुमकिन थी। इस रिवायत को फ़िल्मी गीतों ने भी बदस्तूर क़ायम रखा। श्वेत-श्याम के किरियास्कुरो – कहीं दीप जले कहीं दिल – से लेकर रंगीन *लव-स्टोरी* तकः

अब चराग़ों का कोई काम नहीं।
तेरे चेहरे से रोशनी-सी है।।

या फिर

बिजली नहीं है यही इक ग़म है।
तेरी बिंदिया क्या बिजली से कम है।।

पीछे जाकर संस्कृत ग्रंथों को पलटें तो, और सौर ऊर्जा में दिलचस्पी रखने वालों को शायद यह बात ख़ास दिलचस्प लगेगी कि वहाँ दीये को सूर्य का ही अंश माना गया है, वैसे तो उसे ब्रह्म भी माना गया है – यो दीप ब्रह्मस्वरूपस्त्वम् – पर हमारे पास अभी उधर भटकने का अवकाश नहीं है.

महाकवि कालिदास के कई विशेषणों में से एक है 'दीपशिखा'। दीपशिखा कवि, क्यों हुए कालिदास, यूँ हुएः

संचारिणी दीपशिखेव रात्रौ, यं यं व्यतीयाय पतिंवरा सा।
नरेंद्र मार्गाट्ट इव प्रपेदे विवर्णभावः स स भूमिपालः।।

(*रघुवंशम्* , छठा सर्ग)

प्रसंग इन्दुमती स्वयंवर का है और वह वर-माला लेकर लाइन से बैठे राजाओं के आगे से गुज़र रही है। उसका आगे बढ़ना राजाओं पर क्या असर छोड़ता है, इसे समझाने के लिए कालिदास ने राजमार्ग पर रात को चलते मशालची की उपमा दी है। मशाल दीवार के जिस हिस्से के सामने पड़ती है वह हिस्सा अचानक चमक उठता है, फिर जैसे ही मशाल आगे बढ़ती है दीवार विवर्ण – फीकी – हो जाती है.

रामचरितमानस में जब जंगल जाने की बात आती है तो सीता की कोमलता और वन-जीवन की कठोरता कौशल्या के ज़ेहन में एक साथ कौंध जाती है — दीपबाती नहीं टारन कहऊँ — जिससे आजतक दीये की लौ को भी दुरुस्त करने नहीं कहा, वह वनवास करेगी?

उसी तरह, कौन भूल सकता है *शोले* के उस रूमानी दृश्य को जब विधवा जया भादुड़ी लालटेनों को एक-एक कर बुझाती है, अमिताभ माउथ ऑरगन बजाते हुए उन्हें बुझता हुआ देखता है, और फिर आख़िरी लालटेन के बुझने के साथ चुप हो जाता है. इस तरह संगीत और दीया ख़ामोश मोहब्बत में आपसी संवाद का ज़रिया बनते हैं.

कितनी मिसालें दी जायें! कितनी सूक्तियाँ, कितने मुहावरे, कितनी लोकोक्तियाँ होंगी हमारे इर्द-गिर्द बिखरी हुईं, जिन्हें अपने शिवेलबुश का इंतज़ार है, इतिहास की रोशनाई का इंतज़ार है. इत्यलम.

रविकान्त + संजय शर्मा

लैम्प

साल 1889: पेरिस में विज्ञान प्रदर्शनी की गहमागहमी का माहौल था। इस मौक़े पर मशहूर फ़्रांसीसी वास्तुकार ज़ूल बूर्दे ने प्रस्ताव रखा कि उन्हें प्रदर्शनी के लिए शहर के बीचों-बीच, पाँट न्यूफ़ के समीप 360 मीटर (1,200 फ़ुट) ऊँची मीनार बनाने की इजाज़त दी जाए। पर इस मीनार की ख़ूबी उसकी ऊँचाई में नहीं थी। बूर्दे तो उसके ऊपर अकूत ताक़तवर चाप बत्तियाँ लगाना चाहते थे ताकि पूरे शहर को एक ही जगह से रोशन किया जा सके। पेरिस को अब तक अपनी सड़कों को रोशन करने के लिए हज़ारों गैस बत्तियों का इस्तेमाल करना पड़ता था। अब पूरा शहर एक ही स्रोत से जगमगा उठने वाला था। सड़क प्रकाश व्यवस्था, नगर प्रकाश व्यवस्था में तब्दील हो जानी थी।

बूर्दे ट्रॉकाडेरो का निर्माण करके पहले ही ख्याति अर्जित कर चुके थे। लिहाज़ा उनकी तजवीज़ को पूरी तवज्जो दी गई। ख़ूब बहस हुई। कारण, कि साथ-साथ पुल बनाने वाले इंजीनियर गुस्ताव एफ़िल का भी एक प्रस्ताव विचाराधीन था। वह भी पेरिस में एक गगनचुंबी मीनार बनाना चाहते थे। नुमाइश की तैयारी करने वाली समिति ने अंत में एफ़िल की परियोजना को मंज़ूरी दी। जहाँ तक बूर्दे की मीनार का सवाल है तो इस बात पर किसी को भी शुबहा नहीं था कि तकनीकी तौर पर पूरे पेरिस को एक ही जगह से रोशन किया जा सकता है। फिर भी, आख़िरकार एफ़िल का ही टावर बना। एफ़िल का टावर बना तो, मगर इसलिए नहीं कि उसे बूर्दे के टावर के मुक़ाबले कम कठिन माना गया बल्कि इसलिए कि उस वक़्त के लोग यह सोच कर सहम उठे थे कि बूर्दे के भीमकाय टावर की मरकज़ी एकमुश्त रोशनी से कहीं वे अंधे न हो जाएँ।

बूर्दे की सौर-मीनार (सन टावर) उन्नीसवीं सदी में रोशनी को लेकर बुनी गई फ़ंतासियों की एक बेहतरीन यादगार है। उसकी आभा इस तथ्य से भी क्षीण नहीं होती कि वह कभी नहीं बनी और जल्दी ही गुमनामी के अँधेरे में खो गई। यह प्रस्तावित मीनार उस सिलसिले की तार्किक परिणति थी जिसने अब तक की तकनीकी प्रगति के बल पर लोगों को यह यक़ीन दिला दिया था कि अब इंसान जितनी चाहे उतनी रोशनी पैदा कर सकता है। उस वक़्त लोग 'रात को दिन में तब्दील कर देने' की संभावना को लेकर वाक़ई संजीदा थे। इसमें कोई शक नहीं कि उन्नीसवीं सदी में अनपेक्षित रूप से भारी मात्रा और सघनता में प्रकाश पैदा किया गया मगर वांछित आदर्श फिर भी साकार नहीं किया जा सका। सच तो यह है कि अगर बूर्दे का टावर भी बन जाता तो वह भी रात को हद से हद एक नीम-रोशन और कृत्रिम दिन में ही तब्दील कर पाता।

तारीख़ी तौर पर यह बात स्वाभाविक लगती है कि इस क़िस्म की किसी परियोजना पर पेरिस में सोचा गया, उस पर बहस की गई और वह बस साकार होते-होते रह गई। लोकमानस में 'रोशनी के शहर' — सिटी ऑफ़ लाइट — की छवि पेरिस की ही तो थी। उसे यह उपाधि दिलाने में दो चीज़ों का हाथ था : एक तो अठारहवीं सदी का ज्ञानोदय (एनलाइटेनमेंट) जिसके केंद्र में पेरिस रहा, और दूसरे, उसकी जगमगाती पुरलुत्फ़ छायादार शाहराहें (बुलेवार्ड्स) थीं, जो उन्नीसवीं सदी की देन थीं। ग़ौर से

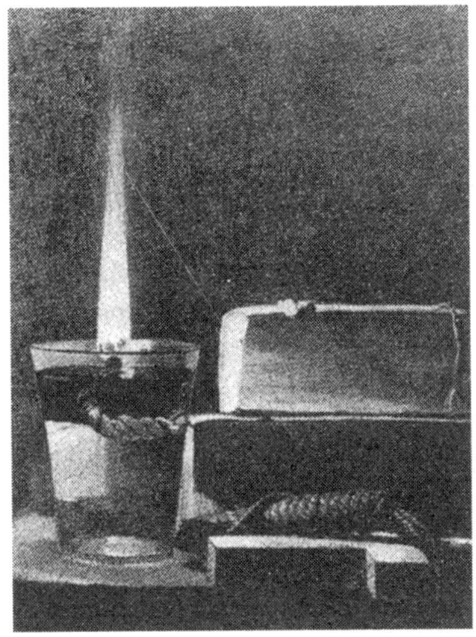

दीया-बाती
ज़ॉर्ज़ दि ला तूअर, *सेन्ट मैडेली*,
म्यूज़ी द्यू लूव्र

देखें तो रोशनी का यह शहर वाक़ई कृत्रिम प्रकाश व्यवस्था के इतिहास का एक जीता-जागता केंद्र दिखाई देता है। उसने रह-रहकर एक से एक महत्त्वपूर्ण वैज्ञानिक, तकनीकी और मनोवैज्ञानिक स्पंदन पैदा किए थे। यहाँ इस बात की पड़ताल करना दिलचस्प रहेगा कि उस काल और परिवेश में दार्शनिक ज्ञानोदय और रोशनी की चाह के बीच कोई संबंध था या नहीं? और, क्या ऐसा हो सकता है कि ज्ञानोदय की दार्शनिक आवश्यकता ही सचमुच की रोशनी में रुचि का स्रोत रही हो? यदि ऐसा है तो हमें लाज़िमी तौर पर उस दौर के प्रकृति विज्ञानों, विशेष रूप से रसायन शास्त्र – जिसमें दिलचस्पी पेरिस की एक और ख़ासियत थी – में भी ज्ञानोदय और प्रकाश की चाह के बीच की कड़ी की दरियाफ़्त करनी चाहिए। (उस काल और परिवेश में लाव्आज़ियेर द्वारा स्थापित प्रज्वलन के आधुनिक सिद्धांत को रासायनिक 'ज्ञानोदय' की संज्ञा दी जा सकती है।) लाव्आज़ियेर की खोज ने तब तक प्रचलित इस मान्यता को रद्द कर दिया था कि लपटों को प्रदाहक (यानी फ़्लॉजिस्ट्रॉन) से खुराक मिलती है। उन्होंने साबित करके दिखा दिया कि लपटें हवा में मौजूद ऑक्सीजन की वजह से पैदा होती हैं। उनकी इस खोज ने कृत्रिम प्रकाश व्यवस्था की तारीख़ के आख़िरी चरण का दरवाज़ा खोल दिया था। जब एक बार आग के वास्तविक रासायनिक स्वरूप का पता चल गया तो उसे अपने हिसाब से नए-नए रूपों में ढालना भी आसान हो गया। अब मनुष्य आग को उसी रूप में स्वीकार नहीं कर सकता था जिस रूप में वह न जाने कब से चली आ रही थी। अब एक सटीक रासायनिक उपकरण की सहायता से आग की लौ को न केवल घटाया-बढ़ाया जा सकता था कि बल्कि उसे ज़्यादा कुशल और किफ़ायती ढंग से इस्तेमाल में लाया जा सकता था। यह खोज लगभग उसी समय हुई जब जेम्स वॉट ने भाप के इंजिन में सुधार करके उसे बेहतर बनाया था।

चिरागाँः स्पेन के फ़िलिप V की अंत्येष्टि पर, पेरिस, 1746
(सायंस म्यूज़ियम, लंदन)

पेरिस में लाव्आज़ियेर के एक समकालीन ने दीये की लौ की व्याख्या कुछ इसी तरह की थी। पर आइए, पहले चारों तरफ़ उजाला बिखेरने वाली आग के लंबे सफ़र पर एक विहंगम दृष्टि डाल लें!

आग और लौ

कृत्रिम प्रकाश का उद्‌गम स्रोत भी 'आग' ही है। बिजली की बत्ती भी स्विच दबाते ही 'जल' उठती है। शुरुआती इंसानी समाजों के लिए आग के तीन अहम इस्तेमाल थे : खाना पकाना (जिसमें आगे चल कर धातु-कर्म और मिट्टी के बर्तन पकाना भी शामिल हो गया), गर्माहट पैदा करना, और उजाला करना। बहुत शुरुआती ज़माने में पूरे समुदाय के पास एक ही आग होती थी। यानी अँधेरा होने पर तीनों काम एक जगह जल रही अखंड आग से ही पूरे कर लिए जाते थे। पुरातन संस्कृतियों और पौराणिक कथाओं में आग को जिस तरह के तिलिस्म का स्रोत माना जाता है उसमें आदिम आग की इस अहमियत का हाथ ज़रूर रहा होगा।

जैसे-जैसे मानव सभ्यता आगे बढ़ी आग की यह एकता टूटने लगी। हर काम के लिए अलग से आग जलाई जाने लगी। उसके इस्तेमाल एक-दूसरे से अलग होने लगे, हालाँकि खाना पकाने और तापने के लिए लंबे अरसे तक अविभाजित अखंडित आग का ही इस्तेमाल होता रहा। आग का एक टुकड़ा पहले-पहल अलग होकर रोशनी के लिए इस्तेमाल होने लगा। अलाव या खाना बनाने के लिए जलाई गई आग में लकड़ी के जो कुंदे ज़्यादा लहकदार होते थे उन्हें वहाँ से खींचकर लुकाठी बना लिया जाता था। इस अनुभव से लोगों को लकड़ी की क़िस्मों की परख भी होने लगी। वे इस बात को समझने लगे कि कुछ लकड़ियाँ जलते हुए ज़्यादा उजाला देती हैं, यानी उनमें राल (बरोज़ा) की मात्रा ज़्यादा होती है।

यहाँ तक कृत्रिम रोशनी पूरी तरह लकड़ी के कुदरती गुणों पर ही निर्भर थी। इस सिलसिले का अगला क़दम किसी तकनीकी आविष्कार से कम न था। मशाल के लिए जिन लुकाठियों का इस्तेमाल किया जाता

बिजली के चाप प्रकाश से रोशन फ़ैक्ट्री
पेरिस, 1877

था उनमें राल या अलकतरा लगा दिया जाता था ताकि रोशनी और बढ़ जाए। अब लुकाठी ने अपनी पहले वाली अहमियत खो दी। इसके बाद वह ईंधन नहीं बल्कि मशाल-दंड मात्र बनकर रह गया।

मोमबत्ती और तेल से जलने वाला दीया रोशनी के तकनीकी सफ़र में अगला पड़ाव था। इससे मशाल के आकार-प्रकार व उसकी गुणवत्ता में भी निखार आया। 'क्योंकि इस प्रकाश स्रोत {यानी मशाल} में इतनी विविधता नहीं होती थी, संभवतः इसी वजह से आख़िरकार मोमबत्ती का आविष्कार हुआ। इंसान एक ऐसी छोटी सी मशाल की तलाश में था जिसे आसानी से यहाँ-वहाँ ले जाया जा सके, जो ज़्यादा देर तक जले, जिसके लिए किसी सहायक ईंधन की ज़रूरत न हो, जिसमें धुआँ और कालिख कम से कम निकले और जिसे बार-बार जलाने में भी ज़्यादा मशक्कत न उठानी पड़े।'[1] मोमबत्ती में बेशक ये सारे गुण थे, मगर इनसे उसके पीछे काम कर रहे नए तकनीकी सिद्धांत का पता नहीं चलता।

मशाल में ज्वलन के केंद्र और ईंधन के बीच कोई फ़ासला नहीं होता। मोमबत्ती में ये दोनों अलग-अलग होते हैं। यहाँ ज्वलन का एकमात्र केंद्र बत्ती होता है और उसे ख़ुराक़ ईंधन की टंकी (मोमबत्ती में बेलनाकार मोम और लैम्प में तेल की डिब्बी) से मिलती है जो लौ से अलग रहती है। अब तक मशाल का रंग-रूप भले ही काफ़ी बदल चुका था लेकिन अपनी मूल प्रकृति में अब भी वह चूल्हे से खींची गई जलती हुई लुकाठी ही तो थी। दूसरी तरफ़ दीये की बत्ती के इर्द-गिर्द झिलमिलाती लौ पहली बार और मुकम्मल तौर पर सिर्फ़ रोशनी के मक़सद से जलने लगी। कृत्रिम प्रकाश के सफ़र में बत्ती की वही क्रांतिकारी हैसियत है जो परिवहन के इतिहास में पहिए के आविष्कार की रही है।

यह तकनीकी आविष्कार मनोवैज्ञानिक रूप से बहुत महत्त्वपूर्ण रहा। तक़रीबन अदृश्य बत्ती के इर्द-गिर्द जगमगाती लौ को देखने का अनुभव किसी लुकाठी या मशाल के इर्द-गिर्द जगमगाती लौ को देखने से बिल्कुल अलग था। लुकाठी और मशाल जलते-जलते ख़ुद भस्म हो जाते हैं मगर बत्ती के इर्द-गिर्द जलती लौ से किसी चीज़ के नष्ट होने का आभास नहीं होता। बत्ती यथावत रहती है (सिवाय इसके कि

बीच-बीच में कोई उसे छाँटता ...और उन्नीसवीं सदी के आते-आते तो इसकी भी ज़रूरत नहीं रही)। केवल उसमें जान फूँकने वाला ईंधन ही है जो कम होता जाता है। मगर वह भी इतना धीरे-धीरे ख़त्म होता है कि यह फ़र्क़ ख़ासा देर तक आँख गड़ाकर देखते रहने के बाद ही पता चलता है। मशाल में आग की आदिम, ध्वंसकारी शक्ति के दर्शन होते थे। उसकी यह शक्ति मनुष्य के आदिम निर्बाध गति का प्रतिबिंब थी। पर स्थिर और शांत भाव से जलती मोमबत्ती में तो आग भी उसी संस्कृति जैसी शांत और अनुशासित हो गई थी जिसे वह रोशन कर रही थी।

हज़ारों साल पहले जिस लौ का विकास हुआ था वह अठारहवीं सदी तक कमोबेश अपने उसी रूप में बनी रही। इस दौरान जब ज़्यादा रोशनी की ज़रूरत पड़ती तो रोशनियों की संख्या और बढ़ा दी जाती। सत्रहवीं और अठारहवीं सदी की दरबारी संस्कृति में उत्सवों के मौक़े पर आतिशबाज़ी के साथ-साथ जगमगाहट और रोशनी का इंतज़ाम भी ज़रूर किया जाता था। प्रभावशाली रोशनी पैदा करने के लिए हज़ारों दीपक जलाए जाते थे और उन पर भी वैसा ही भारी-भरकम ख़र्चा किया जाता था जैसा क्रांतिपूर्व फ़्रांसीसी शासन के दौरान बाक़ी तड़क-भड़क पर ख़र्च होता था। 1688 में अकेले वर्साई पार्क को रोशन करने के लिए 24,000 रौशनियाँ जलाई गई थीं।[2] संभवतः ये सब की सब मोमबत्तियाँ रही होंगी जो कि रोशनी का बेहद महँगा ज़रिया थी और केवल शाही मौक़ों पर ही इस्तेमाल होती थी। (रोशनी से जुड़े बाक़ी सामंती शौक़ – ख़ास तौर से आतिशबाज़ी, जो उसी आदिमयुगीन आग की उपज थी – भी उतने ही महंगे होते थे। रोशनी, उत्सवाग्नि, चिता और आतिशबाज़ी, इन सबको समेटने वाली एक घटना में अपव्यय और विनाश के तत्त्व अविभाज्य रूप से एक-दूसरे में गुँथे हुए दिखाई देते हैं : '1515 में फ़्रांसिस-I ने मैरिग्नानो में स्विस सेनाओं के दाँत खट्टे कर डाले। जब इस फ़तह की ख़बर रोम पहुँची तो एक ओरसीनी लड़ाके ने मकानों की एक पूरी क़तार को ख़ाली करवाया और उनमें ज्वलनशील पदार्थ और बारूद ठूँस-ठूँस कर भर दिया। इसके बाद उसने उन मकानों को आग के हवाले कर दिया। फ़तह के जश्न का यह चराग़ाँ नीरो के शासनकाल में लगी आग से किसी मायने में कम न था।'[3])

उजाले के लिए इस्तेमाल होने वाले पदार्थों की क़ीमत के कारण उनका इस्तेमाल काफ़ी समय तक केवल बुर्ज़ुआ परिवारों तक ही सीमित रहा। बाक़ी लोग सिर्फ़ काम-धंधे के लिए ही कृत्रिम प्रकाश का इस्तेमाल करते थे। आम जनता के लिए यह उपभोग और ऐश्वर्य का साधन नहीं था। वे उसका इस्तेमाल विवेकपूर्ण और किफ़ायती ढंग से ही करते थे। लेकिन कृत्रिम प्रकाश ने कार्यदिवस या काम की पाली को कुदरती रोशनी पर निर्भरता से आज़ाद कर दिया। यह बदलाव सिर्फ़ कृत्रिम प्रकाश के आने से ही शुरू नहीं हुआ था। इस प्रक्रिया की शुरुआत सोलहवीं सदी में यांत्रिक घड़ियों के आगमन के साथ ही हो चुकी थी।[4] कारीगरों के काम की पाली एक तयशुदा वक़्त पर शुरू और ख़त्म होती थीः मसलन, जाड़े के मौसम में उनका दिन सूरज उगने से घंटों पहले शुरू हो जाता था और दिन ढलने के कई घंटे बाद उन्हें छुट्टी मिलती थी।

अरगाँ लैम्प, 18वीं सदी के अंत में,
हिस्तॉयेर द्यू ल्यूमिनेर पेरिस, 1891

जब तक काम करने की सीमित जगह को ही रोशन करने की ज़रूरत रही और जब तक केवल जाड़ों की सुबह-शाम के वक़्त ही अतिरिक्त रोशनी की ज़रूरत रही तब तक पारंपरिक मोमबत्ती और तेल के दीये की रोशनी से ही काम चलता रहा। मगर उत्पादन की औद्योगिक पद्धतियों ने यह तस्वीर बदल दी। अब काम का ढर्रा चंद कामगारों पर मुनहसर नहीं था। एक नई, व्यापक और समग्र व्यवस्था खड़ी हो गई थी। नए कारख़ानों को उजाले के नए साधनों की दरकार थी। अब ज़्यादा बड़ी जगह में, ज़्यादा देर तक उजाले का इंतज़ाम करना ज़रूरी था। 'रात को दिन में तब्दील कर देने' की चाह कहीं और साकार हो पाई हो या नहीं, कम से कम कारख़ानों में तो निश्चय ही हक़ीक़त बनने लगी थी।

ज़ाहिर है, औद्योगिक ज़रूरतों को पूरा करने के लिए सिर्फ़ रोशनियों की संख्या बढ़ाकर काम नहीं चलाया जा सकता था। अठारहवीं शताब्दी में एक-एक कारख़ाने को रोशन करने के लिए सैकड़ों, बल्कि हज़ारों दीयों की ज़रूरत पड़ने लगी थी। इन दीयों पर उतना ही ख़र्चा आ जाता था जितना किसी छोटे-मोटे महल में रोशनी करने पर आता।

दीयों की संख्या में इज़ाफ़ा भी एक महँगा सौदा था। अब प्रकाश की मात्रा में वृद्धि करने का एकमात्र रास्ता केवल यही था कि विभिन्न स्रोतों से मिलने वाले प्रकाश की सघनता को और बढ़ाया जाए।

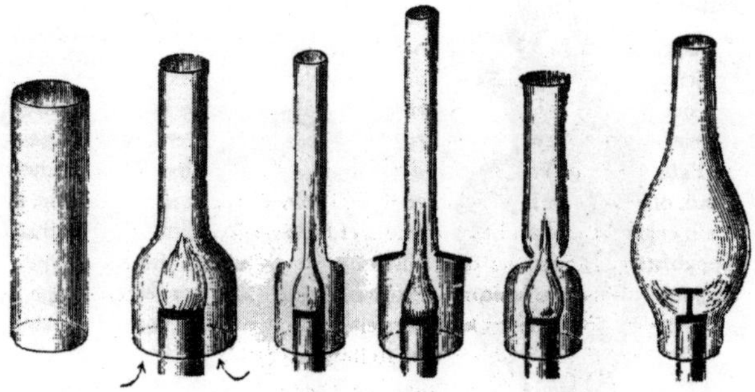

अरगाँ लैम्प के शीशे
लिप्सिग, 1896

अरगाँ (Argand) : बत्ती का आधुनिकीकरण

हज़ारों साल से कमोबेश जस की तस चली आ रही कृत्रिम प्रकाश की प्रौद्योगिकी अठारहवीं सदी के अंतिम सोपान पर तेज़ बदलावों के दौर से गुज़रने लगी। उजाले की दिनोंदिन बढ़ती ज़रूरत इन बदलावों की प्रेरकशक्ति थी। 1770 के दशक में लाव्आज़ियेर द्वारा विकसित किया गया ज्वलन का सिद्धांत ट्रिगर का काम कर रहा था। लाव्आज़ियेर ने अपनी आज़माइशों से साबित कर दिया था कि किसी चीज़ को जलाने के लिए हवा में ऑक्सीजन का होना उतना ही ज़रूरी है जितना वास्तविक ईंधन में कार्बन का होना। रसायन विज्ञान में एक नई सैद्धांतिकी पैदा हो चुकी थी और उसने प्रकाश की प्रौद्योगिकी में भी नई सैद्धांतिकी पैदा कर दी थी। मुद्दा यह था कि यदि हवा में कोई इतना अहम ज्वलनशील पदार्थ मौजूद है तो दीयों के निर्माण में उसका ध्यान रखा जाना चाहिए। कहने का मतलब ये कि लौ तेज़ जले इसके लिए उसे पहले से कहीं ज़्यादा हवा मुहैया कराई जानी चाहिए।

लाव्आज़ियेर की स्थापनाओं से पहले भी कुछ लोग लैम्प में ख़ास ज्वलन बिंदु पर ध्यान देने लगे थे। कृत्रिम रोशनी के इतिहास में पहली क्रांति को साकार करने वाली बत्ती अभी भी यथावत थी। यह बत्ती रूई या सूत की बटी हुई ऐंठनदार, मज़बूत डोरी होती थी। अठारहवीं सदी तक बत्तियों और उनको सुधारने की दिशा में काफ़ी तजुर्बा हासिल किया जा चुका था। बत्ती बनाने के लिए इस्तेमाल होने वाले पदार्थ, बटाई की क़िस्म और उसकी मोटाई वग़ैरह के बारे में काफ़ी सटीक समझ विकसित कर ली गई थी। कुछ लोगों ने तो बत्ती को ज़्यादा कड़क और ज़्यादा कामयाब बनाने के लिए उसे कुछ ख़ास क़िस्म के रसायनों में भिगोकर भी देख लिया था।[5] 1773 में पहली बार फ़्रांस में बत्ती के तौर पर एक चपटी पट्टी का इस्तेमाल किया गया। इस पट्टी ने लौ को काफ़ी फैला दिया। यह नई बत्ती आग की छोटी-सी दीवार—रोशनी की परत—जैसी दिखाई देती थी।[6]

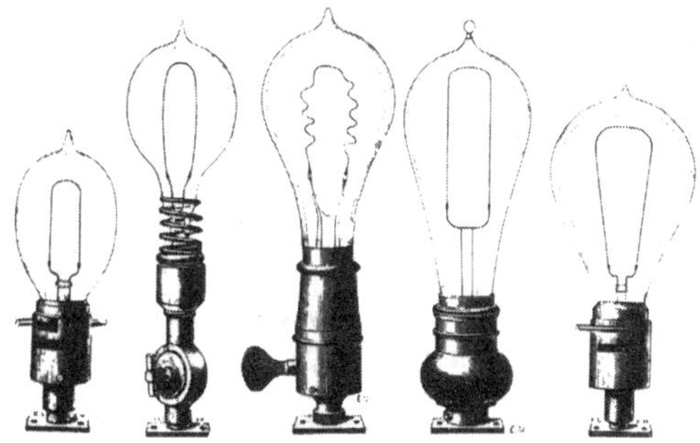

बिजली के लट्टू
(ला ल्यूमिएर इलेक्ट्रीक, 1885)

परन्तु इनमें से कोई भी सुधार ज्वलन और प्रकाश की प्रौद्योगिकी पर हावी पारंपरिक सोच को नहीं तोड़ सका।

1783 में रसायन शास्त्री और डिज़ाइनर फ्रांस्वाँ एमी अरगाँ ने पेरिस में एक ऐसा लैम्प सार्वजनिक किया जिसमें लाव्आज़ियेर की खोज का इस्तेमाल किया गया था। 'उनका लैम्प ख़ालिस तकनीकी रचना नहीं था बल्कि ज्वलन की दार्शनिक अवधारणा का प्रतिनिधित्व करता था।'[7]

(अठारहवीं सदी के बहुत सारे विद्धानों की तरह अरगाँ की शख़्सियत में भी एक वैज्ञानिक, आविष्कारक और उद्यमी के बीच की विभाजक रेखाएँ बहुत धुँधली थीं। एक सिद्धहस्त 'परियोजनाकार' के रूप में ये सारे गुण उनके पास थे। 1750 में जन्मे अरगाँ ने जिनेवा के प्रसिद्ध रसायनज्ञ एच.बी.डी सॉस्यूर से रसायन शास्त्र के गुर सीखे थे। जब वह पेरिस गए तो सॉस्यूर ने उन्हें फ़ूरक्रॉय और लाव्आज़ियेर के पास जाने की सलाह दी। अरगाँ ने कुछ समय तक लैंग्यूडॉक में रहकर शराब की भट्ठी भी चलाई थी और इस कारोबार में उन्हें ख़ासी सफलता भी मिली। वह वैज्ञानिक आज़माइश और सरकसी करतब, दोनों तरह के आयामों से लैस गर्म ग़ुब्बारे में उड़ानें भरने वाले मॉन्टगोल्फ़ियर बंधुओं के नज़दीकी दोस्त और सहकर्मी थे। बहरहाल, पेरिस में अरगाँ का लैम्प व्यावसायिक मोर्चे पर फ़ौरन कामयाब नहीं हो पाया। इस नाकामयाबी के आलम में उन्होंने कारोबार की दुनिया में दोबारा हाथ आज़माने के लिए सीधे इंग्लैंड का रुख़ किया। वहाँ पहुँचकर उन्होंने उस वक़्त की सबसे बड़ी औद्योगिक कम्पनी वॉट ऐण्ड बूल्टन के साथ सौदेबाज़ी शुरू की क्योंकि उन्हें यक़ीन था कि इस कम्पनी के साथ क़रार करने पर उन्हें पेरिस के मुक़ाबले ज़्यादा बेहतर व्यावसायिक अवसर मिल सकते हैं।)

जिस साल मॉन्टगोल्फ़ियर बंधुओं ने गर्म हवा के ग़ुब्बारे में बैठ कर अपनी पहली उड़ान भरी उसी साल अरगाँ ने एक नया लैम्प बनाया। इस लैम्प की सबसे बड़ी विशेषता यह थी कि उसमें एक बिल्कुल अलग क़िस्म की बत्ती का इस्तेमाल किया गया था। अरगाँ के इस बर्नर की बत्ती ठोस न होकर खोखली

थी और उसमें चपटी पट्टी को बेलनाकार नली में डाल दिया गया था। इस बनावट की वजह से उसकी लौ को भीतर और बाहर, दोनों तरफ़ से हवा मिल जाती थी और उसकी लौ भी गोल रहती थी। इसका तापमान भी ज़्यादा रहता था, जिसकी वजह से वह कार्बन के उन कणों को भी जला देती थी जो पारंपरिक बत्ती में बिना जले रह जाते थे। पारंपरिक बत्ती से निकलने वाले ऐसे कण कालिख के रूप में न केवल यहाँ-वहाँ जम जाते थे बल्कि रोशनी को धुँधला भी कर देते थे। आकेदेमी दे सियाँस के फ़ेलो और रसायनशास्त्री पियरे जोसेफ़ मैक्वेर ने 1783 में एक लेख लिखा था जिससे पता चलता है कि इस नई, बेलनाकार लौ ने प्रकाश से संबंधित प्रचलित सोच को किस प्रकार प्रभावित किया थाः

इस लैम्प की रोशनी बेइंतिहा ख़ूबसूरत थी। इसकी बेहद तेज़, जीवंत और लगभग चौंधिया देने वाली रोशनी तमाम साधारण लैम्पों की रोशनी से कहीं बेहतर थी और इसमें कोई धुआँ भी पैदा नहीं होता। खुद को यक़ीन दिलाने के लिए मैं इसकी लौ के ऊपर एक सफ़ेद काग़ज़ पकड़कर काफ़ी देर तक खड़ा रहा। अगर कोई और बत्ती होती तो उसकी कालिख से काग़ज़ कब का काला हो चुका होता, मगर इस लौ से वह बिल्कुल काला नहीं हुआ। और तो और, उसकी लौ में मुझे किसी तरह की गंध भी नहीं आई।[8]

अरगाँ के अगले बड़े सुधार के बाद तो हवा की दुगुनी आपूर्ति ने और कमाल कर दिया। इस बार उन्होंने लौ को शीशे के एक खोल में बंद कर दिया।[9] इस खोल ने चिमनी का काम तो किया ही, लौ भी हवा के झोंकों से महफ़ूज़ हो गई। शीशे में बंद लौ को आख़िरकार अपनी एक ख़ास जगह मिल गई — बाहरी दुनिया से आज़ाद। समकालीन विवरणों के मुताबिक़, यह लौ आश्चर्यजनक रूप से शांत और स्थिर थी। एक प्रेक्षक ने लिखा कि यह सिलिंडर 'लौ को पूर्ण शांति के साथ जलने का मौक़ा देता है और उसमें तेज़ चमक पैदा कर देता है।'[10] खुद अरगाँ के शब्दों में, अब 'लौ कहने भर को भी हिलती न थी।'[11]

इसके बाद अरगाँ ने अपने दीये में तीसरा पुर्ज़ा जोड़ा जिससे बत्ती के आधुनिकीकरण की प्रक्रिया पूरी हो गई। इस दफ़े बत्ती को ऊपर-नीचे करने, यानी उसकी लंबाई को घटाने-बढ़ाने का तरीक़ा भी ढूँढ लिया गया। इस ज़रिए तेल की आपूर्ति, और फलस्वरूप प्रकाश की सघनता को नियंत्रित करना संभव हो गया। बत्ती को ऊपर कर देने से ज़्यादा लंबी लौ और ज़्यादा रोशनी निकलती थी जबकि उसे नीचे करने से उलटा प्रभाव पड़ता था। जैसा कि आकेदेमी के फ़ेलो म्यूज़नीयर ने अपनी रिपोर्ट में ज़िक्र किया, इस तरीक़े से 'ईंधन की मात्रा और ज्वलन के लिए आवश्यक हवा की मात्रा'[12] के बीच संतुलन स्थापित करना संभव हो गया।

उन्नीसवीं सदी के घरों में अरगाँ के बर्नर की वही हैसियत थी जो बीसवीं सदी के घरों में बिजली के बल्ब की थी। उसके डिज़ाइन में प्रकाश की आधुनिक पद्धतियों का पूर्वाभास मिलता है। अरगाँ के बर्नर में उन तत्त्वों के बिल्कुल प्रारंभिक रूप मौजूद थे, जिन्हें आगे चलकर बिजली के बल्ब में परिष्कार और पूर्णता प्राप्त हुई। उसका शीशे का खोल बिजली के बल्ब के बाहरी खोल की तरह था, बत्ती को नियंत्रित करने की प्रणाली बिजली के स्विच के समकक्ष थी, और ऑक्सीजन की बेहतर सप्लाई से सघन होने वाली लौ फ़िलामेंट के समान थी।

मगर यह सिक्के का केवल एक पहलू है। आख़िरकार अरगाँ का बर्नर भी पारंपरिक प्रकाश प्रौद्योगिकी की सीमाओं के पार जाने में कामयाब नहीं हो सका। मूल रूप से यह अभी भी तेल का दीया ही था जिसे आधुनिक रसायन शास्त्र की खोजों के अनुरूप संशोधित कर दिया गया था। अपने इसी रूप में उसने न केवल पूरी उन्नीसवीं सदी पार की, बल्कि पैराफ़िन की खोज के बाद तो मानो उसे नया जीवन ही मिल गया। औद्योगिक प्रक्रियाओं के फलस्वरूप उठाए गए अगले क़दम ने कृत्रिम रोशनी के इतिहास में आधुनिक युग का सूत्रपात कर दिया।

गैसबत्ती

साफ़, उजली और रंगहीन।

(मंथली मैगज़ीन, 1807)

ये पूरे माहौल में समा जाती है... दिन के उजाले की तरह कुदरती और शुद्ध दीखती है।

(न्यूज़पेपर रिपोर्ट, 1815)

गैस की रोशनी इंसानी नज़र के लिए बहुत ही शफ़्फ़ाफ़ है। इससे हमारी आने वाली नस्लें अंधी हो जाएँगी।

(लुडविग बॉर्न, 1825)

गैसलाइट के चुंधियाते उजाले में लोगों के ज़ेहन में जो पहला सवाल कौंधा वो यही था कि आख़िर बाती कहाँ गई। 1810 में हाउस ऑफ़ कॉमंस के समक्ष सुनवाई के दौरान एक सासंद ने गैस इंजीनियर विलियम मर्डोक पर सवाल दाग़ा, 'यानी तुम हमें यह समझाने की चेष्टा कर रहे हो कि अब बाती के बिना भी उजाला हुआ करेगा?'[13] पर कुछ समय बाद गैस लाइटिंग पर लिखी गई अनगिनत टीकाओं में ठीक वही बात समझायी जाने लगी जो आम सोच-विचार में ज्वलन की प्रकृति के ही विपरीत दिखाई पड़ती थी। मसलन, सैमुअल क्लेग की जानी-मानी रचना—जिसके पाँच संस्करण छपे—*प्रैक्टिकल ट्रीटाईज़ ऑन द मैन्युफ़ैक्चर ऐण्ड डिस्ट्रीब्यूशन ऑफ़ कोल-गैस* में हमें पढ़ने को मिलता है कि

गैसबत्ती की वृहत्तर प्रक्रिया और मोमबत्ती या लैम्प की लघुतर प्रक्रिया में सारा फ़र्क़ सिर्फ़ इस बात का है कि गैसलाइट निर्माणी में छनन उपकरण एक ख़ास फ़ासले पर स्थित होता है, जबकि मोमबत्ती या लैम्प में वो बाती में ही होता है। इसमें लचीले द्रव्य की आवश्यकता और भंडारण से पहले ही, अपघटित तेल, मोम या चर्बी से निकलते ही तैयार अरौर प्रयुक्त होने से पहले ही कच्चा ज्वलनशील पदार्थ अपघटित हो जाता है और अंत में, केवल बत्ती की नोक पर ही जलाने की बजाय इस गैस को किसी भी आवश्यक दूरी तक ले जाकर ऐन लैम्प या बर्नर के ऊपर जलाया जा सकता है।[14]

हाण्डबूख फ़्यूर श्टाइनकोलनगास-बेलॉयष्टुंग (मैनुअल ऑफ़ कोल गैस लाइटिंग) में शिलिंग ने इसी सोच को और भी कम शब्दों में और ज़्यादा काव्यात्मक ढंग से बयान किया : 'मोमबत्ती या लैम्प की लौ .... गैसघर का ही सूक्ष्मतर जगत है। बत्ती के सिरे पर यह इतने भरोसे और ख़ामोशी से काम करती है कि सदियों तक इसकी मौजूदगी पर किसी का ध्यान भी नहीं जा सका।'[15]

यह बात सत्रहवीं सदी से ही लोगों को पता थी कि जब कोयले या लकड़ी का आसवन (distilling) किया जाता है तो उसमें से एक ज्वलनशील गैस निकलती है। इस परिघटना का पहला विवरण एक शौक़िया रसायनज्ञ जॉन क्लेटन द्वारा लिखी गई एक चिट्ठी में मिलता है, जो 1691 से भी पहले रॉबर्ट बॉयल को लिखी गई थी, मगर पहली दफ़ा 1739 में *फ़िलोसॉफ़िकल ट्रांज़ैक्शंस ऑफ़ द रॉयल सोसायटी* में छपी थी। क्लेटन ने लिखा था :

मैंने थोड़ा-सा कोयला लिया और बर्तन (retort) में डालकर खुली आग में उसका शोधन शुरू किया। शुरू-शुरू में तो फेनिल द्रव्य (phlegm) निकला। उसके बाद काले रंग का तेल जैसा पदार्थ और आख़िर में इसी तरह एक स्पिरिट निकली जिसे मैं किसी भी जुगत से इकट्ठा नहीं कर सका। वह बर्तन का लेप तोड़कर तेज़ी से निकल गई या बल्कि उसने शायद काँच ही तोड़ दिया। उस प्रवाह को बंद करने के लिए जब मैं झुका तो पाया कि दीये के संपर्क में आते ही स्पिरिट ने आग पकड़ ली। इसके बाद तो यह लगातार तेज़ी से जलती रही। फिर मैंने उसे कई बार फूँक मार कर बुझाया-जलाया। तब मेरे दिमाग़ में एक ख़याल आया कि क्यों न इसमें से थोड़ी-बहुत स्पिरिट को इकट्ठा कर लिया जाए। इसके लिए मैंने एक नलकाकार बर्तन लिया और उसके मुहाने पर दीया रख दिया। मैंने देखा कि ऊपर उठती स्पिरिट ने आग पकड़ ली है और वह पाइप के एक सिरे पर जलने लगी है हालाँकि इसका कुछ पता नहीं चल रहा था कि वह आग किस चीज़ से जल रही है। इसके बाद मैंने उसे बुझा दिया और दोबारा जलाया। मैंने उसे कई बार जला कर देखा।[16]

'ज्वलनशील वायु' या 'स्पिरिट' के नामों से संबोधित की जाने वाली यह गैस कम से कम 1739 तक अधिकृत तौर पर ज्ञात थी। बहुत सारे लोग जानते थे कि यह क्या है और उसे कैसे बनाया जा सकता है, मगर कई दशक तक किसी को यह नहीं सूझा कि उसका व्यावहारिक इस्तेमाल भी किया जा सकता है। उस ज़माने के बहुत सारे यांत्रिक आविष्कारों की तरह गैस को भी केवल मौज-मज़े और मनबहलाव के लिए ही इस्तेमाल किया जाता था। क्लेटन अपनी चिट्ठी में आगे बताते हैं, 'जब मैं अपने दोस्तों या अजनबियों का ध्यान आकर्षित करना चाहता हूँ' तो

अकसर ये होता है कि मैं जानवरों की खाल की बनी और स्पिरिट से भरी मशकनुमा थैली लेकर उसमें सुई चुभो देता हूँ। इसके बाद थैली को धीरे से दबाते हुए मैं दीये के पास ले जाता हूँ और थैली में किए गए छेद पर आग जलने लगती है। इसके बाद यह तब तक जलती रहती है जब तक कि थैली के भीतर की सारी स्पिरिट बाहर नहीं निकल जाती। यह पूरा वाक़या इसलिए और भी अजूबा लगता है क्योंकि इन थैलियों में और साधारण हवा से भरी थैलियों में कोई फ़र्क़ नहीं कर सकता।

गैसलाइट के इतिहास में मनोरंजन का यह चरण सन् 1800 के आस-पास आकर उस समय ख़त्म हो गया जब लोगों को अचानक पता चला कि यह नए इंग्लिश कारख़ानों में उजाला करने के लिए एक बढ़िया साधन साबित हो सकती है। उस वक़्त बड़ी संख्या में कारख़ाने स्थापित किए जा रहे थे जिनकी रोशनी की भूख लगभग अदम्य थी।

आधुनिक गैस लाइटिंग की शुरुआत औद्योगिक रोशनी के रूप में हुई। औद्योगिक उद्गम के मामले में इसका इतिहास उन्नीसवीं सदी के दूसरे महान तकनीकी आविष्कार — रेलवे — से मिलता-जुलता-सा है। परिवहन का आम साधन बनने से पहले रेलवे का इस्तेमाल न्यू कासल में कोयले की ढुलाई के लिए ही किया जाता था। दोनों ही इंग्लिस्तानी औद्योगिक परिदृश्य की उपज थे जिसे कोयले से आकार मिला था। कहना न होगा कि इंग्लैंड में औद्योगिक क्रांति को कोयला उद्योग ने ही जन्म दिया था।

वैसे तो बहुत सारे इतिहासकारों का यही मानना है पर इसके सबसे पुरज़ोर हिमायती जॉन नेफ़[17] हैं। और इस मत के समर्थन में पर्याप्त ऐतिहासिक साक्ष्य भी मौजूद हैं। सन् 1600 तक युरोप में इंग्लैंड की औद्योगिक और प्रौद्योगिकीय हैसियत हाशिए की, बल्कि परजीवी जैसी थी। एक सदी बाद स्थिति बिल्कुल उलट चुकी थी। इंग्लैंड में उपलब्ध विशाल कोयला भंडार के बूते ही यह बदलाव संभव हुआ था। लकड़ी के बेतहाशा दोहन के चलते उसकी आपूर्ति कम होती गई और उसी अनुपात में कोयले का महत्त्व बढ़ता गया। फलस्वरूप, पश्चिमी युरोप के बाक़ी देशों के बरक्स इंग्लैंड की स्थिति मज़बूत होती चली गई। उत्पादन की जिन शाखाओं में अब तक लकड़ी का इस्तेमाल होता था उनमें कोयले और कोयला आधारित प्रौद्योगिकी के आगमन से तकनीकी प्रगति की धारा नए वेग के साथ बह निकली। जॉन आर. हैरिस लिखते हैं:

> जब अर्थव्यवस्था की बहुत सारी शाखाओं में यह साफ़ दिखाई देने लगा कि कोयला उत्पादन में इज़ाफ़ा, और लागतों में कमी ला सकता है तो जिन उद्योगों ने अभी तक तक कोयले का इस्तेमाल शुरू नहीं किया था वे उन उद्योगों का अनुसरण करने लगे जिन्होंने खुद को इस परिस्थिति के अनुरूप सर्वाधिक सफलतापूर्वक ढाल लिया था। लिहाज़ा उन्होंने भी कोयला आधारित औज़ार एवं प्रौद्योगिकी को तलाशना-तराशना और अपनाना शुरू कर दिया। इतना ही नहीं, कोयले का इस्तेमाल शुरू करने वाले प्रत्येक उद्योग के लिए यह भी लाज़िमी हो गया कि वह नए ईंधन का लाभ उठाने के लिए मौजूदा उपकरणों और प्रक्रियाओं में सुधार और संशोधन करें। मिसाल के तौर पर, कोयले के जलने से पैदा हुई तेज़ आँच का तक़ाज़ा था कि भट्टियों के डिज़ाइन में सुधार किया जाए और उनके निर्माण में ऐसी सामग्री का इस्तेमाल हो जो ऊँचे तापमान को भी बर्दाश्त कर सकें।[18]

वर्नर सोम्बार्ट के मुताबिक़, यदि अठारहवीं सदी के पहले युरोप की औद्योगिक संस्कृति भौतिक और तकनीकी रूप से लकड़ी पर आधारित थी, तो सत्रहवीं सदी के बाद इंग्लैंड में आए बदलाव लाज़िमी तौर पर कोयले पर आधारित था।

आइए वापस गैस लाइटिंग की तरफ़ चलें। गैस पैदा करने के लिए किसी तकनीकी आविष्कार की ज़रूरत नहीं थी। गैस भी लगभग उसी प्रक्रिया से हासिल की जा सकती थी जिसके ज़रिए कोयले से

कोक मिलता है और जिसका सबसे पहले अब्राहम डर्बी ने अठारहवीं सदी की शुरुआत में इस्तेमाल किया था। आख़िर कोक भी तो छना हुआ कोयला ही होता है। लंबे समय तक इस प्रक्रिया से निकलने वाले सहउत्पादों में से केवल एक अलकतरे को ही किसी काम के लिए इस्तेमाल किया जाता था। अलकतरे से जहाज़ों में दरारें या जोड़ भरे जाते थे जबकि गैस बस ज़ाया हो जाती थी। रोशनी के लिए गैस उत्पादन के वास्ते उस ज़ाया जा रही सामग्री को इस्तेमाल भर करना था। गैस की इस बेलागत मौजूदगी और रोशनी देने की उसकी ताक़त की वजह से गैस औद्योगिक लाइटिंग के लिए एक आदर्श ईंधन बन गई।

सबसे पहली गैस लाइटिंग प्रणाली ब्रिटिश उद्योग के ऐन गढ़ में, बर्मिंघम के निकट सोहो स्थित वॉट ऐण्ड बूल्टन में लगाई गई। इस कम्पनी के मालिकों ने 1780 में अरगाँ बर्नर का उत्पादन शुरू करके यह जता दिया था कि वे प्रकाश की प्रौद्योगिकी में सुधार के हामी हैं। वे अरगाँ बर्नर के आविष्कारक को निजी तौर पर जानते थे। और अरगाँ भी इसी उम्मीद से इंग्लैंड आए थे कि यहाँ उन्हें फ़्रांस के मुक़ाबले ज़्यादा बेहतर कारोबारी मौक़े और कामयाबी मिलेगी। वॉट ऐण्ड बूल्टन में विलियम मर्डोक ने गैस लाइटिंग में सबसे ज़्यादा रुचि दिखाई। (सन् 1800 के आस-पास मर्डोक ने भाप से चलने वाले इंजन का पहला व्यावहारिक मॉडल तैयार किया था जो उन्नीसवीं सदी में रेलवे और गैस लाइटिंग के बीच ऐतिहासिक घनिष्ठता का एक और उदाहरण है। कार्ल गुस्ताव कैरस के अनुसार गैस और भाप 'इतिहास की दो प्रमुख चालक शक्तियाँ' थीं।) अठारहवीं सदी के अंतिम वर्षों में मर्डोक द्वारा किए गए प्रयोगों से यह भी साफ़ ज़ाहिर है कि गैस लाइटिंग प्रायोगिक चरण से निकलकर औद्योगिक चरण में जा पहुँची थी। यहाँ हम साफ़ देख सकते हैं कि गैस प्रौद्योगिकी के अंतर्निहित गुणों ने बाद के बदलावों को किस क़दर प्रभावित किया। तब एक ऐसी विकसित व्यवस्था का अभाव था जिसमें गैस के उत्पादन, भंडारण, वितरण और उपभोग को एक-दूसरे से अलग रखा जा सके।

मर्डोक ने अपने प्रयोग की शुरुआत उस दौर की प्रयोगशालाओं में प्रायः इस्तेमाल होने वाले काँच के टोंटीदार बर्तनों में कोयले को गरम करके की थी। क्लेटन ने भी संभवतः उनका ही इस्तेमाल किया था। कुछ समय बाद मर्डोक लोहे के बड़े-बड़े पीपों का इस्तेमाल करने लगे। मगर उनमें भी 15 पाउंड से ज़्यादा कोयला नहीं अट पाता था।[19] क्लेटन और अठारहवीं सदी के शुरुआती दशकों के दीगर शोधकर्ताओं की तरह मर्डोक ने भी इस प्रकार पैदा हुई गैस को ग़ुब्बारे-नुमा पात्रों में भर लिया। रसायनशास्त्री विलियम हेनरी बताते हैं कि उन्हें लैम्प या दीये की तरह यहाँ-वहाँ ले जाया जाता था। 'चमड़े, रोग़नदार रेशम, मूत्राशय की थैली (ब्लैडर) और टिन के बने पात्रों में गैस भरकर और उनके मुहाने पर आग लगा कर उन्हें एक कमरे से दूसरे कमरे में ले जाया जाता था और यह देखने की कोशिश की जाती थी कि एक चलायमान और घुमंतू रोशनी की ज़रूरत को पूरा करने में यह ज़रिया कितना कारगर साबित हो सकता है।'[20]

मगर भंडारण और वितरण का यह तरीक़ा गैस के लिए जल्दी ही अनुपयुक्त साबित होने लगा। (जब तक गैस को सम्पीड़ित (Compressed) करने की तकनीकी विकसित नहीं कर ली गई तब तक उसका आवागमन बहुत व्यावहारिक और सुरक्षित नहीं था। पर इसके बावजूद उसे केवल सीमित उद्देश्यों के लिए ही प्रयोग किया जा सकता था।) मर्डोक समझ गए कि अब उन्हें, जहाँ गैस का उत्पादन हो रहा है और जहाँ उसका इस्तेमाल हो रहा है, उन दोनों बिंदुओं को एक-दूसरे के साथ जोड़ना होगा। इसके लिए उन्होंने पाइपों का सहारा लिया। गैस रिटॉर्ट से निकलकर पाइपों की मार्फ़त गैसोमीटर में पहुँच जाती ताकि उसे इकट्ठा किया जा सके। अब यह गैस मनचाहे प्रयोग के लिए तैयार थी—इसे इस्तेमाल करने के लिए यहाँ से कभी भी निकाला जा सकता था। गैस को ज्वलन बिंदु तक पहुँचाने के लिए कुछ अतिरिक्त पाइप लगाए गए। पूरी प्रक्रिया को वाल्वों के ज़रिए नियंत्रित किया जाता था। मर्डोक ने इस प्रकार की पहली प्रणाली 1802 में सोहो स्थित भट्टी में लगायी। 1805 में मैनचेस्टर के एक कपड़ा मिल में लगाने के लिए बनाई गई दूसरी प्रणाली तकनीकी रूप से कहीं ज़्यादा जटिल थी। यानी अपने बुनियादी ढाँचे के लिहाज़ से गैस प्रौद्योगिकी विकसित हो चुकी थी परन्तु मैनचेस्टर स्थित फ़िलिप्स ऐण्ड ली के लिए बनाई गई इस प्रणाली में रिटॉर्ट्स, गैसोमीटर, पाइप लाइनों और वाल्व के अलावा गैस को साफ़ करने वाली प्रणाली भी शामिल थी जो एक नया सुधार था। सत्तर साल पहले क्लेटन के प्रयोग की जानकारी प्रकाशित करने वाले फ़िलोसॉफ़िकल ट्रांज़ैक्शंस ऑफ़ द रॉयल सोसायटी ने 1808 में मर्डोक की पूर्ण परिष्कृत प्रणाली का विवरण इस प्रकार दिया थाः

> रिटॉर्ट से उठती गैस लोहे के पाइपों की मार्फ़त विशाल टंकियों, अथवा गैसोमीटर में चली जाती है जहाँ उसकी सफ़ाई और शोधन होता है। इसके बाद उसे दूसरे पाइपों, यानी मेन्स से होकर उसे मिल तक ले जाया जाता है। आगे चलकर मेन्स कई शाखाओं में बँट जाता है (जिनकी कुल लम्बाई कई मील तक होती है)। इन शाखाओं की मोटाई कम होती चली जाती है क्योंकि उनसे गुज़रने वाली गैस की मात्रा घटती चली जाती है।[21]

यह प्रणाली बाद में बनाए गए गैसघरों का प्रारंभिक नमूना थी जो सिर्फ़ आकार और तकनीकी बारीकियों के लिहाज़ से ही बाद के गैसघरों से भिन्न थी। इस समय तक गैसलाइट को केवल फ़ैक्टरियों में रोशनी करने के लिए ही इस्तेमाल किया जाता था। न तो मर्डोक और न ही उनके मालिकों बूल्टन ऐण्ड वॉट ने सोचा कि उसे उद्योग जगत के बाहर भी इस्तेमाल किया जा सकता है। निस्संदेह वे गैसलाइट के फ़ायदों से भली-भाँति परिचित थे—मगर केवल फ़ैक्टरियों में इस्तेमाल के नज़रिए से ही। मर्डोक ने समझाया कि 'मोमबत्तियों से निकलती रहने वाली चिंगारियों और उनके बार-बार बुझने के ख़तरे से निजात मिलना निहायत अहम सुधार था। इससे कपड़ा मिलों पर हमेशा मंडराता आग का ख़तरा भी कम हो गया।'[22] और इस नई 'रोशनी की गज़ब की साफ़-शफ़्फ़ाफ़ स्निग्धता व निर्मलता', जिसका ढोल मर्डोक ने भी काफ़ी पीटा था, को उद्योग जगत में केवल फ़ायदे के रूप में देखा गया। जैसा कि मर्डोक ने कहा भी कि इन्हीं गुणों के कारण यह नई रोशनी 'कामगारों को बहुत भायी।'

इससे पहले कि गैसलाइट कारख़ाने की चौहद्दी से बाहर निकल सके और उसे ज़्यादा बड़े पैमाने पर

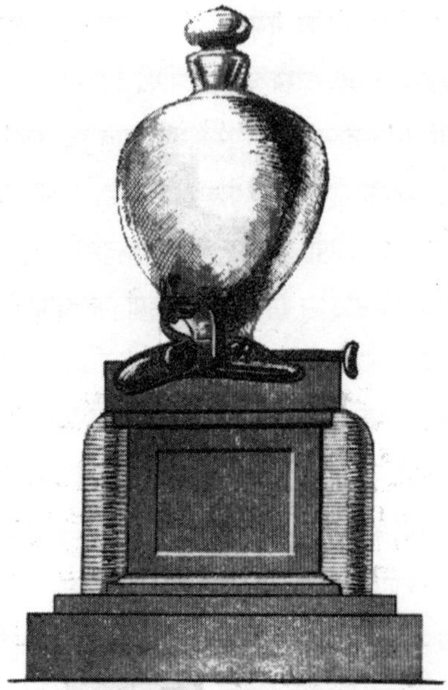

तापबत्ती, 19वीं सदी, उत्तरार्द्ध

इस्तेमाल किया जा सके, एक और अदृश्य रुकावट से पार पाना ज़रूरी था। गैसलाइट को अभी इंग्लिश औद्योगिक प्रणेताओं के दृष्टिकोण और तजुर्बों से अलग संदर्भ में परखा जाना बाक़ी था। इस काम को पेरिस में अंजाम दिया गया।

'तापदीप' (थर्मोलैम्प)

इंग्लैंड के उद्योगीकरण जैसा तजुर्बा तब तक फ़्रांस को नहीं हुआ था। वहाँ कोयले की मौजूदगी सिर्फ़ कहने भर को ही थी और उन्नीसवीं सदी के अच्छे-ख़ासे वक़्फ़े तक वह एक 'क्रांतिपुत्र'[23] ही बना रहा। ईंधन के तौर पर वहाँ अब भी लकड़ी का ही बोलबाला था।

इन्हीं हालात में इकोल दि पॉनज़े एन शेज़े के एक स्नातक फ़िलीप लेबों लकड़ी से छानकर निकाली गई गैस पर 1790 के दशक के शुरुआती सालों से ही प्रयोग कर रहे थे। फ़्रांशुआ अरगाँ की तरह लेबों भी 'परियोजनाकार' और आविष्कारक, दोनों थे। वह वैज्ञानिक प्रशिक्षण से लैस होने के साथ-साथ अपने दौर के जाने-माने रसायनशास्त्रियों (फ़ूरक्रॉय, गायटॉन डे मॉर्वयू) के संपर्क में भी थे। वह चाहते थे कि उनकी खोजों को ज़्यादा से ज़्यादा लोग इस्तेमाल करें जिससे उन्हें भी मुनाफ़ा मिले। लेकिन उनके पास वह औद्योगिक परिवेश उपलब्ध नहीं था जिसमें मर्डोक काम कर रहे थे, लिहाज़ा उनके उद्देश्य और इरादे लाज़िमी तौर पर मर्डोक से भिन्न थे। लेबों के लिए गैसलाइट औद्योगिक महत्त्व की चीज़ नहीं थी।

वजह साफ़ है, फ़्रांस में तब तक उद्योग थे ही नहीं। लेबों के लिए गैस लाइटिंग की अहमियत कुछ और थी। वह गैसलाइट को सभ्यता और मानव समाज की तरक़्क़ी का साधन मानते थे। उनकी नज़र में गैस का उत्पादन अब तक नज़रअंदाज़ होते चले आ रहे किसी अवशिष्ट पदार्थ का सदुपयोग करना भर नहीं था। उनके लिए यह एक दार्शनिक सिद्धांत के साकार हो जाने की घटना थी। (गैस के बारे में लेबों और मर्डोक की अवधारणाओं के बीच वही संबंध है जो आंग्ल राजनीतिक अर्थशास्त्र में सेंट सिमॉनवाद और युटोपियाई समाजवाद के बीच था। दोनों ही मामलों में आंग्ल अर्थव्यवस्था के नीरस गद्य को फ़्रांसीसी मानवतावादी औद्योगिक व्यवस्था के काव्य में रूपांतरित कर दिया गया था।)

दो ताप भट्ठियाँ (1802)
भट्ठी ए से रिटॉर्ट बी गर्म होता है जिससे गैस संघनक सी तक पहुँचती है। यहाँ से एक पाइप इसको जलन स्थल तक ले जाती है। फ़ालतू गैस पाइप एफ़ से या तो भंडार में चला जाता है या अनुपयुक्त ही हवा में छूट जाता है।

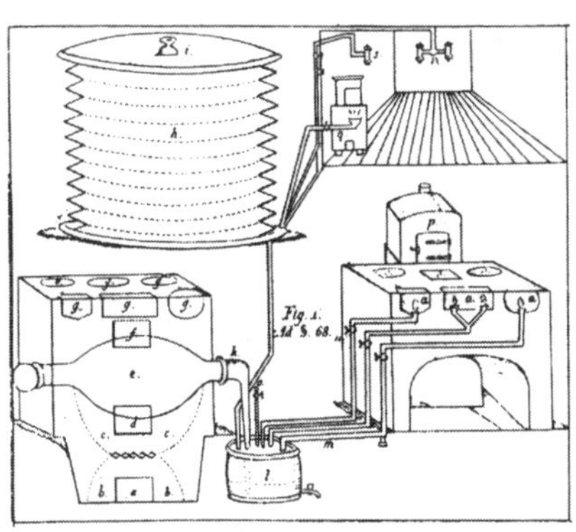

तापदीप, 1803
बाईं तरफ़ रिटॉर्ट है जिससे छना हुआ गैस भंडार में जाता है जहाँ ये साफ़ होता है (1)। फिर ये एक छोटे से गैसोमीटर एच में चला जाता है। वहाँ से चूल्हे ओ और पी में जाता है और फिर आर और एस नामक लाइटों में।

गैस में लेबों की दिलचस्पी का एक कारण यह भी था कि उसमें कुदरती ईंधनों के साथ पेश आने वाली दिक़्क़तें और गंदगी नहीं थी। 1799 में उन्होंने 'गरमाहट और प्रकाश देने वाले ईंधनों को ज़्यादा फ़ायदेमंद ढंग से इस्तेमाल करने और विभिन्न अवयवों को संग्रहित करने की नई पद्धतियाँ' शीर्षक से एक रचना प्रकाशित की जिसमें उन्होंने अपने प्रस्थानबिंदु को व्यक्त करते हुए कहा था :

अब तक हम ईंधन के विभिन्न अवयवों को अलग करने में कामयाब नहीं हो पाए हैं। हमारे पास ऐसे तकनीकी साधन नहीं हैं जिनके ज़रिए ताप और प्रकाश के उत्पादन में सहायता देने, या रुकावट डालने वाले अवयवों को एक-दूसरे से अलग कर सकें, या जो हमारे दूसरे उद्देश्यों को पूरा करने में मददगार साबित हो सकें। इन पदार्थों में सबसे महत्त्वपूर्ण है लकड़ी में पाया जाने वाला pyroligneous acid (अग्नि द्रुस्फोटक अम्ल) जिससे porcelain blue बनाने में और कई दूसरे कामों में मदद मिल सकती है। अभी तक हम ज्वलन के लिए अनिवार्य दिखाई देने वाले तत्त्वों को परस्पर अलग-अलग और ऐसे रूपों में प्रयोग नहीं कर पाए हैं जो इतने शुद्ध हों कि उनसे समरूप गर्मी और रोशनी निकले। जिस सिद्धांत पर ताप और प्रकाश का उत्पादन निर्भर करता है (ज्वलनशील गैस, जिसे हाइड्रोजन गैस के नाम से भी जाना जाता है) उसको क्रियान्वित करने में हम अब भी महारत हासिल नहीं कर पाए हैं। हम अभी भी उसके भंडारण का तरीक़ा नही ढूंढ़ पाए हैं जिससे उसे गुब्बारों में भर सकें या किसी दूसरे काम में इस्तेमाल कर सकें। न ही हम इसे मनचाहे ढंग से प्रवाहित कर पाते हैं ताकि प्रकाश उत्पन्न करने की उसकी क्षमता का दूर-दराज़ स्थानों पर भी प्रयोग किया जा सके। 24

लेबों के लिए प्राकृतिक ईंधन को छानने का मतलब था तार्किक, वैज्ञानिक सिद्धांतों के ज़रिए कुदरत की बेतरतीबी को तरतीब दे देना। इस तरह बनने वाली गैस को उसी प्रकार विशुद्ध ऊर्जा के रूप में देखा जाता था जिस प्रकार सौ साल बाद बिजली को शुद्ध माना जाने लगा था (बामुक़ाबले गैस के, जो इस बीच 'गंदी' बन चुकी थी)।

लेबों का तापदीप (ताप लैम्प या थर्मोलैम्प) तकनीकी स्तर पर मर्डोक की पद्धति से ज़्यादा भिन्न नहीं था : गैस रिटॉर्ट में पैदा होती, एक अन्य पात्र में जमा होती थी और पाइपों के ज़रिए ज्वलन बिंदु तक जाती थी। फ़र्क़ था तो सिर्फ़ उसके अपेक्षित प्रयोग में। तापदीप से न केवल रोशनी बल्कि गर्मी भी मिलती थी और आने वाले सालों में वह ऊर्जा का एक आम स्रोत बन जाने वाली थी। लेबों ने 1801 में अपने इस लैम्प का एक विवरण प्रकाशित किया। उस लेख के शीर्षक को देखकर तो उनका लैम्प किसी तकनीकी मायालोक से कम नहीं लगता था। लेख का शीर्षक था : 'एक ऐसे तापदीप या भंडारण स्टोव की खोज, जो घर के हर कमरे में गरमाहट भर देता है, रोशनी देता है और यांत्रिक वाहनों में जिसे गति स्रोत के रूप में प्रयोग किया जा सकता है।' इस लेख में केंद्रीकृत प्रकाश एवं ताप प्रणाली से युक्त घर का ऐसा ख़ाका खींचा गया था :

बेहद आसान युक्ति के ज़रिए एक अकेला स्टोव ही घर की सारी चिमनियों को निरर्थक बना सकता है। ज्वलनशील गैस हर दिशा में ज़रूरत भर गरमाहट और शीतल प्रकाश बिखेर सकती है। इन रोशनियों को चाहे इकट्ठा जलाएँ, चाहे तो अलग-अलग। पल भर में हम अपनी रोशनी को एक कक्ष से दूसरे कक्ष में पहुँचा सकते हैं। यह एक ऐसी सुविधा है

जो इतनी व्यापक है मानो सार्वभौम हो, और जिसे हमारी साधारण चिमनियों के सहारे कभी हासिल नहीं किया जा सकता है। अब किसी चिंगारी, कोयला या कालिख से पुत जाने का डर नहीं है। न तो अब किसी अंगारे, राख़, कोयले या लकड़ी से हमारे घर काले हुआ करेंगे और न ही उनकी देखभाल की ज़रूरत पड़ेगी। अब हम अपने कमरों में दिन-रात आग जला सकते हैं और इसके बावजूद उसे सुलगाए रखने या उस पर नज़र रखने के लिए किसी नौकर की दरकार नहीं रहेगी।25

निहायत व्यावहारिक कारणों से, तापदीप फ़्लॉप हो गया। लेबों ने ऐसा एक लैम्प पेरिस स्थित अपने घर में लगाया और तीन फ़्रैंक का टिकट लगा कर उसे सार्वजनिक प्रदर्शन के लिए खोल दिया। लोगों में इस लैम्प को लेकर भी वैसी ही रुचि पैदा हुई जैसी विलियम ट्रेविथिक के बनाए वाष्प इंजिन के प्रति हुई थी। याद रहे कि ट्रेविथिक ने अमूमन इसी वक़्त उस भाप इंजन का सार्वजनिक प्रदर्शन किया—उसे गोल-गोल घुमाया और उसे दिखाकर लोगों से पैसे भी वसूले। यह इतिहास की एक विडंबना ही है कि उन्नीसवीं सदी के दो संभवतः सबसे महत्त्वपूर्ण आविष्कार सबसे पहले सरकसी करतब की तरह जनता के सामने पेश किए गए।

बहरहाल, तापदीप फ़ौरी तौर पर भले ही कामयाब साबित नहीं हो पाया मगर उसने इस संभावना की तरफ़ संकेत ज़रूर कर दिया था कि केंद्रीय प्रकाश एवं ताप व्यवस्था संभव है। यह पारंपरिक और प्रगतिशील विचारों का एक बेजोड़ संगम था। प्रकाश, गर्मी और ऊर्जा मुहैया कराने के लिए लेबों ने एक सार्विक ऊर्जा स्रोत की जो अवधारणा दी, वह अपने समय से आगे की बात थी। इसके बावजूद उनकी केंद्रीय आपूर्ति व्यवस्था अलग-अलग घरों तक ही सीमित थी। इस मामले में वह परम्पराओं की जकड़ से मुक्त नहीं हो पाए थे। उन्हें इस बात का ख़याल ही नहीं आया कि पूरे शहर, या कम से कम एक पूरे इलाक़े के लिए भी किसी केंद्रीय तापदीप की व्यवस्था की जा सकती है। आख़िरकार तापदीप एक हीथ रॉबिंसन-नुमा केंद्रीय आपूर्ति प्रणाली बन कर रह गया जो व्यक्तिवाद की उसी भावना से प्रेरित था, जिससे इंग्लिश फ़ैक्टरियों में विद्यमान उतनी ही कार्यकुशल गैस लाइटिंग प्रणाली प्रेरित थी।

केंद्रीय आपूर्ति (सेंट्रल सप्लाई)

लगभग 1800 ई. तक भावी गैस लाइटिंग व्यवस्था की एक मुकम्मल बुनियाद पड़ चुकी थी। उसकी प्रौद्योगिकी तो वॉट ऐण्ड बूल्टन के औद्योगिक प्रतिष्ठानों में मौजूद थी ही, लेबों के तापदीप ने कारख़ानों के बाहर भी बड़े पैमाने पर उसके इस्तेमाल के विचार को जन्म दे दिया था। पीछे मुड़ कर देखें तो ये घटनाक्रम हमें दो अलग-थलग सिरों की तरह दिखाई देते हैं जिन्हें जोड़ कर आधुनिक गैस लाइटिंग की रचना की जानी थी। और फ़्रेडरिक एल्बर्ट विंसर ने यह कारनामा भी कर दिखाया। विंसर एक जर्मन 'परियोजनाकार' थे जो बाद में इंग्लैंड जाकर बस गए थे (मूल रूप से उनका नाम विंज़र था, जिसे गैस प्रौद्योगिकी के ऑस्ट्रियाई प्रणेता और लेबों के अनुयायी ज़कारियास एंड्रियाज़ विंज़्लर मानने की ग़लती न की जाए। गैस उद्योग के इतिहासकार उनके नाम के साथ यह गड़बड़झाला अकसर करते रहते हैं।)

विंसर ने पहले लेबों के काम का अध्ययन किया, उसे आजमा कर देखा। जर्मनी में ही रहते हुए 1802 में उन्होंने तापदीप के बारे में लेबों की किताब का अनुवाद प्रकाशित किया। कुछ समय बाद वह लंदन चले गए और वहाँ पहुँचकर उन्होंने गैस के सवाल पर एक व्यापक अभियान छेड़ दिया। अगले कई साल तक चलने वाले इस अभियान का मक़सद एक ऐसी कम्पनी की स्थापना करना था जो उपभोक्ताओं को गैस मुहैया करा सके। विंसर आम लोगों में गैस लाइटिंग को लोकप्रिय बनाना चाहते थे। आख़िरकार 1810 में विंसर को अपने मक़सद में कामयाबी मिली और इस आशय का चार्टर या अनुमतिपत्र हासिल होते ही वह गैस के कारोबार में कूद पड़े।

विंसर को महज़ वैज्ञानिक आविष्कारक या पूंजीपति उद्यमी के तंग ख़ानों में नहीं रखा जा सकता। यद्यपि वह इन दोनों इलाकों में ही माहिर नहीं थे फिर भी दोनों के बीच सेतुबंध का काम करते हुए दोनों को बख़ूबी बढ़ावा दे रहे थे। समकालीन ब्यौरों के मुताबिक़ विंसर उस चीज़ के बारे में बहुत कम ही जानते थे जिसे स्थापित करने के प्रति वह इतने उत्साहित थे। विलियम मैथ्यूज़ ने गैस लाइटिंग के 1827 में प्रकाशित शुरुआती इतिहास में लिखा था, 'उन्हें रसायन विज्ञान की शायद ही कोई समझ थी। तकनीकी जानकारी के मामले में भी वह इतने फिसड्डी थे कि अपने उपकरण की बनावट के बारे में समुचित निर्देश भी नहीं दे पाते थे।'[26] *एडिनबरा रिव्यू* ने उन पर 'जहालत, नीमहकीमी, फ़िज़ूलख़र्ची और ग़लत गणनाओं' का आरोप लगाया था।[27] उनके उद्यम की तुलना 150 साल पहले की धोखेबाज़ कम्पनी 'साउथ सी बबल' के साथ की गई थी। इस बदमज़गी के बावजूद लोगों में उनके भाषणों और नुमाइशों (जिनमें मॉल को रोशन करना भी शामिल था) के प्रति दिलचस्पी बनी रही। अपनी नाख़ुशी ज़ाहिर कर चुकने के बाद विलियम मैथ्यूज़ ने कहा, 'उनकी मेधा में एक आश्चर्यजनक आकर्षण था। लोग उन्हें जानने-बूझने के लिए खिंचे चले आते थे। ...और उनके व्याख्यान तथा नुमाइश गैस के विषय को इतने साफ़ ढंग से पेश करते थे कि सुनने वालों को प्रकाश पैदा करने वाले माध्यम के रूप में उसकी उपयोगिता पर विश्वास होने लगता था। वह जो मिसाल देते थे उनमें आडंबर और छलावे के तत्त्व होते थे जिसके चलते उन्हें संदेह और मज़ाक का पात्र भी बनना पड़ा। इन सब बातों के बावजूद इतना तो मानना ही पड़ेगा कि उनकी कोशिशों के फलस्वरूप लोगों का ध्यान गैस लाइटिंग की तरफ़ बड़े पैमाने पर केंद्रित हो रहा था।'[28]

बहरहाल, अंततः गैस की कामयाबी के बावजूद—या शायद इसी वजह से—विंसर के भी पल्ले उतना ही पड़ा जितना लेबों के हाथ लगा था, जिनके तारीख़ी योगदान से विंसर ने इतना मुनाफ़ा कमाया था। जब विंसर ने बाक़ायदा कम्पनी बना ली और उनका कारोबार बढ़िया चलने लगा तो कम्पनी की बागडोर कुछ 'ज़्यादा संजीदा' उद्यमियों ने अपने हाथों में ले ली और विंसर को धकेल बाहर कर दिया गया। एक बार फिर उन्होंने तय किया कि वह हार नहीं मानेंगे और अपने तजुर्बे को कहीं और आज़माएँगे। इस काम के लिए उन्हें पेरिस सबसे मुफ़ीद दिखाई दिया जो उस ज़माने का दूसरा सबसे विशाल महानगर था। विंसर ने यहाँ भी वही रणनीति अपनाने का फ़ैसला किया जो लंदन में उन्हें कामयाबी दिला चुकी थीः लोगों के सामने प्रायोगिक नुमाइश करना, व्याख्यान देना और परचे छापना। 1816 में उन्होंने ख़ालिस

नुमाइश के मक़सद से ही पैसेज़ दे पैनोरेमास के एक सार्वजनिक भवन में गैसलाइट लगाई। मगर उनके इस कारनामे का भी वही हश्र हुआ जो पेरिस में बाद की उनकी सारी आज़माइशों का होना था। उनका यह प्रयास नाकामयाब साबित हुआ; उनकी कम्पनी दिवालिया हो गई। पेरिस में ही 1830 में उन्होंने दुनिया को अलविदा कहा—निहायत मुफ़लिसी के आलम में।

विंसर गैस लाइटिंग के मूल आविष्कारक नहीं थे। संभवतः वह गंभीर पूंजीवादी उद्यमी भी नहीं थे। मगर उन्होंने गैस लाइटिंग के निजी से सामान्य और सीमित से व्यापक प्रयोग की दिशा में संक्रमण की बुनियाद ज़रूर डाल दी। उन्होंने इस विचार के बीज बो दिए थे कि गैस पाइपों के ज़रिए एक केंद्रीय उत्पादन बिंदु से विभिन्न गैस उपभोक्ताओं को एक साथ गैस सप्लाई की जा सकती है। लेकिन यह ख़याल इतना मौलिक भी नहीं था। विंसर ने जो बहुत सारे परचे लिखे और बाँटे थे, उनमें से एक परचे के शीर्षक से पता चलता है कि जल-आपूर्ति प्रणाली इस तरह के एक कामयाब मॉडल के तौर पर पहले से मौजूद थी। उन्होंने लिखा थाः 'जैसे अभी घरों और सड़कों पर पानी सप्लाई किया जाता है उसी तरह प्रकाश एवं ताप मुहैया कराने के लिए भी एक राष्ट्रीय गैस एवं ताप कम्पनी बनाई जानी चाहिए।' खुद जर्मन प्रवासी और विंसर के सहकर्मी रह चुके फ़्रेडरिक ऐकम ने गैस लाइटिंग के पहले विश्लेषणात्मक ब्यौरे में इस समरूपता का विशेष रूप से उल्लेख किया हैः 'गैस के ज़रिए हम अपने घर के एक-एक कमरे में जब चाहे बिल्कुल साफ़ और मनचाही रोशनी हासिल कर सकते हैं, ठीक वैसे ही जैसे हम जब चाहें तब पानी हासिल कर लेते हैं।'[29] इस किताब के जर्मन संस्करण के अनुवादक ने केंद्रीकृत जल-आपूर्ति व्यवस्था से नावाकिफ़ अपने पाठकों की सुविधा को ध्यान में रखते हुए अपनी तरफ़ से एक टिप्पणी जोड़ दी थी जिसमें बताया गया था कि 'इंग्लैंड में बहुत सारे निजी घरों को दीवारों में पाइप वगैरह लगाकर इस तरह व्यवस्थित किया गया है कि उनके लगभग किसी भी कमरे में सिर्फ़ टोंटी घुमाकर आप जब चाहे पानी भर सकते हैं।' लंदन में टोंटी के पानी की आपूर्ति अठारहवीं सदी की शुरुआत से ही की जा रही थी। 1726 में एक स्विस सैलानी डे सॉस्यूर द्वारा लिखी गई रिपोर्ट से पता चलता है कि शुरुआत में लंदन की जलापूर्ति व्यवस्था में नए क़िस्म की टोंटियों के बजाय बहुत सारे बड़े-बड़े फ़व्वारों की व्यवस्था की गई थीः 'हरेक सड़क पर बलूत की लकड़ी के बने बड़े-बड़े मोटे पाइप होते हैं। इन विशाल पाइपों में थोड़ी-थोड़ी दूरी पर सीसे के छोटे पाइप लगे रहते हैं जिनसे होकर पानी घरों में जाता है। हरेक व्यक्ति अपनी औक़ात के हिसाब से अपने घर में एक या दो फ़व्वारे लगवा सकता है और बदले में उसे प्रत्येक फ़व्वारे के लिए सालाना दर से शुल्क चुकाना होता है।'[30]

पूरे शहर को गैस सप्लाई करने वाली केंद्रीय गैस आपूर्ति प्रणाली जिस तकनीकी सिद्धांत पर आधारित होती है वह ठीक वही सिद्धांत है जिसके सहारे किसी घर में तापदीप काम करता है। दोनों के बीच अगर कोई फ़र्क़ है तो सिर्फ़ पूरी प्रणाली के आकार और पाइपों की लम्बाई का है। थर्मोलैम्प केंद्रीय ताप प्रणाली के रोमन काल से ज्ञात और चले आ रहे सिद्धांतों के अनुसार काम करता था। केंद्रीय गैस आपूर्ति व्यवस्था इसी का एक सार्वजनिक संस्करण मात्र थी। तापदीप के एक उत्साही ऑस्ट्रियाई हिमायती एंड्रियास

लंदन के गैस घर में रिटॉर्ट रूम, 1821

ज़कारियास विंज़्लर ने पहले ही भाँप लिया था कि तापदीप की अवधारणा में विस्तार की संभावना पुख़्ता तौर पर मौजूद है:

> विशाल अस्पतालों, बैरकों, कचहरियों, दफ़्तरों, कारख़ानों, मठों, आश्रमों, और सामुदायिक भवनों में तापदीप की स्थापना... सहज ही संभव है। यह समझना भी मुश्किल नहीं है कि इस अपरिमेय आविष्कार का प्रयोग सड़कों पर उजाला करने के लिए भी आसानी से किया जा सकता है। परन्तु इस तथ्य का यहाँ विशेष रूप से उल्लेख किया जाना चाहिए कि एक अकेले स्टोव के ज़रिए पूरे नगरपालिका क्षेत्र के तमाम घरों में रोशनी और गरमी मुहैया कराई जा सकती है क्योंकि बहुत संभव है कि ऐसी प्रणाली से गाँव के गाँव ही लाभ उठा पाएँ।[31]

तापदीप को विस्तार देकर गैसघर में रूपांतरित कर देना अपने आप में कोई तकनीकी आविष्कार नहीं था मगर फिर भी इसके बहुत दूरगामी प्रभाव पड़े। जैसे ही कोई घर केंद्रीय गैस आपूर्ति से जुड़ा, वैसे ही उसकी स्वायत्तता भी जाती रही। तापदीप से ताप और प्रकाश प्रणाली सिर्फ़ एक ही घर के भीतर केंद्रित रहता था मगर नई व्यवस्था गृहस्वामी के नियंत्रण से परे थी। सार्वजनिक गैस आपूर्ति प्रणाली की स्थापना के साथ घरेलू प्रकाश अपने औद्योगिक — और पराश्रित — चरण में पहुँच गया। स्वयं अपनी ज़रूरत के लिए गरमी और प्रकाश पैदा करने वाला प्रत्येक घर अब औद्योगिक ऊर्जा उत्पादन के एक स्रोत से अविभाज्य रूप से जुड़ गया।

घरेलू स्वायत्तता का यह लोप 'गृहस्थी की सम्पूर्णता'[32] के विलोप की बृहत्तर परिघटना का हिस्सा था। श्रम विभाजन पर आधारित बाज़ार और विनिमय अर्थव्यवस्था ऐसे अधिकाधिक कार्यों को अपने भीतर समेटती चली गई जिन्हें अब तक अलग-अलग घरों के पैमाने पर ही सम्पन्न किया जाता था। गरमी और रोशनी के उत्पादन को घर की चारदीवारी से बाहर निकाल देने से इस प्रक्रिया में एक नया आयाम पैदा हो गया। जब अँगीठियाँ जलनी बंद हो गयीं तो परिवार ने दरअसल वह चीज़ खो दी जिसके इर्द-गिर्द आदिमकाल से उसका जीवन केंद्रित था। हालाँकि सदियों के अंतराल में स्टोव, तेल के दीये और

मोमबत्तियों का रूप लेते हुए आग अधिकाधिक परिष्कृत और सौम्य रूप ग्रहण करती जा रही थी, इसके बावजूद उसकी न केवल एक भौतिक उत्पाद के रूप में, बल्कि घर की आत्मा के रूप में भी पहचान थी। गास्तों बाशेलार की राय में 'दीया एक ऐसी आत्मा है जो हर कमरे पर नज़र रखती है। यह घर का केंद्र है। दीये के बिना घर की कल्पना करना ऐसे ही है जैसे घर के बिना दीये की कल्पना करना।'[33]

यहाँ बाशेलार तेल से जलने वाले घरेलू दीये की ही बात कर रहे हैं। जब उसकी जगह औद्योगिक रूप से उत्पादित गैस लाइटिंग ने ले ली तो इस बदलाव से भी लोगों पर कुछ वैसे ही प्रभाव पड़े जैसे प्रभाव घोड़ागाड़ी की जगह रेलवे के आने से पड़े थे। उन्नीसवीं सदी में गैसलाइट और रेलवे की एक-दूसरे से अकसर तुलना की जाती थी। ये दोनों औद्योगिक आविष्कार दुनिया में एक ही समय आविर्भूत हुए और दोनों की प्रौद्योगिकी भी मिलती-जुलती थी। 'रेलवे की तरह गैसघर को भी एक सम्पूर्ण और अविभाज्य मशीन की तरह ही देखा जाना चाहिए। जैसे गैसघर में सप्लाई पाइप होते हैं उसी तरह रेलवे में पटरियाँ होती हैं।'[34] उस ज़माने के लोगों को ऐसे लगता था, मानो उद्योग जगत अष्टभुजी दानव की तरह अपनी बाज़ूएँ फैला कर प्रत्येक घर में घुसता चला जा रहा हो। उससे जुड़ने की प्रक्रिया उपभोक्ताओं के लिए असहज थी। उन्हें अपनी निजी स्वतंत्रता हाथ से जाती महसूस हो रही थी। रेलवे ने निजी सवारी को मनचाहे तौर पर जब और जहाँ चाहे चलाने या मोड़ देने की आज़ादी पर विराम लगा दिया। इसी तरह, गैसलाइट ने यह संभावना पूरी तरह नष्ट कर दी कि अब लोग तेल के दीये या मोमबत्ती की 'अपनी' लौ के सपनों में डूब सकते हैं। रेल में सफ़र करने वाले अब उस लैंडस्केप का हिस्सा नहीं रहे जिससे होकर वह गुज़र रहे थे। अब वह ऐसा अनुभव करते थे गोया उन्हें किसी वायवीय नली में से पार्सल की तरह भेजा जा रहा हो। गैसबत्ती को देखने वाले भी अब आदिम अग्नि के सपनों में नहीं खोते थे।[35] बल्कि अगर उनके ख़यालों में कोई चीज़ होती भी थी तो वह था गैस का आने वाला बिल। सबसे बड़ा फ़र्क़ तो ये आया कि अब तो गैस की लौ को कोई आँख उठाकर देखता तक नहीं था।

आर्थिक संगठन के भीतर भी रेलवे और गैस उद्योग ने व्यक्तिगत उद्यमशील स्वतंत्रता का नाश कर दिया। मुक्त स्पर्धा के सिद्धांत को इस नई प्रौद्योगिक के साथ समेकित नहीं किया जा सकता था। दोनों के बीच किसी भी क़ीमत पर तादात्म्य बिठाने की हर संभव कोशिशें की गईं। लेकिन हर बार और भी बेतुकी, हानिकारक और निहायत अराजक स्थितियाँ ही पैदा हुईं। शुरुआत में ऐसा भी हुआ कि एक ही इलाक़े में कई प्रतिस्पर्धी गैस कम्पनियों ने अपने-अपने पाइप बिछा दिए। 'एक ही सड़क पर तीन, चार, या यहाँ तक कि पाँच-पाँच भिन्न कम्पनियों के पाइप बिछे होना कोई बड़ी बात नहीं थी।'[36] बाद में इलाक़ों को ज़िलों में बाँट दिया गया और प्रत्येक ज़िले में अलग-अलग कम्पनियों को इजारेदारी दी जाने लगी। ज़्यादा केंद्रीकृत और कम उदार राजनैतिक परम्पराओं वाले बाक़ी युरोप महाद्वीप में रेलवे और गैस प्रणालियों का विकास शुरू से ही मुख़्तलिफ़ रहा। सरकार इसके लिए सजग रहती थी कि कम्पनियाँ एक-दूसरे से तालमेल में काम करें। फ्रांस में रेल नेटवर्क शुरू से ही केंद्रीय रूप से नियोजित था। वहाँ विभिन्न लाइनों के लिए अलग-अलग कम्पनियों को इजारेदारी दी जाती थी। यही स्थिति गैस उद्योग में

पहले गैस घर, लंदन, 1814
बाएँ: गैसभंडार/गैसोमीटर; चिमनी के नीचे घुमावदार रिटॉर्ट; उनके नीचे कोयला-भंडार और शोधन प्रणाली

भी थी। गैस उद्योग के बारे में सेन विभाग के प्रीफ़ेक्ट (prefect) द्वारा बनाए गए क़ानून के मुताबिक़ किसी एक सड़क पर एक ही कम्पनी पाइप बिछा सकती थी।[37] बाद के प्रावधानों में इस व्यवस्था को और भी बारीकी से परिभाषित कर दिया गया। 1839 में पेरिस को ज़िलों में बाँट दिया गया और हर ज़िले में एक-एक कम्पनी को इजारेदारी दे दी गई।[38] जर्मनी ने भी अपनी गैस व्यवस्था काफ़ी हद तक इसी तरह विकसित की।

विस्तार

युरोप के विभिन्न देशों में उद्योगीकरण की रफ़्तार के साथ-साथ गैस उद्योग के विकास की गति भी अलग-अलग ही रही। इंग्लैंड उसके जादू की गिरफ़्त में आने वाला पहला देश था। वहाँ यह उद्योग सबसे तेज़ी से विकसित हुआ। बाक़ी महाद्वीप उससे पीछे रहा।

कुछ ही साल के भीतर लंदन ऐसा पहला महानगर बन गया जिसके ज़्यादातर हिस्से में गैस की आपूर्ति का इंतज़ाम हो चुका था। वहाँ 1814 में विंसर द्वारा स्थापित की गई कम्पनी के अकेले गैसोमीटर की क्षमता 14,000 घन फ़ुट थी। आठ साल बाद 1822 में इस क्षेत्र में चार कम्पनियाँ और सैंतालीस गैसोमीटर चालू हो चुके थे। इनकी कुल क्षमता लगभग दस लाख घन फ़ुट थी।[39] इस समय तक आते-आते वहाँ गैस सप्लाई के लिए 200 मील लंबी पाइप लाइनें बिछाई जा चुकी थीं और जिनका व्यास अठारह इंच था।[40] बाद में गैस प्रणाली का और विस्तार हुआ। गैसोमीटर उन्नीसवीं सदी के सर्वाधिक संभावनाशील औद्योगिक प्रतीकों में से एक था और उसके विकासक्रम को देखने पर इस बात की तस्दीक हो जाती है। 1820 के दशक में 20,000 घन फ़ुट से अधिक क्षमता वाले सिर्फ़ इक्का-दुक्का गैसोमीटर थे। साठ

गैसोमीटर, तक़रीबन 1870

के दशक तक आते-आते गैसोमीटरों की औसत क्षमता दस लाख घन फुट हो चुकी थी। लंदन के बाद बाक़ी इंग्लैंड में भी गैस उद्योग काफ़ी तेज़ी से फैल गया। 1816 तक लंदन में गैस सामान्य चीज़ बन चुकी थी। 1819 तक आते-आते पूरे देश में गैस प्रणाली काम करने लगी थी।[41] 1820 के दशक के मध्य तक ज़्यादातर बड़े शहरों में गैस की आपूर्ति की जाने लगी और चालीस का दशक ख़त्म होते-होते तो वह कस्बों, और यहाँ तक कि गाँवों में भी जा पहुँची।[42]

इंग्लैंड के मुक़ाबले फ़्रांस और जर्मनी में गैस उद्योग निहायत धीमी रफ़्तार से आगे बढ़ा। वहाँ नई क़िस्म की रोशनी के लिए अभी भी कोई ख़ास बाज़ार नहीं था। पेरिस में विंसर की विफलता से यह बात बिल्कुल से साबित हो जाती है। विंसर से बाद के घटनाक्रमों से भी इस बात की पुष्टि होती है कि आने वाले कई सालों तक भी इस स्थिति में कोई बदलाव नहीं आया था। 1820 के दशक में स्थापित की गई कम्पनियाँ भी कोई ख़ास तरक़्क़ी नहीं कर पाईं; 1820 से 1835 के बीच गैस कम्पनियों के दिवालियेपन से पेरिस की अर्थव्यवस्था को 80 लाख फ़्रैंक का पूंजीगत घाटा हो चुका था।[43] सड़कों पर रोशनी के लिए गैस का इस्तेमाल वहाँ 1829 में जाकर शुरू हो सका मगर इसके बाद भी उसका चलन कछुए की रफ़्तार से ही आगे बढ़ा। प्लेस द्यू कैरूसेल, र्यू डे रिवोली, र्यू डे ला पैक्स, प्लेस वेन्डोम और पैलाइस रॉयाल गैस के ज़रिए रोशन होने वाली शुरुआती सड़कें और चौराहे थे। चालीस के दशक के मध्य पेरिस में गैस लाइटिंग का चलन इस क़दर हो गया कि बक़ौल इतिहासकार हेनरी बेस्नार्द, उसे पब्लिक का विश्वास हासिल हुआ।[44] पेरिस में रोशनी के इतिहास की शानदार परंपरा को देखते हुए यह विलम्ब हैरान करने वाला था। बाद में फ़्रांसीसी इतिहासकार आलेमान ने अफ़सोस जताते हुए कहा

कि 'लेबों के महान आविष्कार का महत्त्व हमारे मुक़ाबले और देशों ने ज़्यादा अच्छी तरह समझ लिया था। हमारे पड़ोसियों ने कुछ ही समय में उसके नाना प्रयोग ढूँढ लिए'।45

इस दिशा में जर्मनी की रफ़्तार भी ऐसी ही थी। हालाँकि वहाँ भी लोग गैसलाइट के साथ प्रयोग कर रहे थे–जैसे लम्पाडियस और विंज़्लर–मगर असल में वहाँ का समूचा गैस उद्योग ब्रिटेन से आयात किया गया था। केवल निर्यात के मक़सद से स्थापित की गई इंग्लैंड की इम्पीरियल काँटीनेंटल गैस एसोसिएशन नामक कम्पनी ने 1820 के दशक में हनोवर, बर्लिन, आशेन, कोलोन और विएना में गैसघर स्थापित किए। हालाँकि घरेलू उद्योग भी इस दिशा में जल्दी ही आगे बढ़ने लगा मगर पचास के दशक तक भी वहाँ कुल चौबीस गैसघर ही थे।46 इस दिशा में निर्णायक मोड़ 1850 के दशक में ही आया और यॉरनल फ़्यूर गासबैलॉयष्टुंग (जर्नल ऑफ़ गैसलाइटिंग) की स्थापना क़ाबिलेग़ौर रही। पर इंग्लैंड का दबदबा इसके बाद भी लंबे समय तक क़ायम रहा। मसलन, 1862 तक भी जर्मन गैस उत्पादन में इस्तेमाल होने वाला 40 प्रतिशत से ज़्यादा कोयला इंग्लैंड से आयात हो रहा था।47 उस समय अकेले लंदन में ही पूरे जर्मनी से दुगुनी गैस की खपत हो रही थी।

विस्फोट का ख़तरा

लंदन की यात्रा के दौरान कार्ल गुस्ताव कैरस ने टेम्स के आसपास के औद्योगिक परिदृश्य को देखने के बाद अपने भावों को इन शब्दों में दर्ज किया : 'घरों, गोदामों, शराब की बड़ी-बड़ी भट्ठियों और विशाल मीनारों या विशालकाय भट्ठियों की तरह आज़ाद खड़े लोहे के दैत्याकार गैसोमीटरों के झुंड। लगभग हर चीज़ बिना किसी तरतीब या विन्यास के खड़ी की गई है, महज़ फ़ौरी ज़रूरत को पूरा करने के लिए। ज़्यादातर इमारतें कोयले के धुएं से स्याह हैं मगर उन्हें देखकर हमेशा दैत्याकार परिमाण का अहसास होता है'।49 यह इत्तेफ़ाक़ की बात नहीं है कि इस उद्धरण में 'दैत्याकार' शब्द दो बार आया है। उन्नीसवीं सदी की नज़र से देखने पर ये भौंडी, विशालकाय टंकियाँ गैस उद्योग की अस्थिरता और ख़तरे, दोनों का प्रतीक थीं। उन्नीसवीं सदी में भाप और गैस, दोनों ही दिल में एक जैसा ख़ौफ़ पैदा करती थीं। बॉयलरों और गैसोमीटरों को देखकर हमेशा ये डर लगा रहता था कि वे किसी भी क्षण फट पड़ेंगे।

स्थिति को थोड़ा और बेहतर समझने के लिए 1862 में हुए एक बहुत मामूली से विस्फोट की रिपोर्ट पर नज़र डाल लेना अच्छा रहेगा। *यॉरनल फ़्यूर गासबैलॉयष्टुंग* – जिस पर एक पेशेवर पत्रिका होने के नाते स्थिति को बढ़ा-चढ़ा कर पेश करने का आरोप लगाना कठिन है – ने स्थिति का वर्णन इस प्रकार किया था:

> कसीनो के ऊपर स्थिति कैफ़े के परखचे उड़ गए। भूतल पर बॉलरूम से सटी दो दुकानें पूरी तरह नष्ट हो गईं। बार के वज़नी काउंटर के क़ब्ज़े उखड़ गए और वह उड़कर दूर जा गिरा। कैसीनो के दरवाज़े से बाहर सड़क पर भी लोग हताहत हुए। दहलीज़ के पास फ़ुटपाथ पर खड़ी एक महिला की ठौर मौत हो गई मानो उस पर बिजली गिरी हो। एक

धोबिन ने पास में ही अपनी घोड़ागाड़ी खड़ी कर दी थी जो धमाके से बीस क़दम दूर जाकर गिरी। सड़क के दूसरी तरफ़ नानबाई की बीवी को गहरी चोटें आईं और सामने से गुज़र रहे एक आदमी की नाक कट कर ऐसे गिर पड़ी मानो उस्तरे से काट दी गई हो। गैस फैल कर रयू कैडेट की तरफ़ जाने वाले गलियारे में भर गई और वहाँ उसमें पाँच मंज़िला इमारत जितनी ऊँची लपटों के साथ विस्फोट हुआ। यह धमाका इतना ताक़तवर था कि हादसे की जगह से 500 क़दम दूर स्थित रयू रोशेचुआर्ट में बैठे लोगों को भी ऐसे लगा गोया अचानक कोई तूफ़ान बरपा हुआ हो।[50]

1865 में लंदन के एक गैसघर के माप केन्द्र में हुए विस्फोट में दस मज़दूर मारे गए। लोगों को लगा कि हो न हो दस लाख घन फ़ुट क्षमता वाला विशाल गैसोमीटर ही फट गया है। *द टाइम्स* ने मान लिया कि अब यह साबित हो चुका है कि गैसोमीटर में भयानक शक्ति से फटने की पूरी आशंका निहित है और उनके पास रहने वाले लोग-बाग और इमारतें लगभग वैसे ही ख़तरे के साये में हैं जैसे वे बारूद के ढेर पर बैठे हों... मौजूदा हालात में तो तय है कि हर गैसोमीटर बारूद का एक ढेर ही है, और वेस्टमिंस्टर ऐबे, सेंट पॉल के गिरजे या किसी पुल के आस-पास गैसोमीटर का होना तक़रीबन ऐसा ही है जैसे हम टेम्स के तट पर बारूद जमाते चले जाएँ।[51]

गैस उद्योग अपने जन्मकाल से ही विस्फोट की दहशत का शिकार रहा है। जनता का ध्यान गैसोमीटर पर ही अटका रहता था जो एक अदृश्य ख़तरे का ठोस संकेत था। विलियम मैथ्यूज़ ने अपनी रचना *हिस्टॉरिकल स्केच* में लिखा है :

इस क़दर बेहिसाब गैस से भरी इन लम्बी-चौड़ी टंकियों की तादाद में इतना भारी इज़ाफ़ा और उनका ऐसी घनी आबादी के निकट स्थित होना सुरक्षा के लिहाज़ से गम्भीर सवाल खड़े करता है। वैसे भी, चाहे लापरवाही के कारण हुए हों या दुर्घटनावश, कुछ विस्फोट तो हो ही चुके हैं। भले ही उनसे बहुत बड़े पैमाने पर तबाही न फैली हो पर इतना ज़रूर है कि उन्होंने दहशत पैदा कर दी थी।[52]

लंदन में हुए 1865 के विस्फोट के बाद *जर्नल ऑफ़ गैस लाइटिंग, वाटर सप्लाई, ऐण्ड सेनेटरी इम्प्रूवमेन्ट* ने लिखा : 'अब माना जाने लगा था कि गैसघरों में विस्फोट नहीं होंगे, मगर फिर भी अत्यंत ज्वलनशील गैस के इन विशाल भंडारों को संदेह के साथ ही देखा जाता था—मानो वे किसी आशंकित ध्वंस के द्योतक हों।'[53]

हर बड़े विस्फोट ने जनता की बेचैनी को और बढ़ा दिया। सरकारें अपने नागरिकों को भरोसा दिलाने की कोशिशें करने लगीं। 1865 में लंदन में हुआ धमाका इसका सबसे अच्छा उदाहरण है। जर्नल ऑफ़ गैस लाइटिंग की रिपोर्ट में कहा गया कि 'एक गैसघर में हुए विस्फोट से न केवल ब्रिटेन में बल्कि पूरे महाद्वीप के तमाम हिस्सों में जो भारी उत्तेजना पैदा हुई है उसके फलस्वरूप... सबसे बड़े प्रांतीय गैसघरों के प्रबंधकों को ध्वंस स्थल के निरीक्षण का ज़िम्मा सौंपा गया और विदेशी गैस कम्पनियों के प्रतिनिधियों ने भी गैसघरों का दौरा किया।'[54]

1813 के बाद हुए हरेक बड़े विस्फोट के बाद उसके कारणों का पता लगाने, सुधारों के बारे में सुझाव देने और जनता के भय को शांत करने के लिए जाँच आयोग बिठाए जाने लगे। लंदन में हुए

पहले विस्फोट के बाद रॉयल सोसायटी ने रॉकेटों पर अपनी आज़माइशों के लिए विख्यात विस्फोटक विशेषज्ञ और रसायनशास्त्री सर विलियम कॉंग्रेव की अध्यक्षता में एक जाँच आयोग का गठन किया। इस आयोग ने लोगों की कल्पना पर हावी हो चुकी गैस की विस्फोटक शक्ति को पहली बार आँका और कहा कि :

यदि कोयले की गैस और साधारण हवा के 15,000 घन फ़ुट मिश्रण में विस्फोट हो जाए तो उसकी यांत्रिक शक्ति छह घन फ़ुट या चार पीपा बारूद में होने वाले विस्फोट के बराबर होगी... । ऐसे विस्फोट के प्रभाव का और भी सटीक अनुमान लगाने के लिए उसकी प्रक्षेपी क्षमता पर भी ध्यान दिया जा सकता है : यह विस्फोट इतना ज़बर्दस्त होगा कि उसके इर्द-गिर्द मौजूद इमारत की दीवार के ज़्यादातर हिस्से 150 गज़, जबकि कुछ हिस्से 300 गज़ ऊपर तक उड़ जायेंगे। यदि ये दीवारें गैसोमीटर के साथ सटी हों तो उसके हिस्से दोगुना दूरी और ऊँचाई तक उड़ जाएँगे... । यदि गैस के विस्फोट के रास्ते में कोई बाधा न आए तो एक फ़ुट दूर खड़ी 9 फ़ुट ऊँची और 18 इंच मोटी दीवार उसके झटके से 50 मीटर दूर जा गिरेगी; और हो सकता है कि 150 गज़ दूर स्थित काँच की खिड़कियाँ भी टूट जाएँ।[55]

निष्कर्ष के तौर पर आयोग ने सुझाव दिया कि यदि गैस लाइटिंग को बड़े पैमाने पर इस्तेमाल करना है तो गैस की आपूर्ति करने वाले गैसघरों को बाक़ी इमारतों से एक ख़ास दूरी पर ही स्थापित किया जाना चाहिए। और अगर उन्हे रिहाइशी इमारतों के आस-पास ही बनाने की मजबूरी हो तो फिर उनकी टंकियाँ काफ़ी छोटी होनी चाहिए।[56] 1823 की एक रिपोर्ट में भी कॉंग्रेव इन्हीं नतीजों पर पहुँचे। जब गैस उद्योग पर नज़र रखने के लिए हाउस ऑफ़ कामन्स में एक विधेयक पेश किया गया तो गैस उद्योग ने वैसी ही प्रतिक्रिया व्यक्त की जिसकी उम्मीद हम आज की आणविक लॉबी से करते हैं। कुछ साल बाद गैस उद्योग के प्रवक्ता के रूप में विलियम मैथ्यूज़ ने इस विधेयक पर उद्योग के असंतोष के बारे में लिखा:

विधेयक के प्रावधानों का मक़सद गैस कम्पनियों को पूरी तरह इंस्पेक्टरों का मोहताज बना देना था। और तो और, खुद अपनी ही संपत्ति पर नियंत्रण न रह जाने से उनका भौतिक कल्याण भी सीधे-सीधे प्रभावित हुआ। उन्हें झक, स्वार्थ या अज्ञानता के चलते कभी भी उत्पीड़न और कष्टप्रद हस्तक्षेपों का शिकार बनाया जा सकता है—वह भी सुनवाई का अधिकार दिए बिना। इसके अलावा, एक मान्यता यह थी कि यदि प्रस्तावित विधेयक क़ानून का रूप ले लेता तो वह बार-बार के टकराव का एक स्थायी स्रोत बन जाता और अंततः प्रगति की तमाम आशाओं को नष्ट कर देता; क्योंकि तब इंस्पेक्टर की इज़ाज़त के बिना कोई सुधार नहीं किया जाता; और उद्यमी चाहे कितना भी ज्ञानी, लगनशील या उद्यमशील क्यों न हो, उसे इंस्पेक्टर के इशारों पर और उसके फ़ैसलों के अनुरूप ही चलना पड़ता![57]

एक तरफ़ जनता का भय, दूसरी तरफ़ उद्योग जगत की स्वाभाविक बेपरवाही, और दोनों के दरम्यान बीच-बचाव कराते सरकारी निकाय—उन्नीसवीं सदी में जब सेहत को आशंकित नुक़सान पहुँचाने वाले उद्योग बढ़े तो कुछ इसी तरह की मोर्चाबंदी दिखाई देती थी। यह समीकरण आज भी ज़्यादा नहीं बदला है। उद्योगों में काम करने वाले कर्मचारी जनता के भीतर पैठे भय को बेबुनियाद बता कर भले ही ख़ारिज

कर देते हों पर जब उनके उपकरणों में कोई गड़बड़ी आती है तो उसका दंश उन्हें भी झेलना पड़ सकता है। ऐसी स्थिति में उपजने वाले पेशेवर खंडित व्यक्तित्व का एक शुरुआती उदाहरण 1823 के काँग्रेव आयोग की रिपोर्ट पर हुई संसदीय सुनवाई के ब्यौरों में मिलता है। सुनवाई के दौरान उस समय के जाने-माने गैस इंजीनियर सैमुअल क्लैग से पूछा गया कि गैसोमीटरों की सुरक्षा संबंधी स्थिति के बारे में वह क्या सोचते हैं। इस पर क्लैग ने उत्तर दिया कि 'अगर मेरा बिस्तर किसी गैसोमीटर के ऊपर ही लगा दिया जाये तो भी मुझे कोई ऐतराज़ नहीं होगा। मैं वहाँ भी उतनी ही गहरी नींद सोऊँगा जितनी गहरी नींद मैं और कहीं सोता।'[58] उसी सुनवाई के दौरान क्लैग ने एक गैस विस्फोट में लगी अपनी चोटों के बारे में भी बताया : 'उसका असर इतना था कि मेरा हैट सिर से उड़कर चिन्दी-चिन्दी हो गया, नौ इंच मोटी दो दीवारें धराशायी हो गईं और मैं भी बुरी तरह ज़ख़्मी हो गया। मेरे चेहरे की पूरी ख़ाल जल गई, सिर के सारे बाल जल गए, और मैं एक पखवाड़े या शायद तीन हफ़्ते तक बिस्तर से नहीं हिल पाया।'[59]

ज़हर का ख़तरा

गैसोमीटर में इतनी ज़्यादा गैस भरी होने के चलते वह ख़तरे का सबसे बड़ा केंद्र था लेकिन वह वाहिद ख़तरा नहीं था। उसके केन्द्र से दूर स्थित उसके उपभोक्ता भी गैस पाइपों की मौजूदगी के चलते ऐसे ही ख़तरे की ज़द में थे। अपनी *प्रैक्टिकल ट्रीटाईज़ ऑन गैसलाइट* में ऐकम गैस के जिन गुणों को ख़ास तौर से लाभदायक बताते हैं इस संदर्भ में वही गुण हानिकर दिखाई देने लगते हैं। उन्होंने लिखा, 'इस गैस को असंख्य शाखाओं के ज़रिए अत्यधिक सहजता के साथ वितरित किया जा सकता है...। उसकी मौजूदगी का ज़रा सा पता तक नहीं चलता; उसकी टोंटी या वाल्व खोलने पर कोई आवाज़ नहीं होती—वातावरण की पारदर्शिता में कोई बदलाव नहीं आता।'[60] गैस की ख़ामोशी, अदृश्यता और गति—यही वह गुण थे जिनके चलते गैस इतनी रहस्यमयी और गैस पाइप इतने ख़तरनाक दिखाई देने लगे। गैस से जुड़े शुरुआती डर निहायत आदिम क़िस्म के थे। जैसे लोगों को लगता था कि उसके पाइपों से आग गुज़रती हो। इंजीनियर सैमुअल क्लेग बताते हैं कि 'जिज्ञासु लोग पाइपों का तापमान जानने के लिए अकसर उन्हें दस्ताने पहनकर छू-छूकर देखते रहते थे।'[61] इन डरों का निराकरण हो जाने के बाद भी लोग उससे दूर-दूर ही रहते थे। उपभोक्ताओं से आग्रह किया जाता था कि जैसे ही ज़रूरत पूरी हो जाए वह मुख्य टोंटी (घर और मुख्य पाइप को एक-दूसरे से जोड़ने वाली टोंटी) को फ़ौरन बंद कर दें। ब्लॉकमान का सुझाव था कि 'घर में रहने वालों की हिफ़ाज़त के लिए यह बहुत ज़रूरी है कि जिस समय गैस की ज़रूरत न हो उस समय टोंटी को बंद रखा जाए ताकि पाइपों से गैस न रिसे।'[62] मुख्य टोंटी को सामान्यतः रात में बंद रखा जाता था। सोने के वक़्त लोग ऐसी ख़तरनाक शै से तमाम संबंध तोड़कर कम से कम चंद घंटों के लिए ही सही, अपने घर की मूल स्वायत्तता वापस पाने की चेष्टा करते दिखाई देते थे। गैस लाइटिंग के जोशीले हिमायती ऐकम को इस एहतियाती क़दम में भी एक फ़ायदा

दिखाई देता था। गैस की मुख्य टोंटी के बंद कर देने को वह हमारे ज़माने में रात के समय दरवाज़े पर ताला डालने जैसा मानते हैं। 'जहाँ गैस का इस्तेमाल किया जाता है वहाँ गैस की मुख्य टोंटी को बंद करने के बाद घर का मुखिया चैन की साँस सो सकता है। पहले वो यह सोचकर डरता रहता था कि कहीं कोई बत्ती जलती न रह जाए, या किसी चिंगारी से उसका पूरा कुनबा आग की भेंट न चढ़ जाए। अब वह ऐसी तमाम चिंताओं से आज़ाद है।'[63]

विस्फोट गैस के ख़ामोश रिसाव का नाटकीय परिणाम होता है। मगर इसके कुछ और परिणाम भी होते हैं। गैस में विषैलेपन का गुण भी होता है। इसकी गंध से तस्वीर का दूसरा रुख़ सामने आता है। इसकी गंध लोगों को शुरू से ही बहुत ख़राब लगती थी। मगर यही चीज़ तो चेताने का काम भी करती थी। 'हमारी खुशक़िस्मती है कि इसकी गंध तीखी है।,' शिलिंग ने अपनी निर्देशिका में लिखाः

अपने इस गुण के कारण यह अपनी चेतावनी आप बन जाता है। कोई जागता हुआ व्यक्ति ज़हरीली गैस की वजह से शायद ही मरे। गैस के कारण दम घुटने के जितने भी ज्ञात मामले रहे हैं लगभग उन सभी में दुर्घटना रात में हुई — जब व्यक्ति सोया हुआ था। आम तौर पर ये हुआ होगा कि गैस की गंध उसे शाम को ही महसूस होने लगी होगी पर लापरवाही के आलम में उसकी अनदेखी कर दी होगी और सोने चला गया होगा। जिस कमरे में गैस की गंध आ रही है यदि उस कमरे में न सोने के नियम का हर आदमी पूरी संजीदगी से पालन करने लगे तो गैस के कारण मरने की ख़बर हमें कम ही सुनने को मिलेगी।[64]

गैस का ज़हरीलापन जल्दी ही ख़ुदकुशी का सबसे बढ़िया ज़रिया भी बन गया। लेकिन मनुष्यों को मारने के अलावा गैस मिट्टी और हवा को भी दूषित कर सकती थी। इस मामले में भी शक की सुई गैसघर पर ही आकर रुकी। इस सोच ने स्थान के चुनाव को प्रभावित करना शुरू कर दिया : 'गैसघर लगाने के लिए हमें ज़रा एकांत जगह की तलाश करनी चाहिए, विशेष रूप से हवा के बहाव की दिशा में, ताकि शहर की हवा गैसघर की तरफ़ जाए न कि गैसघर से होकर हवा शहर की तरफ़ आती हो। यदि शहर के आस-पास बहते पानी की धारा हो तो गैसघर के लिए शहर से निचली तरफ़ की ज़मीन इस्तेमाल करनी चाहिए।' परंतु यह सलाह देने वाले शिलिंग साथ ही यह कहने से भी नहीं चूकते कि 'यह सारा सोच-विचार आम लोगों के भय और पूर्वा ग्रहों को ध्यान में रखते हुए ही किया गया। अपने आप में इस पदार्थ की प्रकृति में ऐसा कुछ भी नहीं है जिससे इतनी एहतियात बरतने की ज़रूरत पड़े।'[65]

मिट्टी के प्रदूषित होने की समस्या गैसघरों के आस-पास की ज़मीन तक ही सीमित नहीं थी। यह प्रभाव उस पूरे इलाक़े में दिखाई देने लगता था जहाँ तक गैस के मुख्य पाइप फैले होते थे। जहाँ भी इन पाइपों में रिसाव होता गैस मिट्टी में समाने लगती। 1860 में स्वास्थ्य चिकित्सा अधिकारी द्वारा तैयार की गई एक रिपोर्ट के अनुसार इस तरह अकेले लंदन में ही हर साल 38.6 करोड़ घन फ़ुट गैस मिट्टी में चली जाती थी। अन्य आकलनों में यह मात्रा दोगुनी बताई गई है।[66] रिपोर्ट में आगे कहा गया था कि गैस 'मिट्टी को काला कर देती है और उससे निकलने वाले पदार्थों को बमुश्किल बर्दाश्त किया जा सकता है। मकानों के भूमिगत कमरे रहने लायक़ नहीं रहते, बल्कि यहाँ विस्फोट का भी ख़तरा रहता है

गैस की लौ
(सायन्स म्यूज़ियम, लंदन)

और पानी सड़ांध मारने लगता है।' शहरों की ज़मीन का लगातार विषैला होते चले जाना एक भयानक दुःस्वप्न था जो गैस उद्योग के फैलने के साथ दिनोंदिन ठोस रूप ग्रहण करता जा रहा था :

बड़े शहरों के घिचपिच अंदरूनी इलाक़ों में गैस लाइटिंग स्वास्थ्य के लिए एक भारी ख़तरा है। गैस धरती की सतह के ठीक नीचे स्थित मिट्टी में बैठ जाती है और सल्फ़र व अमोनिया के कारण मिट्टी दूषित होने लगती है। यह गैस कुएँ और तालाबों के पानी को प्रदूषित करती है और मुख्य गैस पाइपों में होने वाले रिसाव से यह हवा में घुलकर उसे भी ख़राब कर देती है। लाइटिंग के काम आने वाली इस गैस से उत्खनन संबंधी काम ख़तरनाक हो जाते हैं क्योंकि कुछ ख़ास परिस्थितियों में इससे बुख़ार, ज़हरबाद और संक्रामक क़िस्म की चेचक फैलने का ख़तरा रहता है।[67]

गैस की लौ

हम ऊपर चर्चा कर चुके हैं कि गैसलाइट के ज़रिए प्रकाश के उद्योगीकरण की शुरुआत हो गई थी। थी। तेल के दीये और मोमबत्ती की जगह लेने वाला गैस का बर्नर क़ायदे से दीया अथवा लैम्प नहीं था, बल्कि गैसघरों का विस्तार ही था। लोगों के बीच विस्फोट और प्रदूषण का जो ख़तरा फैला हुआ था उसकी एक वजह ये थी कि उन्हें इतने ख़तरनाक उद्योग के साथ जुड़ने में घबराहट महसूस हो रही थी। बहरहाल, आइए पहले इस बात की पड़ताल करें कि इस तकनीकी क्रांति ने अपने वास्तविक उत्पाद, यानी लौ, पर क्या असर डाला।

गैसबत्ती की सबसे बड़ी ख़ासियत उसकी चमक थी। उसके वर्णनों में बार-बार एक जैसे शब्द आते हैं। मसलन, गैसबत्ती की रोशनी 'चौंधियाने वाली सफ़ेद', 'दिन जैसी उजली' या 'किसी कृत्रिम सूर्य'

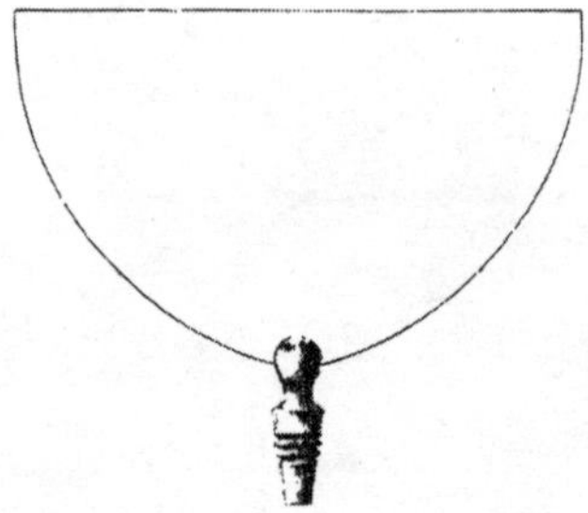

जैसी थी जिसके सामने रोशनी के तमाम पारंपरिक स्रोत फीके पड़ जाते थे। बहरहाल, गैसबत्ती के विवरणों की शब्दावली कितनी भी एकरूप क्यों न रही हो, जब उसकी रोशनी की सघनता आँकने की बारी आती थी तो विभिन्न दावों में भारी फ़र्क़ दिखाई देने लगता था। ऐकम द्वारा दिए गए आँकड़ों के मुताबिक़ गैस की लौ चरबी के दीये की लौ से तीन गुना ज़्यादा उजली होती थी[64] जबकि शिलिंग को वह मोमबत्ती की लौ के मुक़ाबले छः से दस गुना ज़्यादा तेज़ दिखाई देती थी।[69] इन दावों में यह फ़र्क़ इसीलिए था क्योंकि अभी प्रकाश की सघनता को मापने की कोई सही वैज्ञानिक प्रणाली विकसित नहीं हुई थी। इस माप का मतलब सिर्फ़ इस आशय की तुलना से था कि अलग-अलग रोशनियों से बनने वाली परछाइयाँ कितनी दूर तक जाती हैं। लोग इसी आधार पर यह तय करते थे कि एक रोशनी दूसरी के मुक़ाबले कितनी शक्तिशाली या क्षीण है। ज़ाहिर है कि इस मनोगत पद्धति से केवल अनुमानित गणनाओं पर ही पहुँचा जा सकता था।

तुलना के मानक भी उतने ही भ्रामक थे। प्रकाश की सटीक रूप से परिभाषित और अंतर्राष्ट्रीय स्तर पर मान्यताप्राप्त कोई इकाई नहीं थी। जैसे, बाद में 'मानक मोमबत्ती' के रूप में एक मानक इकाई विकसित करने का दावा किया गया, लेकिन सच तो यह है कि वह भी मात्र एक राष्ट्रीय मानक ही थी। या इसी प्रकार लक्स और ल्यूमेन की वर्तमान इकाइयाँ हैं। जिन रोशनियों के साथ गैस की लौ की तुलना की जाती थी उनकी चमक में भी चरबी की धुँधली लौ से लेकर काफ़ी तेज़ रोशनी देने वाली मोमबत्ती तक काफ़ी फ़र्क़ था। और तो और, तुलना के लिए अकसर अलग-अलग क़िस्म की लौ चुन ली जाती थी।

इन तमाम अनिश्चितताओं को देखते हुए प्रकाश की सघनता को महज़ आँकड़ों में अभिव्यक्त करने की कोशिश बेकार है। हम यहाँ सिर्फ़ इतना ही कह सकते हैं कि उस समय तक प्रकाश के जितने भी स्रोत उपलब्ध थे उनमें गैस से मिलने वाली रोशनी साफ़ तौर पर औरों से काफ़ी तेज़ थी। (इसका कारण यह था कि गैस के ज्वलन का तापमान तुलनात्मक रूप से अधिक होता था जिसकी वजह से कार्बन के वह कण भी जल जाते थे जिनसे गैस की लौ चमकीली सफ़ेद हो जाती है, जबकि तेल के दीये और मोमबत्ती की लौ सिर्फ़ हल्के नारंगी रंग तक ही पहुँच पाती थी।)

गैसबत्ती को ज़्यादा चमकदार बनाने वाली एकमात्र चीज़ उसकी सघनता ही नहीं थी। उसकी लौ का बड़ा आकार भी एक अहम कारक था। जब तक लौ भी ज्वलन केंद्र के रूप में बत्ती के साथ जुड़ी हुई

थी तब तक लौ का आकार और लंबाई तथा उसके जलने की दिशा भी बत्ती से ही निर्धारित होती थी। यह बात अरगाँ की बेलनाकार बाती और लेगर की चपटी बाती के मामले में भी दिखाई देती थी, हालाँकि इसमें कोई शक नहीं कि इतनी बड़ी लौ इससे पहले की किसी बाती में नहीं देखी गई थी। बाती के पूरी तरह ग़ायब होने के बाद ही लौ नए-नए रूपों, आकारों और अब तक अकल्पित दिशाओं में जलने लगी। मिसाल के तौर पर, अब यह सिद्धांत बेमानी हो चुका था कि लौ केवल लंबवत ही जल सकती है। गैस की लौ तिरछी, करवट और सिर के बल—किसी भी दिशा में बड़े सहज और स्वाभाविक ढंग से जलती थी। गैस के आदि उद्यमियों ने इस असीमित संभावनाशील गुण को अपनी दलील की हिमायत में पेश किया। मसलन, गैस की लौ के इस लचीले मिज़ाज को सबसे पहले दर्ज करने वाले लेबों ने लिखा : 'इस कोमल और शुद्ध प्रकाश को फूलों और बन्दनवारों जैसी किसी भी मनचाही शक्ल में ढाला जा सकता है। हम चाहें तो उसे छत से लटकती फूलों की टोकरी का आकार दे सकते हैं और चाहें तो अपने सिर के ऊपर फैला सकते हैं—और वह भी किसी खोल या सहारे के बिना। न तो उसमें बत्ती का धब्बा दिखाई देगा और न कालिख या धुएँ से उसकी रोशनी मद्धिम पड़ेगी।'[70]

गैस को लेकर किए गए शुरुआती प्रचार में हम इस बात को बख़ूबी देख सकते हैं कि उत्सवों के अवसर पर की जाने वाली आतिशबाज़ी और रोशनी के प्रति अठारहवीं सदी जैसा उत्साह अभी भी क़ायम था। उस दौरान गैस की लौ ने जो भी मानक शक्लें अख़्तियार कीं, उनकी जड़ में इस चाह और उत्सुकता का ही हाथ था। बहरहाल, इन तमाम बत्तियों की लौ चौड़ी-चपटी होती थी; चुनाँचे उनके नाम भी बैटविंग (चमगादड़ पाँखी, bat-wing) या फ़िशटेल (मत्स्य पुच्छल,) आदि पड़ गए। उनकी आकृति इस बात पर निर्भर करती थी कि 'स्लिट (सँकरी दरार) बर्नर'[71] से गैस कैसे निकलती है। मोमबत्ती की लौ की चमकदार सतह से तुलना करने पर गैस की लौ की सतह एक ही खंड की तरफ़ पूरी तरह खुले पंखे जैसी दिखती थी।

चमक के अलावा गैस की लौ का एक और अनूठापन उसकी एकरूपता में था। एक अकेली बाती के इर्द-गिर्द जलने वाली लौ के प्रकाश की सघनता लगातार घटती-बढ़ती रहती थी। 'किन्हीं दो पलों में भी एकसमान नहीं रहती। यदि बाती की लम्बाई में थोड़ा-सा भी फ़र्क़ आता है, या वह जलते-जलते राख़ हो जाती है—या, अगर लौ हवा के झोंके से हिल जाती है—तो उससे निकलने वाली रोशनी फ़ौरन मद्धिम या तेज़ हो जाती है।'[72] काउंट रम्फ़ोर्ड के प्रयोगों से पता चला कि यदि बाती को लगातार कतरते न रहा जाए तो दीये की रोशनी आधे घंटे के भीतर 100 से घटकर मात्र 16 इकाई रह जाती है।[73] बातियों को बार-बार कतरने के लिए ख़ास क़िस्म की क़ैंचियाँ बनाई गई थीं। जैसे घरेलू अलाव की आग पर नज़र रखनी पड़ती थी, उसी तरह बाती पर भी लगातार नज़र रखनी पड़ती थी। गेटे ने एक बार कहा था कि 'मेरी नज़र में ऐसी रोशनी से बड़ा और कोई आविष्कार नहीं हो सकता जिसे बार-बार कतरना न पड़े।'[74] उनके इस कथन से पता चलता है कि 1800 ईस्वी के आस-पास शम्मा जलाए रखने में लोगों को कितनी परेशानी महसूस होती थी। दीये की रोशनी में किए जाने वाले किसी भी काम में बार-बार

बाधा पड़ती रहती थी। लेकिन पाइप से स्थिर गति से निकलती गैस के अनुरूप स्थिर भाव से जलती गैस की लौ पर अतिरिक्त ध्यान देने की ज़रूरत नहीं थी। गैस की लौ में सिर्फ़ तभी बदलाव आता था जब गैसघर से आने वाली गैस का दबाव घट या बढ़ जाता था।

चमक और समरूपता के बाद गैसबत्ती का तीसरा उल्लेखनीय पहलू यह था कि उसे इच्छानुसार घटाया-बढ़ाया जा सकता था। ऐकम कहते हैं, 'गैस की लौ के रूपाकार और सघनता को नियंत्रित करने के लिए सिर्फ़ उस टोंटी को एक बार घुमा देना ही काफ़ी है जिससे होकर गैस बर्नर तक आ रही है। आप चाहें तो उसे एक ही झटके में इतना तेज़ जला सकते हैं कि कमरे का एक-एक कोना दमक उठे और जब चाहें तब आप उसे इतना मद्धिम कर सकते हैं कि उसका दिखना भी मुश्किल हो जाए।'[75] या जे.डब्ल्यू. शिमट्ज़ की पॉपुलर मैन्युएल ऑफ़ गैस लाइटिंग 1839 को उद्धृत करें तो, 'उसे लघुतम बिंदु से बढ़ा कर चौंधियाती रोशनी के स्तर तक पहुँचाने के लिए सिर्फ़ एक उँगली का स्पर्श ही बहुत है।'

प्रकाश की सघनता को नियंत्रित करने की क्षमता बत्ती को कम-ज़्यादा करने वाली अरगाँ की नियंत्रण विधि से ली गई थी। उससे पहली बार ईंधन की आपूर्ति, और फलस्वरूप लौ के आकार को घटाना-बढ़ाना संभव हो गया। बत्ती को नियंत्रित करने वाली विधि के मुक़ाबले गैस की टोंटी का फ़ायदा यह था कि अब हरेक लौ पर लगातार नज़र रखने की ज़रूरत नहीं थी। मुख्य गैस पाइपों से जुड़े तमाम लैम्पों की लौ को एक साथ भी घटाया-बढ़ाया जा सकता था। इसका मतलब यह हुआ कि ऐतिहासिक तौर पर पहली बार अब किसी लौ को उससे दूर रहकर भी घटाया-बढ़ाया जा सकता था। गैस की टोंटी बिजली के स्विच की पूर्वज थी। तकनीकी रूप से यह बिजली के स्विच और अरगाँ बर्नर में बत्ती को नियंत्रित करने वाली प्रणाली के बीच का सेतु थी।

गैस लाइटिंग के तकनीकी गुणों और आम लोगों की समझ पर इसके प्रभावों को महज़ एक शब्द में समेटा जा सकता है—फ़ासला। मोमबत्ती और तेल का दीया प्रकाश के बेहद अंतरंग रूप थे। उनसे जो रोशनी मिलती थी उससे आप किसी छोटी सी जगह में ही उजाला कर सकते थे। गैसबत्ती के मामले में फ़ासले का अहसास शुरू से ही निहित था। न केवल उसका ईंधन दूर स्थित गैसघरों से आता था, न केवल उसे बिना कतर-ब्योंत किए दूर से ही घटाया-बढ़ाया जा सकता था—बल्कि सबसे बढ़कर, वह देखने वाले की नज़र के दायरे से बाहर भी थी। और उसकी चमक के तो क्या कहने थे! गैस की लौ से इतनी चमकार पैदा होती थी कि लोग उसकी तरफ़ सीधे नहीं देख सकते थे। इसलिए यह पारभाषी काँच जैसे पदार्थों से बने आवरण में बंद रहती थी ताकि उसकी चौंध कम हो जाए और रोशनी चारों तरफ़ छितरा जाए। ऐसी सूरत में गैस की लौ नहीं बल्कि केवल दीपावरण ही चमकता दिखाई देता था, जिससे छनकर निराकार, छितराई हुई रोशनी बाहर आती थी। (लौ को ढँकने के सवाल पर हम 'ड्रॉइंग रूम' नामक अध्याय, में कुछ और बात करेंगे)। हमें अभी एक और ऐसे यंत्र के बारे में बात करनी है जिसने गैसबत्ती को परोक्ष और दूरस्थ बनाने में अपनी भूमिका निभायी।

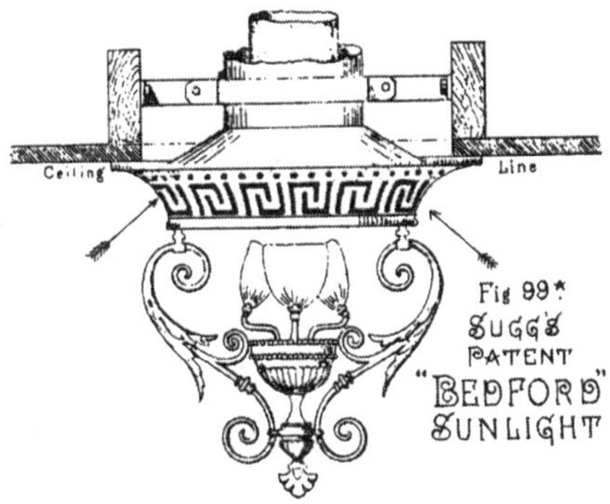

वातायात
खुले तंत्र में इस्तेमाल की गई हवा लौ के ऊपर की पाइप के ज़रिए हटा दी जाती है (ऊपर). जब कि बंद तंत्र में लौ बंद वातावरण में अंतर्मुखी होकर जलती रहती है (नीचे). शीशे का आवरण वस्तुतः क्लब का पूर्तरूप था।.

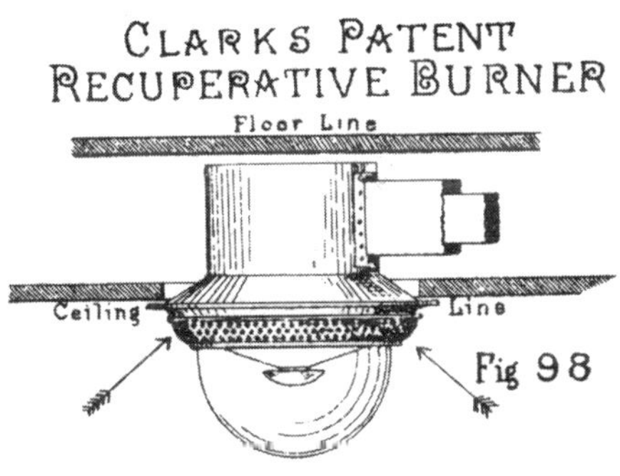

हवा निकासी· (Ventilation)

मोमबत्ती और तेल के दीये में ऑक्सीजन का इस्तेमाल इतना कम था कि उनके जलने से हवा की गुणवत्ता में आई किसी गिरावट का बमुश्किल ही पता चलता था। मगर कई गुना बड़ी गैस की लौ बेहिसाब ऑक्सीजन खाती थी और बंद कमरों के तापमान को तो अकसर गर्म देशों के स्तर तक उठा देती थी। यह गैस लाइटिंग की अंतर्निहित ख़ामी थी। इसमें कोई शक नहीं कि उसकी रोशनी को तक़रीबन किसी भी स्तर तक बढ़ाया जा सकता था मगर दिक़्क़त यह थी कि वह इतनी हवा का इस्तेमाल करती थी कि जिस कमरे में गैस का प्रकाश हो उस कमरे में टिकना नामुमकिन हो जाता था। इस संकट का समाधान हवा-निकासी के ज़रिए मिला। पुराने क़िस्म के संवातन में रोशन कमरों की हवा को बाहर निकाल दिया जाता था ताकि ताज़ा हवा भीतर आती रहे। दूसरा तरीक़ा ये था कि लौ को मुकम्मल तरीक़े से बंद कर

दिया जाए—यानी उसे उस कमरे के वातावरण से काट दिया जाए जिस कमरे में उसकी रोशनी फैल रही है—ताकि वह कमरे की हवा में से ऑक्सीजन सोख ही न सके। लेबों को ऐसी 'दूरस्थ' लौ का ख़याल आ चुका था। वह लिखते हैं :

> ज्वलनशील गैस शीशे के बने गोले में जलती है। यह गोला तिपाई पर टिका होता है और उसे सीमेंट के सहारे इस तरह जोड़ा जाता है कि उसके भीतर की कोई भी चीज़ बाहर न जा सके। उसमें एक छोटी सी नली से गैस और एक नली से हवा भीतर जाती है, जबकि प्रज्वलन से पैदा होने वाले पदार्थों की निकासी के लिए एक और नली होती है। जिस नली से हवा गोले के भीतर जाती है वह कमरे के भीतर-बाहर कहीं से भी हवा खींच सकती है। अब ये आप पर है कि आप कमरे की हवा में अदला-बदली चाहते हैं या नहीं।[76]

उन्नीसवीं सदी में हवा-निकासी का तरीक़ा इसी ढर्रे पर चलता रहा। शुरुआत में कमरे की हवा-निकासी और लौ को चौतरफ़ा बंद करने के बीच कोई स्पष्ट फ़र्क़ नहीं किया जाता था। दोनों एक ही काम के हिस्से थे। ब्रिटेन में 1817 में पेटेंट कराई गई प्रणाली में 'नलियों की ऐसी व्यवस्था की गई थी जो गैस के जलने पर पैदा होने वाले पदार्थों को बाहर निकालती रहती थी और साथ ही कमरे या इमारत के भीतर से हवा खींच कर उसे बाहर फेंकती रहती थी।'[77] यहाँ भी गैस की लौ और उसके कमरे के बीच कोई साफ़ संबंध दिखाई नहीं पड़ता।

उन्नीसवीं सदी के उत्तरार्ध में गैस की लौ कमरे के माहौल से लगातार कटती चली गई। विशाल सार्वजनिक कक्षों, रंगशालाओं, संसद और ऐसी ही दूसरी बड़ी-बड़ी इमारतों में छत पर चिपकी लाइट (plafond lumineux) और रोशनदान लगाई जाती थीं। इस क़िस्म की रोशनियों में गैस लाइटिंग को कमरे के माहौल से अलग नितांत निजी ज्वलन क्षेत्र प्राप्त हो गया। पारभाषी शीशे की छत के पीछे स्थित गैसबत्ती को कमरे की हवा के स्तर या तापमान की फ़िक्र किए बिना जितना चाहे उतनी तेज़ी से जलाया जा सकता था क्योंकि अब उसे हवा की स्वतंत्र आपूर्ति मिलने लगी थी। हवा की आपूर्ति के अनुपात में गैसबत्तियों के जेट भी बढ़ने लगे। 1862 में पेरिस स्थित गेटे रंगशाला में उजाला करने के लिए लगी अर्शी बत्तियों के लिए 1338 गैस टोंटियाँ लगाई गई थीं।[78] यदि इन रोशनियों के इर्द-गिर्द शीशे का खोल न होता तो लपटों का यह समंदर दर्शकों को शायद भूनकर रख देता। इस क़िस्म की रोशनी के लिए फ़्रांसीसी शब्द plafond lumineux (चमकदार छत) सबसे सटीक मालूम होता है, क्योंकि छत से कमरे में प्रकाश बिखरने वाली अनगिनत लाइटें एक-दूसरे से अलग-अलग स्वतंत्र इकाइयाँ नहीं बल्कि प्रकाश की एक विशाल सतह जैसी दिखाई देती थीं। इसने धीरे-धीरे झाड़ (Chandelier) की जगह ले ली, जो कि अलग-अलग बत्तियों से सुसज्जित, 'बंद' लाइट की एक भव्य मिसाल था : इसमें हरेक लौ का एक अलग वजूद भी था और वह समूह का हिस्सा भी थी। चुनाँचे झाड़ ने अकेली लौ में मौजूद अंतरंगता के अहसास को कभी नहीं खोया। इस क़िस्म की रोशनी को याद करते हुए पेरिस ऑपेरा के वास्तुकार चार्ल्स गार्निएर ने चमकदार छत की रोशनी के बारे में कहा थाः

यहाँ व्यक्ति ऐसे महसूस करता है मानो आग के किसी विशालकाय घेरे में घिरा, एक विशाल आक्रामक लेंस में जकड़ा हुआ बैठा हो जिसकी किरणें डराती सी लगती हैं। कमरे में उजाला तो है, वाक़ई ख़ूब सारा उजाला, मगर उसमें मज़ा नहीं है। यह बॉलरूम की मोमबत्तियों की रोशनी में पौ फटने पर की कृत्रिम रोशनी का मिश्रण है। कृत्रिम प्रकाश का एक अतुलनीय लाभ नष्ट हो चुका हैः अब आप उसे देख नहीं सकते। यह पिंजरबद्ध और परावर्तित रोशनी से आगे की चीज़ है—क्योंकि इसे देख कर असली आग की लपलपाती लौ की जगह देदीप्यमान भट्ठी जैसा अहसास होता है।[79]

लौ का अंत : तापदीप्त गैसबत्ती

चमकदार छत के रूप में गैस लाइटिंग अपने विकास के चरम पर पहुँच चुकी थी। मगर इससे पहले कि कहीं ज़्यादा तेज़ और किफ़ायती विद्युतीय रोशनी उसकी जगह ले पाती, वह हैरतअंगेज़ तरीक़े से एक बिल्कुल नए बाने में एक बार फिर लौट आई।

1886 में ऑस्ट्रियाई रसायनशास्त्री एयूर फ़ॉन वेल्सबाख़ ने तापदीप्त गैसबत्ती का आविष्कार किया, जिसमें लौ की शक्ति का इस्तेमाल उजाले की बजाय गरमी देने के लिए किया जाता था। तापदीप्त गैसबत्ती एक तापोद्दीपक मेंटल को गर्म करने से जलती थी, जो एक ख़ास मिश्र धातु (rare earth) का बना होता था और इस मेंटल को बनसेन (Bunsen) लौ में तब तक गर्म किया जाता था जब तक कि वह गर्म होकर सफ़ेद न हो जाए। इससे जो प्रकाश निकलता था वह पारंपरिक क़िस्म की गैसबत्ती से कई गुना ज़्यादा तेज़ होता था और उसमें कम गैस ख़र्च होती थी। इस तरह बतौर प्रकाश स्रोत अब लौ का ताज जाता रहा। बनसेन लौ में क़ैद और आँखों से ओझल लौ अब केवल गर्मी देने के लिए अप्रत्यक्ष रूप से ही काम करती थी। इस आविष्कार ने खुली लौ वाली गैसबत्ती को एक ही झटके में अनुपयोगी सिद्ध कर दिया। बल्कि उसने बिजली की रोशनी के लिए भी एक गंभीर ख़तरा पैदा कर दिया क्योंकि बिजली के मुक़ाबले इसकी उत्पादन लागत केवल पाँचवाँ या छठा हिस्सा ही पड़ती थी।[80]

'यह बिना बिजली के जलने वाली बिजली की रोशनी है।'[81] तापदीप्त गैसबत्ती की 1887 में दी गई इस सटीक और संक्षिप्त परिभाषा से इसकी बेमिसाल कामयाबी की वजह पता चल जाती है। तापदीप्त गैसबत्ती के रूप में पुरानी गैस प्रौद्योगिकी नयी प्रौद्योगिकी की नक़ल करते हुए अपना वजूद बनाए रखने की कोशिश कर रही थी—और कुछ समय तक यह कोशिश कामयाब भी रही। इस प्रकरण में गैस लाइटिंग अपने ही इतिहास के एक पुराने अध्याय को दोहरा रही थी। जब एयूर फ़ॉन वेल्सबाख ने तापोद्दीपक मेंटल बनाया तो यह कोई अनूठी बात नहीं थी, उसका तकनीकी सिद्धांत तो पहले से ही ज्ञात था। ड्रमॉं की 'लाइमलाइट' तक़रीबन 1830 से ही रंगमंच पर स्पेशल लाइटिंग एफ़ेक्ट्स पैदा करने के लिए इस्तेमाल हो रही थी। इस 'लाइमलाइट' में सोडे (lime) के एक टुकड़े को हाइड्रोजन की लौ पर ख़ूब देर तक गर्म किया जाता था जिससे उसमें ज़बर्दस्त रोशनी पैदा हो जाती थी। मगर बड़े पैमाने पर इस्तेमाल के लिए गैस लाइटिंग को शायद विद्युतीय तापदीप्त प्रकाश की सफलता का इंतज़ार था। चाप

प्रकाश और बिजली के बल्ब ने साबित कर दिया था कि ठोस पदार्थों को गर्म करने पर खुली लौ के मुक़ाबले ज़्यादा तेज़, यकसाँ और किफ़ायती रोशनी निकलती है। इस सैद्धांतिक आधार पर गैस से भी वैसे ही नतीजे पाने की कोशिशें शुरू हो गईं, जिस तरह के नतीजे बिजली के मामले में हासिल किए जा चुके थे। इस क़िस्म की तकनीकी नक़ल के उदाहरण और भी कई हैं। सन् 1900 के आस-पास गैसबत्ती के जो स्विच विकसित किए गए वह ज़ाहिरा तौर पर बिजली की प्रौद्योगिकी से ही प्रेरित थे। गैस की पुरानी क़िस्म की टोंटियाँ गैस की आपूर्ति को घटा-बढ़ा कर केवल लौ की लंबाई को ही नियंत्रित कर सकती थीं, चुनाँचे एक पायलट या आदर्श बत्ती की ज़रूरत लगातार बनी रहती थी। मगर जो नई तकनीक विकसित की गई वह वस्तुतः स्विच ही थे जिनके ज़रिए अब बिजली की तरह दूर बैठे-बैठे ही तापदीप्त मेंटल को भी जलाया-बुझाया जा सकता था।[82]

यहाँ हमारी मुठभेड़ एक बिल्कुल नई प्रवृत्ति के साथ हो रही हैः नवजात प्रौद्योगिकियों का पुरानी प्रौद्योगिकियों पर प्रभाव। यह तकनीकी प्रगति का दूसरा, पूरक पहलू है। अब तक हमने कृत्रिम प्रकाश के इतिहास को एक रैखिक विकासक्रम की तरह लिया है। ऐसा लगता है मानो प्रकाश की प्रौद्योगिकी घरेलू अलाव से शुरू होकर मशाल, दीये और अरगाँ लैम्प आदि चरणों से गुज़रते हुए गैसबत्ती तक बिल्कुल तार्किक तरीक़े से लगातार आगे बढ़ती रही होगी, उसके सफ़र में कभी कोई उतार-चढ़ाव या कोई नाकामयाबी पेश नहीं आई होगी। लेकिन तकनीकी प्रगति हमेशा यकसाँ ठोस और अग्रगामी ही नहीं होती। उसमें विकास के वे चरण भी निहित रहते हैं, जो पीछे छूटते चले गए थे। मगर कई बार ऐसा भी होता है कि वे ग़ायब नहीं होते, बल्कि अभिनव, आधुनिक रूपों में ज़िंदा रहते हैं। अमेरिकी आर्थिक इतिहासकार नैथन रॉज़ेनबर्ग ऐसी कई पुरानी प्रौद्योगिकियों के बारे में बताते हैं, जिनका इसी तरह आधुनिकीकरण हुआ। उनका सिद्धांत है कि ' "नई" प्रौद्योगिकी के आने के बाद भी "पुरानी" प्रौद्योगिकी बदलती रहती है और इस प्रकार उस घड़ी को कुछ और समय के लिए टाल देती है जब उसे पूरी तरह नेपथ्य में चले जाना है।'[83] अपनी दलील के समर्थन में उन्होंने एक उदाहरण पानी के जहाज़ों का दिया है। वह बताते हैं कि उन्नीसवीं सदी में भाप से चलने वाले जहाज़ों की देखा देखी पुरानी क़िस्म के जहाज़ों में भी भारी परिवर्तन किए गए। पाल-जहाज़ थे तो 'पुरानी' प्रौद्योगिकी ही, मगर फिर भी उनमें इस हद तक संशोधन कर दिए गए थे कि वह लंबे अर्से तक भाप के जहाज़ों को ख़ूब टक्कर देते रहे।

कृत्रिम प्रकाश के इतिहास में भी हमें ऐसे कई मौक़े दिखाई देते हैं जब नए घटनाक्रम के आलोक में पुरानी प्रौद्योगिकियों का आधुनिकीकरण होने लगता है। मोमबत्ती इसका एक बढ़िया उदाहरण है। जब गैसबत्ती ने बाती को बेकार बना दिया और उसकी कटाई-छँटाई की कोई ज़रूरत नहीं रही तभी मोमबत्ती के लिए ऐसी बातियाँ विकसित कर ली गईं, जिनमें छँटाई की ज़रूरत ही नहीं थी। गैस प्रौद्योगिकी में भी कोयले के आसवन (distillation) से पैराफ़िन नामक सहउत्पाद निकलता था जिसे कृत्रिम ईंधन के रूप में इस्तेमाल किया जा सकता था। मोम और चरबी जैसे जैविक पदार्थों के मुक़ाबले पैराफ़िन ज़्यादा स्वच्छ और तेज़ रोशनी देता था और उसके उत्पादन में ख़र्चा भी कम आता था। इन बदलावों के चलते एक प्रकाश स्रोत

के रूप में दीये की जगह कुछ और समय के लिए अक्षुण्ण बनी रही, विशेष रूप से उन क्षेत्रों में जहाँ गैस और बिजली अभी तक नहीं पहुँची थीं। पेट्रोमैक्स लैम्प तो इस क़िस्म के आधुनिकीकरण का सबसे उल्लेखनीय उदाहरण था ही। तकनीकी रूप से यह अरगाँ बर्नर के अलावा और कुछ नहीं था। मगर उसमें जो 'आधुनिक' ईंधन इस्तेमाल होता था उससे इस बत्ती की रोशनी इतनी बढ़ गई थी कि वह गैसलाइट और यहाँ तक कि बिजली की रोशनी का भी लंबे समय तक मुक़ाबला करता रहा।

इन सभी मामलों में, नई प्रौद्योगिकी के तत्त्वों ने पुरानी प्रौद्योगिकी के भीतर जगह बना ली थी। पुराने तकनीकी सिद्धांत तो प्रयुक्त होते मगर नए पदार्थ और नई प्रक्रियाएँ आधुनिकीकरण का काम सरंजाम देती थीं। लेकिन, जैसे काठ की हाँडी को बार-बार नहीं चढ़ाया जा सकता, उसी तरह नई प्रौद्योगिकी की विजय को भी सदा के लिए नहीं टाला जा सकता था।

बिजली की ताजपोशी

जैविक वनों की तेज़ी से फैलने वाली वनस्पतियों पर बिखरती सूर्य की रोशनी को संग्रहित व संचित किया गया और वह युगों से उस क्षण की प्रतीक्षा में है जब उसे पुनः प्रकाश में रूपांतरित किया जाएगा। आदिम काल से संचित और कोयला भंडारों में संग्रहित की गई सुप्त शक्ति रासायनिक, आणविक और मशीनी शक्ति के चरणों से गुज़रने के बाद विद्युतीय शक्ति में रूपांतरित हो जाती है। असंख्य मकानों को रोशन करने हेतु लाखों घरेलू सूर्यों के रूप में कौंध जाने के लिए उसे एक आविष्कारक की मेधा के स्पर्श का इंतज़ार भर रहता है।

(फ़्रांसिस आर. अप्टन, 1880)

गैसबत्ती प्रकाश की असीम संभावना से युक्त विकल्प दिखाई देती थी, बशर्ते उसकी रोशनी को आसानी से और जब तक चाहे तब तक बढ़ाया जा सकता। मगर जल्दी ही यह बात साफ़ होने लगी कि इसमें भी एक पेच है—गैसबत्ती ऑक्सीजन बहुत खाती थी। बेशक, लगातार बड़ी होती और संख्या की दृष्टि से दिनोंदिन फैलती जा रही गैसबत्ती की लौ द्वारा इस्तेमाल और गर्म की जा चुकी हवा की अदला-बदली के लिए एक हद तक संवातन से भी काम चल सकता था। फिर भी, गैस लाइटिंग अपनी क़ुदरती सीमा तक पहुँच चुकी थी। यह बात सबसे पहले रंगशालाओं में दिखाई दी। उन्नीसवीं सदी में रंगशाला एक ऐसी जगह थी जहाँ रोशनी की ज़रूरत ख़त्म होने का नाम ही न लेती थी। रंगशाला जाने वालों को अकसर सिरदर्द की शिकायत रहती थी—रंगशाला में होने वाले प्रदर्शनों से नहीं, बल्कि वहाँ की हवा सेः 'हम सभी अच्छी तरह जानते हैं कि जहाँ हमें कृत्रिम प्रकाश से सबसे ज़्यादा परेशानी होती है वह मौज-मस्ती की भीड़भाड़ वाली जगहें होती हैं, जहाँ रोशनी निरपवाद तौर पर बहुत तेज़ होती है। हममें से बहुत सारे लोग रंगशाला या शाम के समय होने वाले किसी भी क़िस्म के आयोजनों में नहीं जा पाते क्योंकि ऐसी जगह जाने पर या वहाँ से लौटने के बाद जो भारी सिरदर्द होता है उसके चलते

वहाँ जाना निरर्थक हो जाता है।'[84] रंगशाला के भीतर एक रात के दौरान प्रेक्षागृह की छत के नीचे का तापमान 60 डिग्री फ़ैरेनहाइट से बढ़कर 100 डिग्री फ़ैरेनहाइट (15 डिग्री सेल्सियस से 38 डिग्री सेल्सियस) तक पहुँच सकता था।[85] निचली क़तारों और बाल्कनी के तापमान में इतनी वृद्धि तो नहीं होती पर वहाँ का तापमान भी तकलीफ़देह ज़रूर रहता है। निजी आवासों में भी स्थितियाँ कमोबेश ऐसी ही थीं: 'जब हम लाइब्रेरी के ऊपरी ख़ानों में रखी किताबें लेने के लिए सीढ़ी से ऊपर चढ़ते हैं तो ऐसा लगता है जैसे हमारी खोपड़ी और कंधे किसी भट्ठी के मुहाने पर रखे हों। इतनी ऊँचाई पर पहुँचते ही हमें चक्कर आने लगते हैं और बेचैनी महसूस होने लगती है।'[86]

हवा के स्तर में गिरावट से न केवल सिरदर्द होता था और पसीने आने लगते थे बल्कि उससे कमरों की भीतरी साज-सज्जा पर भी बुरा असर पड़ता था। गैस के जलने से न केवल अमोनिया और गंधक पैदा होती थी बल्कि कार्बन डायऑक्साइड और पानी भी पैदा होता था। उन्नीसवीं सदी के शुरू में गैसबत्ती को स्वच्छता और शुद्धता का प्रतीक माना गया। सत्तर साल बाद वही गैसबत्ती गंदी और अस्वच्छ—यानी एक ऐसी चीज़ प्रतीत होने लगी जो सबसे सुंदर सजावट को भी नेस्तनाबूद कर देती है:

> सार्वजनिक कक्षों की ऐश्वर्यपूर्ण साज-सज्जा से हर कोई परिचित है। उनमें समृद्धि और सुरुचि को लेकर आपस में होड़ लगी रहती है ताकि उनमें आने वाले हर व्यक्ति को वहाँ आकर ज़्यादा से ज़्यादा आराम मिले। वहाँ की दीवारों, मुंडेरों और छतों पर एक से एक बेजोड़ चित्रों, मूर्तियों और शिल्प की भरमार रहती है। ... मगर कुछ समय बाद गैस की लौ अपना करतब दिखाने लगी। उससे छतों पर धब्बे पड़ने लगे और सोने की मढ़ाई के जोड़ उभर कर बाहर निकलने लगे। सतहें पीली पड़ने लगीं और तैल चित्र या तो लगभग ओझल होने लगे या धुएँ से स्याह पड़ गए।[87]

चित्रों का रंग उड़ने या उनके स्याह पड़ जाने और धातु की बनी सजावटी चीज़ों की चमक नष्ट हो जाने को गैस के ज्वलन का प्रभाव भी माना जा सकता है।[88]

जिस मुकाम पर आकर गैसबत्ती नाकाम होने लगी वहाँ उसकी जगह विद्युतीय प्रकाश ने ले ली। इतिहास एक बार फिर खुद का दोहरा रहा था। जो मुकाम एक ज़माने में गैसबत्ती ने हासिल किया था अब विद्युतीय प्रकाश भी एक उच्चतर तकनीकी स्तर पर उसी मुक़ाम पर पहुँच गया था। गैसबत्ती इस मायने में मोमबत्ती और तेल के दीयों से बेहतर थी कि उसमें बत्ती की ज़रूरत नहीं रही। मगर विद्युतीय प्रकाश ने इससे भी एक क़दम आगे जाकर लौ को ही ख़त्म कर दिया। विद्युतीय प्रकाश में ऑक्सीजन का इस्तेमाल नहीं होता था, लिहाज़ा उससे हवा की रासायनिक संरचना पर कोई असर नहीं पड़ता था। गैसबत्ती के विपरीत इस रोशनी को जब चाहे तेज़तर किया जा सकता था।

इससे पहले कि विद्युतीय प्रकाश के ये गुण बिजली के बल्ब के ज़रिए अपने उत्कृष्टतम स्तर तक पहुँच पाते, विद्युतीय प्रौद्योगिकी ने एक ऐसी संकर क़िस्म की प्रणाली को जन्म दिया, जिससे इस बात को बड़ी अच्छी तरह समझा जा सकता है कि प्रौद्योगिकी किस प्रकार शनैः शनैः ही बदलती है। गैस की खुली लौ के प्रस्थान से बंद बल्ब के आगमन तक के बीच संक्रमण की अवस्था में एक खुला विद्युतीय तापदीप्त (ताप से पैदा होने वाला) प्रकाश भी कुछ समय के लिए प्रकाश के तख़्त पर आसीन हुआ।

जाब्लोच्कोव का कैंडल
1870 के दशक में बिजली चाप प्रकाश की मिसाल, जहाँ पुरानी प्रौद्योगिकी नई से मिलती है। दो कार्बन की छड़ों के बीच जिप्सम की एक तह होती थी, और बिजली के चाप के जलाए जाने पर एक-डेढ़ घंटे में भस्म हो जाती थी।

चाप प्रकाश (Arc Lighting)

विद्युत रसायनशास्त्र के प्रणेताओं में हम्फ्री डेवी ने ही सबसे पहले देखा कि जब कार्बन के दो इलैक्ट्रॉड्स के बीच विद्युत करंट निरावेशित होता है तो वहाँ पर रोशनी पैदा हो जाती है। यह घटना 1800 में घटी और 12 वर्ष बाद उन्होंने इस बात को कुछ यूँ बयान कियाः 'जब लगभग एक इंच लंबे और एक बटा छः इंच व्यास वाले चारकोल के दो टुकड़ों को एक-दूसरे के समीप लाया गया (एक इंच के तीसवें या चालीसवें हिस्से के भीतर), तो वहाँ एक तेज़ चिंगारी पैदा हुई....., और इसके बाद जब दोनों टुकड़ों को एक-दूसरे से दूर ले जाया गया तो गर्म हवा के कम से कम चार इंच के दायरे में उत्तरोत्तर निरावेशन होने लगा। इस निरावेशन से रोशनी की एक बेहद तेज़ और ऊपर उठती हुई मेहराब सी दिखाई दी।'[89]

जिसे डेवी के समय से ही चाप प्रकाश या आर्कलाइटिंग के नाम से जाना जाना जाता है, उसके बारे में शुरू में मान्यता थी कि वह मूलतः स्वयं विद्युतीय चाप से ही पैदा होती है। दरअसल विद्युत आवेश कार्बन की इलैक्ट्रॉड छड़ों को इतना गर्म कर देता है कि वह सफ़ेद दिखने लगती हैं। इस लिहाज़ से चाप प्रकाश दरअसल तापदीप्त प्रकाश ही था। परन्तु यह भी सही है कि यह प्रकाश प्रज्वलन से पैदा होता है क्योंकि असल में कार्बन के कण ही आस-पास की हवा में दहकने लगते हैं। तापदीप्त प्रकाश एक वायुरुद्ध (Airtight) खोल में बंद होता था। लेकिन इसके विपरीत चाप प्रकाश इलैक्ट्रॉड्स पर दरअसल 'जलता' है और इलैक्ट्रॉड्स को उसी तरह ख़त्म करता जाता है जैसे मोमबत्ती की लौ मोम को जलाती है। 1870 के दशक में चाप प्रकाश की प्रणाली सामान्य प्रयोग में बिल्कुल इसी तरह काम

चाप प्रकाश : प्लेस दि ला कॉन्कॉर्न्द, 1844.
'दूर तक बिखरी ये रोशनी इतनी तेज़ थी कि महिलाओं ने अपनी छतरियाँ तान लीं — आविष्कर्ताओं की वाह-वाही में नहीं, बल्कि इस रहस्यमय नए सूर्य की किरणों से खुद को बचाने के लिए' (एक अख़बारी रपट)।

करती थी। अपने रूसी आविष्कारक के नाम से जानी जाने वाली जैबलॉशकॉफ़ मोमबत्ती में इलैक्ट्रोड्स ने कार्बन की दो समांतर छड़ों का रूप ले लिया। उसमें इन दोनों छड़ों को जिप्सम की एक कुचालक परत से अलग-अलग रखा जाता था। इन छड़ों के ऊपरी सिरे को जला दिया जाता था और यह मोमबत्ती धीरे-धीरे जलते हुए कार्बन की छड़ों को ख़त्म करती जाती थी। छड़ों के पूरी तरह समाप्त हो जाने के बाद पारंपरिक दीयों की तरह यहाँ भी मोमबत्ती पूरी तरह बुझ जाती थी। इलेक्ट्रोड्स को एक वातशून्य काँच में रख देने से इस विद्युत प्रज्वलन का अन्त हो गया। बंद चाप लैम्प में वे बाहर के वातावरण से पूरी तरह कटकर शीशे में बंद हो गए। ये चाप लैम्प सिर्फ़ इसी मायने में अपने बाद में आने वाले ताप प्रकाश से भिन्न थे कि उनमें जो प्रकाश निकलता था वह सफ़ेद गर्म इलेक्ट्रोड्स से पैदा होता था न कि तंतु या फ़िलामेंट से।

चाप प्रकाश के ज़्यादा बड़े पैमाने पर प्रयोग में आने में आश्चर्यजनक रूप से काफ़ी लम्बा समय लग गया। उसे 40 साल तक प्रयोगशाला के बाहर कहीं इस्तेमाल नहीं किया गया और इसके बाद भी उसे यदा-कदा ही इस्तेमाल किया जाता था — रंगशाला में स्पेशल एफ़ेक्ट्स के लिए या फिर बड़े पैमाने की आतिशबाज़ी या रोशनी के लिए। 1870 तक उसे ऐसी पुख़्ता जगह नहीं मिल पाई थी कि वह सामान्य प्रकाश का हिस्सा बन पाता।

शुरुआत में इसके विकास की धीमी गति के पीछे विशुद्धतः तकनीकी कारक थे। डेवी ने चाप प्रकाश के व्यावहारिक इस्तेमाल की तीन शर्तें पूरी करना आवश्यक था। सबसे पहली बात तो यह कि जलती हुई इलेक्ट्रोड्स के बीच एक ख़ास फ़ासला बनाए रखने की व्यवस्था करना ज़रूरी था। इस काम के लिए

चाप-प्रकाश तले विशाल निर्माण-स्थल

पहले-पहल 1840 में रेगुलेटर बनाए गए परन्तु अन्तिम रूप से इस समस्या को 1878 में जाकर ही हल किया जा सका जब सीमन्स के साथ काम करने वाले हेफ़नर-अल्टेनेक ने पहली बार विभेदी (differential) रेगुलेटर विकसित किए।

दूसरे, बिजली की आपूर्ति में भी सुधार की ज़रूरत थी। हालाँकि डैनियल, ग्रोव और बनसेन ने 1830 के बाद वोल्टा की बैटरी में काफ़ी सुधार कर लिए थे मगर लम्बे दौर में वह अभी-भी बहुत कारगर नहीं थी। 1867 में ग्रामे और सीमन्स ने डायनेमो का निर्माण किया जिसके ज़रिए पहली बार लगातार और बड़े पैमाने पर बिजली पैदा करना संभव हो सका।

तीसरे, इलेक्ट्रोड्स को और बेहतर पदार्थों से बनाने की ज़रूरत थी। डेवी ने जिस साधारण चारकोल का इस्तेमाल किया था वह बेहद अस्थिर गति से और बहुत जल्दी जल जाती थी। 1840 के बाद इस्तेमाल में आई कार्बन की कृत्रिम (सिन्थेटिक) छड़ें बहुत धीरे-धीरे जलती थीं और उनसे बहुत तेज़ और एकसार रोशनी निकलती थी।

इन तकनीकी संशोधनों के परिणामस्वरूप 1870 के दशक तक आते-आते चाप प्रकाश पूरी तरह इस्तेमाल के क़ाबिल हो गया था। परन्तु व्यवहार में इसका प्रयोग अभी भी कारख़ानों, दुकानों, रेलवे स्टेशनों, निर्माण स्थलों और बंद्रगाहों तक, यानी ऐसे बड़े-बड़े स्थानों तक ही सीमित रहा जहाँ बेइंतहा रोशनी की ज़रूरत रहती थी। घर जैसी दूसरी छोटी जगहों के लिए यह रोशनी बहुत ज़्यादा तेज़ थी। चाप प्रकाश ऐसा पहला कृत्रिम प्रकाश स्रोत था जिससे नाना उद्देश्यों के लिए बहुत सारी रोशनी पैदा की जा सकती थी। भले ही रोशनी के कई पुराने आविष्कारों को सूर्य की उपमा दी जा चुकी थी, पर चाप प्रकाश वाक़ई सूर्य की रोशनी से मिलता-जुलता था – इन्द्रधणुषी वर्णक्रम (स्पेक्ट्रम) के विश्लेषण

चाप प्रकाश और औपनिवेशिक युद्ध (1884)
'बाग़ी बस चंद सौ मीटरों के फ़ासले पर थे कि फ़्लड लाइट जल उठे और वे रोशनी की चमकार में नहा उठे। फिर तो उनमें ऐसी हैरतनाक भगदड़ मची कि पूछो मत!'

से यह बात साफ़ पता चलती है। दिन की रोशनी जैसे शुद्ध चाप प्रकाश ने पहली ही बार में लोगों का मन मोह लिया। उसे देख कर ऐसे लगता था, मानो आधी रात को अचानक सूर्य उग आया हो। 1855 में लाकास्न और थिएर नामक इंजीनियरों ने लियोन में अपनी चाप प्रकाश प्रणाली का प्रदर्शन किया। *गाज़ेत डी फ़्रांस* ने इस घटना को इन शब्दों में बयान किया थाः

> कल शाम को तक़रीबन 9 बजे बियाजू की गढ़ी के आस-पास चहलक़दमी करते लोग अचानक सूरज जैसी तेज़ रोशनी में नहा उठे। ऐसा लगा मानो दोबारा सूरज निकल आया हो। भ्रम इतना ज़बरदस्त था कि परिंदे भी नींद से जाग पड़े और चहचहाने लगे।... एक बड़े इलाक़े में फैला हुआ यह प्रकाश इतना शक्तिशाली था कि कुलीन महिलाओं ने अपने छाते खोल लिए – आविष्कारकों के प्रति सम्मान में नहीं बल्कि खुद को इस रहस्यमयी सूर्य की किरणों से बचाने के लिए।[90]

चाप प्रकाश की शक्ति को हज़ार मोमबत्तियों के पैमाने पर मापा जाता था जबकि गैसलाइट को हद से हद केवल दर्ज़नों के पैमाने पर ही मापा जाता था। यदि फ़्लडलाइट में चाप प्रकाश को एक बिन्दु पर केन्द्रित कर दिया जाए तो उसके सहारे छः किलोमीटर दूर मौजूद शत्रु के ठिकानों को भी पहचाना जा सकता था। चाप प्रकाश की सघनता के साथ-साथ उसकी रोशनी एकदम एकसार और स्थिर भी रहती थी। *गाज़ेत डी लियों* ने लाकास्न और थिएर के प्रयोग के बारे में लिखा था : 'औरों की तरह हम भी इस रोशनी की चमक से अचम्भित रह गए। मगर जिस चीज़ ने हमें सबसे ज़्यादा प्रभावित किया वो थी उसकी स्थिरता, उसमें उतार-चढ़ाव न आने का गुण, उसकी स्थितप्रज्ञता।'[91]

हालाँकि इन गुणों की बिना पर चाप प्रकाश अपने समय में रोशनी का सबसे आधुनिक रूप था परन्तु तकनीकी दृष्टि से यह गैसबत्ती के मुक़ाबले एक क़दम पीछे जाने वाली बात थी। उन्नीसवीं सदी की

शब्दावली में चाप प्रकाश अखण्डनीय था; यानी उसकी सघनता को घटाया-बढ़ाया नहीं जा सकता था। न ही उसकी कोई केन्द्रीय आपूर्ति प्रणाली थी जिसके ज़रिए एक साथ कई जगह रोशनी की जा सकती। हरेक चाप प्रकाश की अपनी अलग बैटरी थी। मोमबत्ती और तेल के दीये की तरह चाप प्रकाश भी आत्मनिर्भर आपूर्ति के प्राक्औद्योगिक सिद्धांत से चलता था।

विद्युतीय प्रकाश को घरों में सामान्य तौर पर इस्तेमाल करने के लिए चाप प्रकाश की इन ख़ामियों को ख़त्म करना ज़रूरी था। अब गैस लाइटिंग की तकनीकी उपलब्धियों का लाभ उठाने के लिए चाप प्रकाश की प्रौद्योगिकी में गैस लाइटिंग के नियंत्रण और केन्द्रीय आपूर्ति वाले गुणों का समावेश किया जाना था। यानी एक बार फिर नई प्रौद्योगिकियाँ पुरानी प्रौद्योगिकियों की नक़ल करने में लगी थीं। अगर ग़ौर से देखें तो एडिसन का तापदीप्त प्रकाश नए माध्यम में गैसबत्ती की सुचिंतित नक़ल से ज़्यादा भला और क्या था!

बिजली का बल्ब

एडिसन ने 1879 में तापदीप्त बिजली के साथ चालीस घंटे से भी ज़्यादा समय तक जो प्रयोग किया था, वह दुनिया के सामने इस क़िस्म की रोशनी की पहली झलक नहीं था। अपने प्रयोगों के दौरान डेवी ने उन्नीसवीं सदी की शुरुआत में ही यह देख लिया था कि यदि एक तार—उन्होंने प्लैटिनम के तार का इस्तेमाल किया था—में विद्युत करंट प्रवाहित किया जाए तो वह समरूप ढंग से गर्म होने लगता है और अंततः उसमें चमक पैदा हो उठती है। न ही इस प्रस्थापना का श्रेय एडिसन को जाता है कि यदि तार को वात्शून्य में रख दिया जाए तो वह जलकर नष्ट नहीं होता। अंग्रेज़ शोधकर्ता फ्रेडरिक डी मॉलीन इस बात को 1841 में ही जान चुके थे। जर्मन मूल के अमेरिकी आविष्कारक हेनरिक गोबेल ने एडिसन के ख़िलाफ़ जो मुक़दमा दायर किया था उससे भी सिद्ध हो गया था कि गोबेल ने 1850 के दशक में कार्बन के फ़िलामेंट वाला जो लैम्प बनाया था वह 'सही मायनों में प्रकाश का एक व्यावहारिक स्रोत था और इस तरह गोबेल एक व्यावहारिक तापदीप्त लैम्प का प्रयोग कर रहे थे और इसे उन्होंने एडिसन से बीस या तीस साल पहले ही सार्वजनिक रूप से प्रदर्शित कर दिया था।'[92]

एडिसन का महत्त्व इस बात में नहीं है कि उन्होंने कोई अनूठा आविष्कार किया था, बल्कि उनका योगदान ये है कि उन्होंने पहले से मौजूद चीज़ों को परिष्कृत करते हुए उन्हें एक व्यावहारिक तकनीकी इकाई का रूप प्रदान कर दिया था। एडिसन में शोहरत हासिल कर लेने का ज़बरदस्त फ़न था (इस मामले में उनकी तुलना गैस लाइटिंग के प्रणेता विन्सर के साथ की जा सकती है। मगर एडिसन की विराट तकनीकी प्रतिभा उन्हें विन्सर से अलग भी करती है।)

एडिसन ने प्रकाश प्रौद्योगिकी के क्षेत्र में अपनी आज़माइशों की शुरुआत इस घोषित उद्देश्य के साथ की थी कि वह एक ऐसा तापदीप्त लैम्प विकसित करना चाहते हैं जिसमें गैसबत्ती की खूबियाँ तो हों

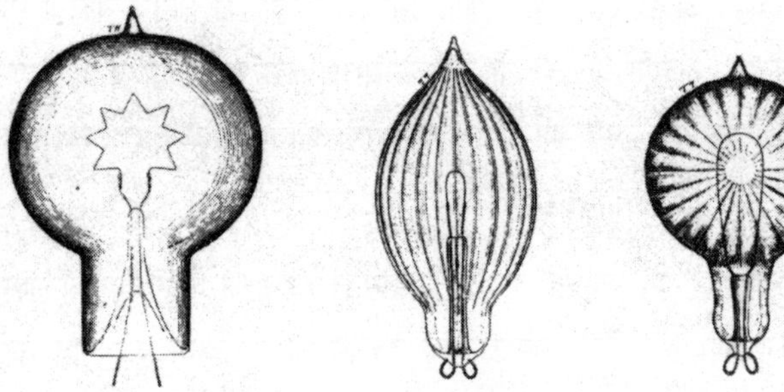

बिजली के शुरुआती लट्टू और तंतु
आरंभ में बिजली की रोशनी को तेज़तर करने के लिए तंतुओं की संख्या बढ़ा दी जाती थी। बल्ब और तंतु के आकार-प्रकार तय करने में कल्पना के घोड़े दौड़ाए जाते थे। क्या इस डिज़ाइन-क्रीड़ा में हम बिजली की रोशनी की यकसारता की भरपाई की चेष्टा देखें?

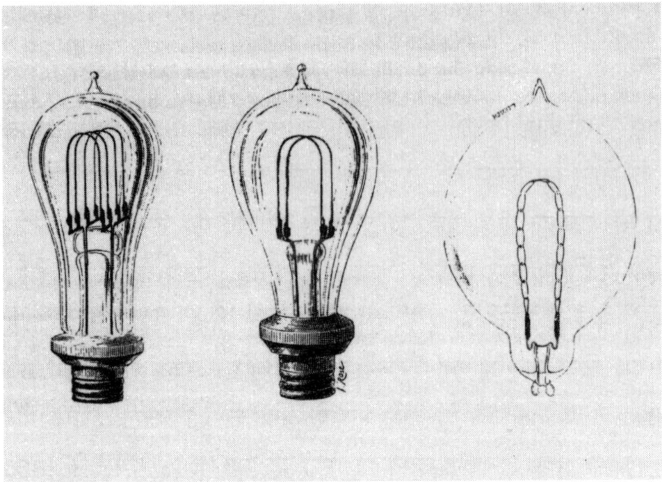

मगर जो हवा का इस्तेमाल न करे। उनकी नोटबुक्स में निम्नलिखित प्रविष्टियाँ मिलती हैं: 'एडिसन का महान प्रयास—विशालकाय या चुँधियाने वाला प्रकाश स्रोत बनाने के लिए नहीं बल्कि गैस जैसी कोमलता वाली रोशनी विकसित करने के लिए'; 'मक़सद, जो कुछ गैस ने किया उसकी एकदम वैसी ही नक़ल तैयार करना, ताकि गैस से होने वाली रोशनी की जगह बिजली से मिलने वाली रोशनी ले ले।'[93]

एडिसन द्वारा 1879 में विकसित और दो साल बाद पेरिस विद्युत प्रदर्शनी में सार्वजनिक रूप से प्रदर्शित किए गए कार्बन फ़िलामेंट वाले लैम्प को गैसबत्ती की एक कामयाब नक़ल के रूप में ख़ूब वाहवाही मिली। यह पहला मौक़ा था जब प्रकाश की सघनता में वृद्धि न करके नई प्रौद्योगिकी के सहारे मौजूदा स्तर की नक़ल करके नई कामयाबी हासिल की गई थी। अपने इस लैम्प के बारे में एडिसन ने एक प्रचार पुस्तिका भी प्रकाशित की जिसमें उन्होंने कहा था कि 'इस लैम्प से निकलने वाली रोशनी रंग

और सघनता, दोनों के लिहाज़ से गैसबत्ती जैसी ही है। परन्तु यह इस मामले में गैसबत्ती से भिन्न भी है कि यह पूरी तरह सम और स्थिर रहती है।'[94] तमाम स्वतंत्र प्रेक्षकों ने इस दावे की पुष्टि की। मिसाल के तौर पर, 1881 की पेरिस विद्युत प्रदर्शनी के बारे में छपी एक फ्रांसीसी रिपोर्ट में इन बातों का ज़िक्र किया गया था :

आम तौर पर हम विद्युतीय प्रकाश को अंधा कर देने वाले ऐसे तेज़ प्रकाश के रूप में देखते हैं जिसके तीखेपन से आँखों को कष्ट होता है....। परन्तु यहाँ हमारे सामने एक ऐसा प्रकाश स्रोत है जिसे येन-केन-प्रकारेण एक सौम्य रूप देकर हमारी ज़रूरतों के अनुरूप ढाल लिया गया है। इसका हर अलहदा लैम्प गैसबत्ती की तरह चमकता है, मगर यह गैस की एक ऐसी क़िस्म है जिसका अभी तक आविष्कार नहीं किया गया है—एक ऐसी गैस जो पूर्णतः स्थिर परन्तु फिर भी ऐसा चटक और उज्ज्वल प्रकाश देती है जिससे आँख पर कोई ज़ोर नहीं पड़ता। इसके बावजूद यह गैस से कितनी भिन्न है! विद्युतीय प्रकाश घर में ज्वलन का कोई अवशेष, कोई नामोनिशान नहीं छोड़ता। इससे तस्वीरों और कपड़ों को नुक़सान पहुँचाने वाला गंधक का तेज़ाब या अमोनिया भी नहीं निकलता। बिजली से हवा का तापमान नहीं बढ़ता और उससे गैस की तरह वातावरण में ऐसी कोई गरमाहट पैदा नहीं होती जिससे परेशानी और थकान महसूस होने लगे। इसने विस्फोट और आग के ख़तरे पर विराम लगा दिया है। यह बाहर के तापमान या मुख्य पाइपों में दबाव के उतार-चढ़ाव से अप्रभावित रहती है। ...मौसम चाहे कोई भी हो... चाहे पानी बरस रहा हो और चाहे हवा चल रही हो, यह हमेशा सम और स्थिर प्रकाश ही देती है। तमाम बाहरी प्रभावों से यह पूरी तरह स्वतंत्र है।'[95]

डी गार्टनलाउब नामक लोकप्रिय पत्रिका में इस प्रदर्शनी के बारे में प्रकाशित रिपोर्ट में भी इन्हीं गुणों का उल्लेख किया गया था और कहा गया था कि विद्युतीय प्रकाश बल्ब अक्षरशः चाप प्रकाश का लघुतर संस्करण ही था : 'इसमें कोई टिमटिमाहट नहीं होती और कहने भर को भी कोई आवाज़ नहीं निकलती; प्रकाशित कमरों के वातावरण में कोई गरमाहट पैदा नहीं होती—वहाँ सिर्फ़ अत्यंत आरामदायक, शुद्ध वायु ही रहती है। इस चाप प्रकाश का रंग भी बड़ा आरामदेह और जीवंत है : निस्संदेह, यह क़रीब-क़रीब "प्रकाश का आदर्श रूप" ही है।'[96]

बिजली के शुरुआती बल्बों के प्रकाश को लगभग गैसबत्ती जैसी सघनता और गुणवत्ता (आज के पैमाने पर देखें तो यह 25 वॉट के बल्ब से कुछ ही कमज़ोर थी[97]) प्रदान करने वाला एक कारक फ़िलामेंट के लिए इस्तेमाल होने वाले पदार्थ में निहित था। 1890 के दशक के अंतिम वर्षों तक कार्बन का जो फ़िलामेंट सामान्य रूप से चलन में रहा, वह विद्युत प्रकाश और प्रकाश की पुरानी प्रौद्योगिकियों के बीच एक सम्पर्क बिन्दु का प्रतिनिधित्व करता था जो सभी कार्बन की छड़ों के प्रज्वलन पर आधारित थीं। प्रकाश के बारे में हावी उन्नीसवीं सदी की मनोदशा में यह निरंतरता काफ़ी महत्त्वपूर्ण थी क्योंकि इसके ज़रिए लोगों को पुराने में ही नए के दर्शन होते थे और नया भी उन्हें जाना-पहचाना सा लगता था। 'क्योंकि ... कोयले की गैस से निकलने वाली लौ की चमक लौ से पैदा होने वाले कार्बन के कणों

की तापदीप्ति के कारण पैदा होती थी और बाद में ये कण जलकर ग़र्क़ हो जाते थे जबकि विद्युत तापदीप्त लैम्प के प्रकाश में विद्युत करंट से गर्म होने पर कार्बन फ़िलामेंट से निकलने वाली तापदीप्त किरणों से प्रकाश पैदा होता था, इसलिए ज़ाहिर है कि दोनों स्रोतों से उत्पन्न होने वाले प्रकाश का स्वरूप और चरित्र एक जैसा था।'[98]

गुणवत्ता के मामले में तो गैसबत्ती और विद्युतीय प्रकाश, दोनों लगभग एक जैसे ही थे परन्तु जब दोनों के प्रकाश स्रोत की जाँच की गई तो उनके बीच फ़र्क़ साफ़ हो गया। फ़िलामेंट की सतह गैसबत्ती की लौ के आकार का बहुत ही छोटा अंश थी, चुनाँचे उतनी ही मात्रा में प्रकाश देने के लिए उसे गैसबत्ती की लौ के मुक़ाबले ज़्यादा तेज़ी से जलना पड़ता था। आम नज़र अभी भी गैस की लौ को ही देखने की आदी थी, चुनाँचे अभी उन्हें इस बात के लिए तैयार किया जाना ज़रूरी था कि वह फ़िलामेंट को देख ही नहीं सकें। 'हम ऐसी रोशनियों का इस्तेमाल करते हुए पैदा और प्रशिक्षित हुए थे जो आँखों के सामने एक कोमल और विस्तृत गैसीय लौ पैदा करती है, जिसकी चमकदार सतह को मापा जा सकता था और उसमें काफ़ी दूर तक तापदीप्त कण बिखरे रहते थे। परन्तु जब हम इस नए आभादीप को देखते हैं तो पता चलता है कि हम इसकी सघन, तापदीप्त, तीखी लघुरेखा की शक्ति का अनुमान लगाने के लिए बिल्कुल तैयार नहीं थे।'[99]

इस बारे में हम बाद के एक अध्याय ('ड्रॉइंग रूम') में बात करेंगे कि लौ की जगह फ़िलामेंट के आ जाने से लोगों की सोच पर क्या प्रभाव पड़ा। यहाँ हम फ़िलामेंट की प्रगति के सफ़र पर दृष्टिपात करते हुए आधुनिकीकरण की प्रक्रिया की भौतिक सूक्ष्म संरचना पर ध्यान देंगे। बहरहाल, आँखों को तो इस नए बदलाव के नतीजों के लिए खुद को तैयार करना ही था।

विद्युत बल्ब के फ़िलामेंट पौधों के कार्बनयुक्त रेशों से बने होते थे चुनाँचे इस बल्ब का एक जैविक आधार था। बल्ब से कितना प्रकाश पैदा होगा यह भी उन रेशों की संरचना से ही निर्धारित होता था। विद्युत बल्ब जिस तरह बनाए जाते थे, उस प्रक्रिया के बारे में 1890 के एक विवरण से पता चलता है कि यह बात अत्यंत महत्त्वपूर्ण थी कि 'लकड़ी की संरचना फफूँदी या सड़न की वजह से नष्ट न हुई हो। एक फ़ैक्ट्री में पूरे हफ़्ते में एक भी अच्छी बत्ती नहीं बनायी जा सकी क्योंकि चीन से लाया गया बाँस सड़ा हुआ था।'[100] एडिसन ने अपने प्रयोग में जिस कार्बनयुक्त काग़ज़ का इस्तेमाल किया था उसकी संरचना भी आगे चल कर अनुपयुक्त सिद्ध हुई :

> 'काग़ज़ जिन छोटे-छोटे रेशों से मिलकर बनता था वह बहुत सारी बेतरतीब परतों में एक-दूसरे से जुड़े होते हैं। उनमें फ़िलामेंट से गुज़रते करंट को समतल रास्ता नहीं मिलता और उसे लगातार ऊबड़-खाबड़ बाधाओं से जूझना पड़ता है। इस फ़िलामेंट के भीतर ऐसे असंख्य बिन्दु होते हैं जहाँ करंट को काग़ज़ की संरचना में स्थित हवा की सूक्ष्म थैलियों से होकर गुज़रना पड़ता है जिसकी वजह से बारीक चिंगारियाँ पैदा होती रहती हैं। इन रुकावटों की वजह से फ़िलामेंट जल्दी ही विखंडित होने लगता है।'[101]

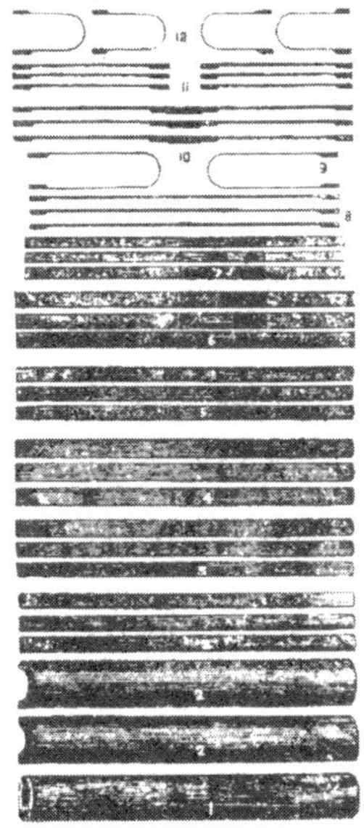

बाँस से तंतु तक
इस तस्वीर में क़ुदरत का तकनीक में बदलना देखें। जिस बाँस को एडिसन सालों की मेहनत के बाद चुना था उसे बार-बार फ़ाड़कर उनसे महीन रेशे निकाले गए, फिर उन्हें कार्बनीकृत करके तंतु का रूप दिया गया।

एक सही रेशे की तलाश में एडिसन ने लगभग 6,000 पादप पदार्थों का कार्बनीकरण किया। अपनी आज़माइशों की शुरुआत में उन्होंने काग़ज़, धागे, कॉर्क, सेल्युलॉइड, सूती कपड़े, लकड़ी और मनुष्यों तथा पशुओं के बाल जैसी रोज़मर्रा चीज़ों[102] को लिया और अंत में वह इस नतीजे पर पहुँचे कि इस काम के लिए बाँस का रेशा सबसे उपयुक्त है। इसके बाद बांस के सर्वश्रेष्ठ रेशे की खोज के लिए अंतर्राष्ट्रीय मुहिम छेड़ दी गई और एडिसन के सहायकों ने दक्षिणी अमेरिका और चीन की तमाम परती ज़मीनों को छान मारा। आख़िरकार जापान में उन्होंने बांस की एक ऐसी प्रजाति ढूँढ ही ली जिसके रेशे बहुत लंबे और एकसार थे। इस खोज के बाद एडिसन ने एक जापानी बाग़ान मालिक से इस बांस की आपूर्ति का अनुबंध कर लिया और इस तरह वहाँ बांस का के लम्बे-चौड़े बाग़ान वजूद में आ गए जिनका एकमात्र उद्देश्य फ़िलामेंट बनाने के लिए बांस मुहैया कराना था।[103]

यह क़दम जैविक रेशे को साधने की प्रक्रिया का शिखर बिन्दु था। इसके बाद रेशाविहीन कृत्रिम फ़िलामेंट सामने आए जिन्हें एक बिल्कुल नई पद्धति से तैयार किया जाता था। इनमें सबसे पहले सेल्युलोज़ का इस्तेमाल किया गया जिसे 'फ़ौरन जम जाने वाली लेई के रूप में एक नोज़ल से गुज़ारा जाता था ताकि एक निश्चित व्यास वाला धागा मिलता रहे। फिर इस धागे को एक चरख़ी पर लपेटा जाता था और बाद में ज़रूरत के हिसाब से उसके टुकड़े काट लिए जाते थे'[104] कुछ समय बाद इस्तेमाल में आई मिश्र धातुएँ भी इसी तरीक़े से बनाई जाती थीं। पुरानी और नई प्रौद्योगिकी के बीच होने वाली

अंतःक्रिया के रूप में ओयूर फ़ॉन वैल्सबैच (जिन्होंने कुछ साल पहले विद्युत तापदीप्त प्रकाश की प्रौद्योगिकी को तापदीप्त गैसबत्ती प्राप्त करने के लिए सफलतापूर्वक 'रूपांतरित' किया था) ने 1898 में धातु का पहला व्यावहारिक फ़िलामेंट लैम्प—ओसमियम लैम्प—निर्मित किया। इस प्रक्रिया में उन्होंने विभिन्न पदार्थों का जो ज्ञान हासिल किया, या बल्कि जिनके सहारे उनकी वह खोज सफल हो पाई, वही पदार्थ अब वापस विद्युत प्रकाश की तरफ़ 'प्रतिरूपांतरण' के वाहक सिद्ध होने लगे और इस तरह पारस्परिक प्रभाव का यह चक्र पूरा हो गया।

1890 के दशक में फ़िलामेंट बनाने के लिए तमाम तरह की मिश्र धातुओं का प्रयोग किया गया और हर बार पहले से तेज़ रोशनी पैदा की गई। विद्युत प्रकाश उद्योग ने गैस आधारित तापदीप्त प्रकाश की चुनौती से निपटने के लिए यही रास्ता अपनाया था। अंततः, प्रथम विश्वयुद्ध के ऐन पहले टंग्स्टन का फ़िलामेंट विकसित कर लिया गया। इस फ़िलामेंट ने तापदीप्त प्रकाश को पूर्ण परिष्कार की अवस्था में पहुँचा दिया। इस आविष्कार के बाद तापदीप्त प्रकाश की एक पूरी श्रृंखला वजूद में आ गई जिसमें हल्की ललौंही बत्ती से लेकर आज के 300 वॉट क्षमता वाले आधुनिक बल्ब की चौंधियाने वाली रोशनी तक हर तेज़ी की रोशनी मौजूद थी। एडिसन का कार्बन फ़िलामेंट लैम्प उन्नीसवीं सदी की विरासत थी क्योंकि उसकी रोशनी गैस की लौ से कुछ ख़ास बेहतर नहीं थी। परन्तु टंग्स्टन लैम्प से उसकी इन जड़ों का ज़रा-सा भी अंदाज़ा नहीं मिलता था। बीसवीं सदी की रोशनी का सफ़र शुरू हो चुका था।

विद्युतीकरण

एडिसन का लैम्प केवल प्रकाश की सघनता और गुणवत्ता के लिहाज़ से ही गैसबत्ती की नक़ल नहीं करता था। यह दूसरे आधारभूत आयामों में भी अपने पुरखे की नक़ल था—सबसे ज़रूरी तौर पर यह गैसबत्ती के केन्द्रीय आपूर्ति के विचार का अनुगामी था। चाप प्रकाश को केन्द्रीय आपूर्ति की ज़रूरत नहीं रही क्योंकि यह केवल विशाल सार्वजनिक कक्षों और स्थानों के लिए ही उपयुक्त था जहाँ अलग से और आसानी से जेनरेटर रखे जा सकते थे। लेकिन जैसे ही बिजली के बल्ब ने विद्युतीय प्रकाश को सर्वत्र इस्तेमाल के लायक़ बना दिया वैसे ही यह स्थिति बदल गई। क्योंकि हर घर के लिए अलग से जेनरेटर मुहैया कराना व्यावहारिक नहीं था लिहाज़ा सबसे सहज रास्ता यही था कि गैस आपूर्ति व्यवस्था की तर्ज़ पर एक केन्द्रीय विद्युत आपूर्ति व्यवस्था विकसित की जाए। 1880 तक बिजली का बल्ब तो आ ही गया था भले ही केन्द्रीय आपूर्ति प्रणाली विकसित नहीं हो पाई थी। तब की स्थिति को यूँ बयान किया गयाः

> हम नगरवासियों को अपने घर में फ़ौरन इस्तेमाल के लायक़ गैस मिल जाती है। हम टोंटी खोलते हैं, पाइप के मुहाने पर एक जलती हुई तीली लगाते हैं और उजाले के लिए हमारी जद्दोजहद ख़त्म हो जाती है। हम टोंटी को बस यों बंद करते हैं और रोशनी ग़ायब! यह निहायत सहज इंतज़ाम है। इतना आसान कि लत लग जाए। मगर विद्युत प्रकाश की बात अलग है। इसकी ख़ातिर ख़ुद हमें बिजली बनानी पड़ती है क्योंकि उसकी आपूर्ति करने वाली कोई कम्पनी नहीं है।[105]

एडिसन का डायनेमो, 1881

एडिसन ने केन्द्रीय बिजलीघर को गैस घरों की तर्ज़ पर ठीक उसी प्रकार विकसित किया था जैसे सत्तर साल पहले विन्सर ने जलापूर्ति व्यवस्था को देखकर केन्द्रीय गैस आपूर्ति के बारे में सोचा था। शुरुआती केन्द्रीय बिजलीघर 1882 में लंदन और न्यूयॉर्क में चालू हुए। विषय से नावाक़िफ़ पाठकों के लिए लिखते हुए एक फ़्रांसीसी लेखक ने साल भर बाद उन्हें विद्युतीय गैस-घरों के रूप में पेश किया था:

अपने लम्बे अनुभव के आधार पर बतौर मॉडल गैस आपूर्ति इस तरह काम करती है: हर शहर में आपूर्ति क्षेत्रफल के अनुसार एक या एक से अधिक गैसघर बने होते हैं। इसी तर्ज़ पर अमेरिकी आविष्कारक (एडिसन) की योजना है कि क्षेत्रफल के अनुसार बिजली के लिए भी एक या एक से अधिक विद्युत उत्पादन केंद्र स्थापित किए जाएँ। गैस मुख्य आवागमन मार्गों के नीचे बिछे विशाल भूमिगत पाइपों के ज़रिए गैसघर से निकलती है। आगे चलकर मुख्य पाइपों या मेन्स के इस जाल से छोटे-छोटे पाइप निकलते हैं और बाद में उनसे भी और छोटे-छोटे पाइप निकलने लगते हैं जिनके ज़रिए गैस अलग-अलग घरों में पहुँचने लगती है। विद्युत वितरण के लिए इसी प्रकार की आपूर्ति व्यवस्था को अपनाया गया है। इसमें प्रत्येक केन्द्रीय स्टेशन से मुख्य तार निकलते हैं जो आगे चलकर द्वितीयक केबलों में बँट जाते हैं और अंत में उनसे और छोटे केबल निकलते हैं। इन्हीं केबलों से होकर बिजली अलग-अलग घरों में पहुँचती है। बिजली के केबल भी गैस पाइपों जैसे ही होते हैं सिवाय इसके कि उनका व्यास काफ़ी कम होता है। सबसे मोटे केबल भी हमारी बाँह की मोटाई से ज़्यादा नहीं होते।[106]

ज़ाहिर है कि बिजली के लिए गैस आपूर्ति व्यवस्था की नक़ल के दिन लद चुके थे। जब यह साफ़ दिखाई देने लगा कि उच्च वॉल्टेज करंट को भी दूर-दूर तक ले जाया जा सकता है, और इसके बाद भी उसकी वॉल्टेज में ख़ास कमी नहीं आती, तो ऐसी प्रणाली विकसित करने में केवल चंद सालों का ही समय लगा, जिन्हें देख कर गैस-घरों की ज़रा सी भी याद नहीं आती थी। केन्द्रीय बिजलीघरों की जगह ऐसे बड़े-बड़े बिजलीघरों ने ले ली जो उन शहरों में नहीं होते थे जहाँ बिजली आपूर्ति की जानी थी बल्कि उन्हें ऐसे इलाक़ों में बनाया जाने लगा जहाँ बिजली बनाने के लिए ज़रूरी ऊर्जा कम लागत

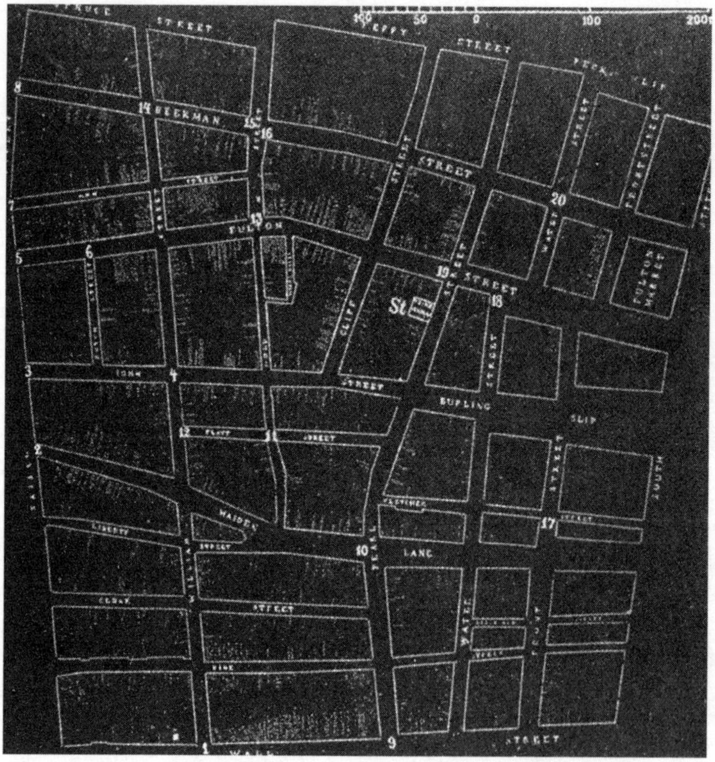

पहले बिजली स्टेशन द्वारा इस इलाक़े में आपूर्ति हुई, न्यु यॉर्क, 1883.
उपभोक्ता चमकदार बिंदु हैं, जबकि स्टेशन दो रोमन अक्षरों में नुमायाँ है।

में उपलब्ध थी। नए बिजलीघर कोयले की खदानों, जलप्रपातों या बाँधों के आस-पास होते थे जो कि उस जगह से सैकड़ों किलोमीटर तक दूर हो सकते थे जहाँ बिजली का इस्तेमाल होना था। (बिजली की पहली बड़ी हवाई आपूर्ति लाइन 1891 में चालू की गई। मोटे-मोटे तारों के ज़रिए नेकर स्थित लॉफ़ेन बिजलीघर को फ़्रैंकफ़र्ट से जोड़ने वाली यह लाइन 179 किलोमीटर लम्बी थी)। आधुनिक उच्च क्षमता वाले बिजलीघर किसी एक शहर को नहीं बल्कि पूरे इलाक़े को बिजली मुहैया कराते हैं। इस केंद्रीकरण का नतीजा तो बिजली कटने पर हम सब झेलते ही हैं। जैसे परिकथा के दृष्टांत में सोती सुंदरी (स्लीपिंग ब्यूटी) को तकुए की नोक चुभते ही पूरा महल नींद के आग़ोश में चला जाता है, उसी तरह बिजली जाते ही पूरे इलाक़े को लक़वा मार जाता है। विद्युत आपूर्ति प्रक्रिया की तरह बिजली के शुरुआती स्विच भी गैस लाइटिंग की तर्ज़ पर ही बनाए गए थे। 'झाड़ हरेक भुजा और लैम्प की में एक घूमने वाला स्विच होता है जो गैस की टोंटी की याद दिलाता है। जब इसे चालू किया जाता है तो बल्ब और भूमिगत तार के बीच विद्युत सम्पर्क जुड़ जाता है और बत्ती जलने लगती है। इसके विपरीत क्रिया करने पर सर्किट टूट जाता है और बिजली चली जाती है। यदि घर में बिजली नहीं है तो वहाँ प्रकाश भी नहीं होगा।'[107] बिजली का स्विच इस मायने में गैस की टोंटी से बेहतर था कि उसे एक ही झटके में ऑन या ऑफ़ किया जा सकता था। जबकि गैसबत्ती को ख़ुद जाकर जलाना पड़ता था– 'पहले आप टोंटी घुमाते हैं,

फिर तीली जलाते हैं और तब उजाला होता है'[108]—और उसके बाद वह मोमबत्ती की सुस्तरौ लौ की तरह जलने लगती थी, किंतु बिजली क्षणांश में उजाला भर देती हैः 'आप घर आते हैं, स्विच ऑन करते हैं और बिना किसी आग के, बिना माचिस के पूरा घर रोशन हो उठता है।'[109] स्विचों की बनावट ने लोगों की कल्पना शक्ति को पर लगा दिए थे। जैसा कि हम देख सकते हैं उपरोक्त उदाहरण में सिर्फ़ एक कमरा ही नहीं था बल्कि पूरा का पूरा घर पलक झपकते रोशनी में नहा उठता था। और इसके फ़ौरन बाद लेखक एक ऐसी प्रकाश व्यवस्था का ब्यौरा देने लगता है जो स्वचालित ढंग से ऑन-ऑफ़ हो जाती हैः 'क्या आपको बटन दबाना या घूमने वाले स्विच को चालू करना भी इतना ही भारी काम लगता है? अगर ऐसा है तो ठीक है अब आप सिर्फ़ अपने हॉल का दरवाज़ा खोलेंगे और रोशनी ख़ुद जल जाएगी। इसके बाद आप बैठक में आएँगे और बिजली जल जाएगी....। इसी तरह जब आप अपने शयन कक्ष या अध्ययन कक्ष में जाएँगे तो भी बिजली अपने आप जल उठेगी। दरवाज़े को खोलने भर से आप कमरे में रोशनी कर सकते हैं।'[110]

कहने की आवश्यकता नहीं कि यह सपना कभी सच नहीं हो पाया। बल्कि हुआ सिर्फ़ यह कि बिजली का स्विच दरवाज़े के बग़ल में लगा दिया गया जिससे लोग ख़ुद तय कर सकें कि जिस कमरे में वह जा रहे हैं उसमें रोशनी चाहते हैं या नहीं। (इसका एक लाभ यह था कि कमरे का दरवाज़ा बंद करने के बाद भी बिजली स्वचालित ढंग से बंद नहीं होती)।

बिजली के उजाले को क्षण भर में ऑन-ऑफ़ किया जा सकता है—इस तथ्य को गैसबत्ती के मुक़ाबले बुनियादी तौर पर एक नए गुण के रूप में रेखांकित किया गया। बहरहाल, बिजली के स्विच का सबसे प्रारंभिक रूप यानी घूमने वाला स्विच गैस की टोंटी की नक़ल के सिवा कुछ नहीं था। इसमें दो छोरों के बीच धीरे-धीरे सम्पर्क स्थापित होता था गोया स्विच के ज़रिए गैस आपूर्ति को नियंत्रित किया जा रहा हो न कि विद्युत सर्किट को जोडा जा रहा हो। बिजली के लिए घूमने वाला स्विच उपयुक्त नहीं था क्योंकि, जैसा कि 1926 में जाकर साफ़ हो गया, 'वह करंट को पलक झपकते नहीं बल्कि धीरे-धीरे बंद करता था। करंट का बंद होना इस बात पर निर्भर करता था कि स्विच को किस तेज़ी से घुमाया जा रहा है।'[111]

केन्द्रीय विद्युत आपूर्ति और बिजली के स्विचों के उदाहरण से पता चलता है कि जब कोई नई प्रौद्योगिकी पुरानी प्रौद्योगिकी से उधार लेती है तो उसके नतीजे कितने भिन्न हो सकते हैं। जहाँ एक तरफ़ गैस-घरों की तर्ज़ पर बनाए गए केन्द्रीय बिजलीघरों ने विद्युत प्रौद्योगिकी को एक नया परिष्कार दिया वहीं गैस टोंटी की नक़ल करके बनाया गया घूमने वाला स्विच उल्टी दिशा में उठाया गया क़दम था। जैसा कि इस अध्याय से पता चलता है, पुरानी और नई प्रौद्योगिकियों के बीच नक़ल से ऐसे अन्तर्विरोधी परिणाम आते रहते हैं। मगर अंततः विकास की प्रक्रिया में होने वाली ग़लतियों को दुरुस्त कर लिया जाता है। मिसाल के तौर पर, बिजली के घूमने वाले स्विच की जगह जल्दी ही ऐसे स्विचों का इस्तेमाल होने लगा जो झटके से विद्युत सर्किट को काट देते थे और आज भी यही स्विच इस्तेमाल किए जा रहे हैं।

शुरुआती स्विच

रोशनी के स्विच अपने मूल यानी गैसबत्ती के स्विच की तर्ज़ पर रहे। शुरुआती बिजली के स्विच घुमाने वाले होते थे, और हर बत्ती का एक स्विच होता था। हम जिनसे परिचित हैं, यानी दूर से बल्ब जलाने वाले स्विच काफ़ी बाद में बने।

उन्नीसवीं सदी के अन्त में बिजली की रोशनी का जिस जोश के साथ स्वागत किया गया वह कई लिहाज़ से सत्तर साल पहले गैस लाइटिंग से पैदा हुए उत्साह की याद दिलाता है। अपने-अपने समय में दोनों ही आविष्कारों को प्रकाश का अपने समय का आधुनिकतम, सबसे तेज़, सबसे स्वच्छ और सबसे किफ़ायती रूप माना गया। दोनों का ही स्वरूप स्वभाविक रूप से औद्योगिक था; और बिजली की रोशनी भी गैस लाइटिंग की नक़ल के अलावा और कुछ नहीं प्रतीत होती थी।

पर, दोनों के बीच कई अहम फ़र्क़ भी थे। जहाँ एक तरफ़ बुर्ज़ुआ परिवार गैस की दुर्गंध, विषैलेपन और विस्फोटक प्रकृति के चलते उसे अपने घरों में दाख़िल नहीं होने देना चाहते थे, वहीं दूसरी तरफ़ बिजली की रोशनी के लिए सारे दरवाज़े फ़ौरन खोल दिए गए: 'एडिसन का प्रकाश न केवल उन कमरों

में घुसता जा रहा है जहाँ गैस से रोशनी की जाती है बल्कि उन कमरों में भी जा पहुँचा है जहाँ गैस का दाख़िला निषिद्ध था—यानी रईसों की हवेलियाँ और ड्रॉइंग रूम — और वहाँ पहुँच कर उसने झाड़-फ़ानूस में रखी मोमबत्तियों को बेकार कर दिया है।'[112] बिजली की निर्मलता, गंधहीनता और अभौतिकता जैसे गुणों के चलते ड्रॉइंग रूम में उसे फ़ौरन स्वीकार किया जाने लगा। बिजली से ज़िन्दगी या सेहत को कोई ख़तरा नहीं था; बल्कि इसे निश्चित रूप से लाभदायक, लगभग विटामिन जैसा माना गया। हरमान फ़ॉन हेल्महॉल्ट्ज़ की सदी के लिए बिजली, ऊर्जा और जीवन एक-दूसरे के पर्याय थे। बिजली को थकान दूर करने और शरीर में ऊर्जा फूँकने वाले साधन के रूप में देखा जाता था और इसके लिए उसका बाक़ायदा प्रयोग भी किया जाता था। उन्नीसवीं सदी के अन्तिम सालों में थकान को लेकर जो मनोग्रस्तता बनी हुई थी उसके एक अध्ययन में हमें पढ़ने को मिलता है कि 'थकान के ख़िलाफ़ रासायनिक एवं प्रौद्योगिकीय युद्ध में एक हथियार—बिजली—बाक़ी सारे हथियारों से अलग दिखाई देता

बिजली और सेहत : बिजलीकरण

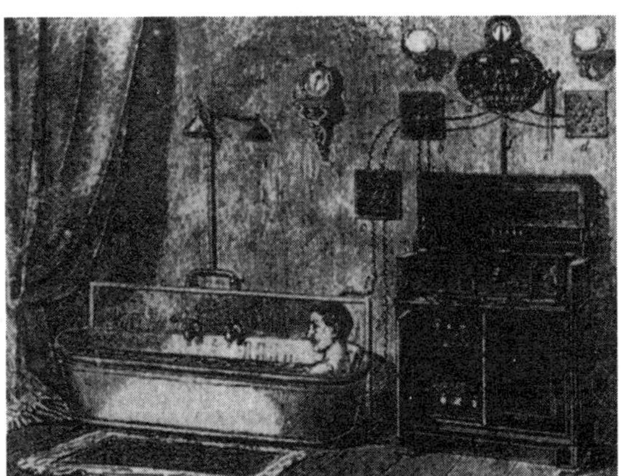

बिजली और सेहत : बिजली स्नान

बिजली गिराने मैं तो आई....

है। यदि थकान आंतरिक ऊर्जा के छिन्न-भिन्न हो जाने का परिणाम है तो बिजली उसको फिर से बहाल करने का आश्वासन देती थी।'[113] खेती में बिजली को खाद की तरह इस्तेमाल किया जाता था। 'इलेक्ट्रो-कल्चर' के ज़रिए खेती की ज़मीन को 'पुनर्जीवित' कर दिया जाता था। ऐसे प्रयोगों के विषय में 1890 के दशक के एक विवरण से पता चलता है कि इस पद्धति से पैदा हुए मूली-गाजरों का 'स्वाद बेजोड़ था और वे नाज़ुक-रसीले थे।' 'यदि 'पुनर्जीवित' पौधों की उपज की तुलना सामान्य तरीक़े से पैदा किए जाने वाले पौधों की उपज से करें तो पता चलता है कि उनकी उपज का अनुपात सब्ज़ियों और कंद-मूल वाली फ़सलों के मामले में 4:1 और बाक़ी फ़सलों के लिए 3:2 बैठता है।'[114] चिकित्सा विज्ञान अठारहवीं सदी के अंत से ही बिजली और चुम्बकीयता की ताक़त से काफ़ी अभिभूत रहा था।

अब चिकित्सा विज्ञान में बिजली को शरीर के उपचार के लिए उसी तरह प्रयोग किया जाने लगा जैसे 'इलेक्ट्रो-कल्चर' पद्धति से मिट्टी का उपचार किया जाता था। इलेक्ट्रोथेरपी की शृंखला में सतत गैल्वेनिक करंट से लेकर बिजली के झटकों तक उपचार की नाना पद्धतियाँ वजूद में थी।[115] 1882 में 'Mode d'application de l'electricite, pour les vetements, sur le corps humaine,' के नाम से पेटेंट के लिए भेजी गयी एक फ़्रांसीसी दरख़्वास्त में मानव शरीर को बिजली के सम्पर्क मे लाने का यह तरीक़ा बताया गया था : 'लिबास के दोनों तरफ़ दो जेबें सिल दी जाएँ और उन दोनों में छोटी-छोटी बैटरियाँ रख दी जाएँ। बैटरियों के साथ धातु की दो लम्बवत छड़ें जोड़ दी जाएँ और उन छड़ों से निकलने वाले तारों को शरीर के तमाम हिस्सों तक पहुँचा दिया जाए। बिजली शरीर के माध्यम से प्रवाहित हो सके इसके लिए आविष्कारक ने ख़ास दूरियों पर इन तारों में धातु की पत्तियाँ जोड़ दी हैं। ये पत्तियाँ त्वचा से सटी रहती हैं।'[116]

बिजली के व्यावहारिक उपयोग चिकित्सा विज्ञान, कृषि और प्रकाश तक ही सीमित नहीं थे। 1880 से 1920 के बीच बिजली आधुनिक शहरी जीवन में भी पैठ बनाने लगी। बिजली के बिना स्थानीय ट्रैफ़िक प्रणाली, लिफ़्ट, टेलिफ़ोन, रेडियो व सिनेमा और दिनोंदिन बढ़ते घरेलू उपकरणों की कल्पना करना भी असंभव था। विद्युत ऊर्जा ने भौतिक संस्कृति पर भी वैसा ही प्रभाव डाला जैसा कि शरीर पर। *साइंटिफ़िक अमेरिकन* के 7 मार्च 1900 के अंक के मुताबिक़, आम लोगों को लगता था कि अगर पृथ्वी पर कोई ऐसी काम है जो बिजली से नहीं किया जा सकता तो वह करने लायक़ ही नहीं है।[117]

विद्युतीकरण के दौर में पूंजीवाद की आर्थिक संरचना में भी बदलाव आया। मुक्त प्रतिस्पर्धा के कॉर्पोरेट इजारेदारी पूंजीवाद में रूपांतरण ने आर्थिक क्षेत्र में उस बात की पुष्टि कर दी जिसका विद्युतीकरण ने तकनीकी रूप से पहले ही पूर्वाभास दे दिया था : वैयक्तिक उद्यमों का अन्त और स्वायत्त ऊर्जा आपूर्ति।

सन् 1900 की पेरिस प्रदर्शनी में बिजली महल का बाहरी नज़ारा

बिजली महल : अंदरूनी नज़ारा

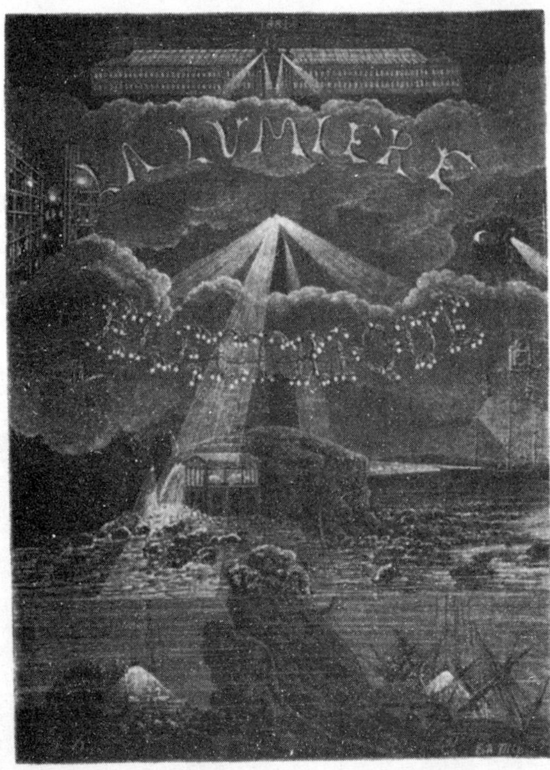

बिजली की पराकाष्ठा

ला ल्यूमिएर इलेक्त्रीक, 1882, का आवरण

बहुविदित है कि इन बदलावों के पीछे विद्युत उद्योग एक महत्त्वपूर्ण कारक था। कॉर्पोरेट विद्युतीय ऊर्जा और वित्तीय पूंजी के बीच एक सादृश्य दिखता है। उच्च क्षमता वाले बिजलीघरों में ऊर्जा का केंद्रीकरण विशाल बैंकों में आर्थिक शक्ति के केंद्रीकरण से मिलता-जुलता था। वर्नर सोम्बार्ट ने लिखा थाः 'उत्पादन और वितरण, व्यापार एवं वाणिज्य बैंकों और शेयर बाज़ारों पर अधिकाधिक रूप से आश्रित होते जा रहे हैं।'[118] दूसरी औद्योगिकी क्रांति की दुनिया में उद्यमशील स्वायत्तता और ऊर्जा के क्षेत्र में स्वतंत्रता के विचार से चिपके रहना शेख़चिल्लीपना होता। लगभग 1900 के बाद जो तकनीकी, वैज्ञानिक और राजनैतिक आर्थिक नियोजन अस्तित्व में आया, उसमें नई आस्था का आधार नए उद्योग, बिजली और रसायनों में ही निहित था। इन उद्योगों में उद्यमियों का स्थान इंजीनियर लेने लगे और इस तरह तकनीकी से आर्थिक यथार्थ की ओर संक्रमण पूरा हो गया। 'विज्ञान आधारित कंपनियों में यह नस्ल जैसे-जैसे प्रबंधकीय और कार्यकारी पदों पर पहुँचने लगी, वैसे-वैसे वह इन कंपनियों की तरक़्क़ी को आधुनिक प्रौद्योगिकी की प्रगति का पर्याय मानने लगी।'[119] सन् 1900 के आस-पास एक विद्युत इंजीनियर होने, किसी विद्युत कम्पन का वरिष्ठ कार्यकारी होने और एक मुतमइन समाजवादी होने में कोई अंतर्विरोध नहीं था। जेनरल इलेक्ट्रिक में प्रबन्धक के पद पर कार्यरत चार्ल्स स्टीनमेट्ज़ इन तीनों भूमिकाओं में थे और उनकी राय में विशाल पूंजीवादी उद्यम 'सभ्यता के वर्तमान चरण में व्यक्तिगत विकास को साकार करने का सबसे कुशल माध्यम'[120] थे। (लेनिन का मशहूर मंत्रः 'बिजली + सोवियत सत्ता = साम्यवाद' बिजली की बुनियाद पर खड़े इस सामाजिक दर्शन की ही रैडिकल अनुगूँज थी)।

इन सारी बातों का लैम्प या दीये से क्या ताल्लुक़ है?

आइए वापस उसी सवाल पर चलें कि उन्नीसवीं सदी में केन्द्रीय ऊर्जा आपूर्ति प्रणाली के प्रति इतना व्यापक मनोवैज्ञानिक प्रतिरोध बिजली के बल्ब के समक्ष क्षीण क्यों पड़ने लगा? अब हम कह सकते हैं कि बिजली के निर्मल, गंधहीन और अहानिकर होने के साथ-साथ उसमें एक और भी तत्त्व था जिसने लोगों को एक केन्द्रीय ऊर्जा स्रोत के विचार को स्वीकार करने के लिए तैयार कर दिया।

विद्युतीकरण से पहले उन्नीसवीं सदी में दीये की परिभाषा भी उतनी ही व्यक्तिवादी थी जितनी स्वयं उद्यम केंद्रित पूंजीवाद की मनःस्थिति थी। दूसरी तरफ़ नई परिभाषा उतनी ही 'सामूहिक' थी जितनी कि स्टीनमेट्ज़ की यह राय कि विशाल उद्यम व्यक्तिगत विकास की ज़मानत थे। 'परन्तु कोई बत्ती चाहे कितनी भी परिष्कृत क्यों न हो', 1883 में पार्वील ने लिखा था, 'अपने आप में यह मुकम्मल प्रकाश व्यवस्था नहीं है। यह समग्र प्रणाली का अंश मात्र है। इसमें हम तेल की तरह बिजली करंट नहीं भरते।'[121]

एक काल्पनिक बातचीत

पिछले दिनों बिजली की रोशनी से सुसज्जित एक रंगशाला में हमने इत्तेफ़ाक़न अपने पीछे बैठी एक भद्र महिला और दो मृदुभाषी सज्जनों को बात करते सुना।

'देखो', महिला ने कहा, 'गैस की लौ उल्टी लटक रही हैं।'

उसके पति ने उत्तर दिया 'नहीं प्रिये, तुम ग़लत सोच रही हो, ये तो बिजली की बत्तियाँ हैं।'

'जी हाँ, बिल्कुल सही', तीसरे व्यक्ति ने कहा 'ये एडिसन बत्तियाँ हैं'।

'बहुत अच्छे', महिला ने कहा, 'पर अगर इनमें से कोई बत्ती टूट जाए तो क्या तब भी उसमें से रोशनी निकलती रहेगी?'

'मेरे ख़याल से ऐसा नहीं होगा', उसके पति ने उत्तर दिया, 'क्योंकि तब उसमें बिजली ही नहीं बचेगी।'

'आहा, तो इसका मतलब यह हुआ कि बिजली असल में झाड़-फ़ानूस के भीतर है?'

'बेशक।'

'जी नहीं,' दूसरे महाशय ने कहा, 'बिजली तो तहख़ाने में या सेट के पीछे कहीं रखी है और तारों के ज़रिए बत्ती तक पहुँचती है।'

भद्र महिला ने विस्मय के साथ कहा, 'लेकिन ज़रा ये तो बताइए कि यदि हम तार तोड़ दें तो क्या बिजली रिस कर प्रेक्षागृह में नहीं बिखर जाएगी? क्या इससे नाज़रीन को ख़तरा नहीं है?'

कार्यक्रम शुरू होते देख इस बातचीत पर यहीं विराम लगाते हुए पतिदेव ने कहा : 'डार्लिंग, बिजली में हम बेखटके साँस ले सकते हैं। वैसे भी चूँकि यह पलक झपकते ज़मीन से उठकर छत के पास इकट्ठा हो जाती है, लिहाज़ा हमें डरने की कोई ज़रूरत नहीं है।'[122]

ला ल्यूमिएर इलेक्त्रीक का आवरण, 1886

सड़क

रात उतरते ही ऐसी शक्तियाँ वजूद में आती हैं जो दिन में राज करने वाली ताक़तों से क़तई भिन्न होती हैं। अधिकांश संस्कृतियों के मिथकों-प्रतीकों में रात अराजकता का दूसरा नाम है; सपनों के इस देश में भूत-पिशाच व राक्षसों की ऐसी ही भरमार होती है जैसे कि समंदर में मछलियों और समुद्री असुरों की। जैसे दिन पुल्लिग उसी तरह रात स्त्रीलिंग है और हर स्त्रियोचित चीज़ की तरह इसमें भी आश्रय और आतंक, दोनों के भाव होते हैं। मिथकीय कल्पना में रात और प्रलय का रिश्ता बहुत गहरा है। सृष्टि की उत्पत्ति के यहूदी, मिस्री और बेबिलोनियाई मिथकों में प्रलय के यही दो पहलू हैं जिनसे दुनिया—प्रकाश और शुष्क भूमि—का सृजन हुआ है। जब भी सूरज उगता है, जगत और उजियारा, दोनों नए सिरे से जन्म लेते हैं; प्रत्येक सूर्यास्त के साथ दोनों का अपोलोनुमा लौहपुरुषत्व एक बार फिर अँधेरे के गर्त में विलीन हो जाते हैं।

संस्कृति जितनी नई होगी, रात के आने का ख़ौफ़ उसे उतना ही सताएगा।

मध्यकालीन समुदाय रात के लिए ऐसे कमर कसते थे जैसे किसी जहाज़ के कर्मचारी आने वाले तूफ़ान से निपटने की तैयारी कर रहे हों। सूर्यास्त के साथ ही जीवन दरवाज़ों के भीतर सिमट जाता था, बाक़ायदा ताले-कुंडी लगाकर। सूर्योदय के समय खोले गए नगरद्वार सूर्यास्त पर सबसे पहले बंद कर दिए जाते।[1] यही घटना घर-घर दोहराई जाती। उन पर ताले डाल दिए जाते और नगरपाल अकसर सुरक्षा के लिए उनकी चाभियाँ रात भर के लिए अपने क़ब्ज़े में ले लेते थे। मिसाल के तौर पर, 1380 में जारी किए गए पेरिस के एक शासनादेश में सलाह दी गई थीः 'रात के समय सभी घरों... पर ताले डाल दिए जाएँ और उनकी चाभियाँ मजिस्ट्रेट के पास जमा करा दी जाएँ। इसके बाद कोई भी व्यक्ति तब तक घर के बाहर या भीतर नहीं जाएगा जब तक वह मजिस्ट्रेट को ऐसा करने की ठोस या विश्वसनीय वजह न बता दे।'[2] बर्लिन और वियेना जैसे बड़े शहरों में ऐसे क़ायदे-क़ानून उन्नीसवीं सदी के अच्छे-ख़ासे वक़्फ़े तक क़ायम रहे। बल्कि बर्लिन में तो अब तक एक ऐसा अजीबोग़रीब ताला चलता है जो बाशिंदे को भीतर आते ही मुख्य दरवाज़े को बंद करने पर मजबूर कर देता है।

रात और प्रलय, तथा शहरी आबादी और जहाज़ियों के इस सादृश्य को और आगे बढ़ाया जा सकता है। रात में जहाँ एक तरफ़ मध्यकालीन शहर के निवासी जहाज़ के डेक तले ठुंसे पड़े जहाज़ियों की तरह ख़ुद को तालों में बंद कर लेते थे वहीं दूसरी तरफ़ निर्जन इलाक़ों पर नज़र रखने के लिए रात्रि पहरेदार गश्त देते थे। हर रात कर्फ़्यू की रात थी, लोग हर रात सड़क से कट जाते थे; ऐसा विच्छेद अब सामाजिक उथल-पुथल के वक़्त ही दिखता है। रात्रि पहरेदार गश्त के वक़्त हथियार और मशाल लेकर चलते थे। मशालों से उजाला तो होता ही था मगर उनका असल काम अपने वाहकों—व्यवस्था के प्रतीक मशालची चौकीदारों—को नुमायाँ करना होता था। यदि आम नागरिक भी किसी वजह से रात में सड़क पर निकलते तो मशाल का यह नियम उन पर भी लागू होता था। बाहर निकलने वाले किसी व्यक्ति के पास दीया अथवा मशाल नहीं होती थी तो उसे संदेहास्पद माना जाता था और उसे फ़ौरन गिरफ़्तार किया

सड़क प्रकाश व्यवस्था से पहले
तक़रीबन 1700

जा सकता था मानो कोई शख़्स बिना काग़ज़ात के अन्दर घुस आया हो। 1467 के एक ब्रिटिश शासनादेश में उल्लेख मिलता है कि 'कोई भी आदमज़ात घड़ियाल में IX का घंटा बजने के बाद बिना रोशनी के, या बिना वाजिब वजह के घूमता दिखाई नहीं देगा।'[3] पेरिस में भी इसी तरह का क़ानून था जिसमें कहा गया था कि सभी लोग रात को नौ बजे के बाद लालटेन लेकर चलेंगे 'वरना रात्रि प्रहरी उन्हें गिरफ़्तार करके जेल में बंद कर सकते हैं।'[4] 1788 में भी योहान्न हाइनरिष जून ने अपने *लेयरबूख डेयर श्टाट् स-पोलित्साय-विस्सनशाफ़्ट* में लिखा था : 'किसी अजीब जगह पर अजीबोग़रीब वक़्त में बिना रोशनी के पाए जाने वाले इंसान को कड़ी जाँच से गुज़रना पड़ेगा।'

सार्वजनिक प्रकाश व्यवस्था को स्थायी रूप से स्थापित करने के प्रारंभिक प्रयास सोलहवीं सदी में शुरू हुए। बड़े शहरों में प्रशासन ने आदेश जारी कर दिया कि सभी लोगों को अपने-अपने घर के बाहर एक बत्ती जलानी होगी ताकि हर घर की शिनाख़्त की जा सके। उदाहरण के लिए, पेरिस में संसद ने आदेश दिया कि लोग 'नवम्बर, दिसम्बर और जनवरी के महीनों में हर रात को छः बजने से पहले ही अपने घर की पहली मंज़िल की खिड़की जितनी ऊँचाई पर एक लालटेन लटका दिया करें। लालटेन को ऐसी जगह लटकाया जाए जहाँ से वह सामने की सड़क पर पर्याप्त उजाला करती रहे।'[5] यह सड़क प्रकाश प्रणाली नहीं थी बल्कि अँधेरे के बाद मशाल लेकर चलने के पुराने दायित्व का विस्तार भर था।

इस आदेश का मक़सद सड़कों को रोशन करना नहीं बल्कि केवल यह सुनिश्चित करना था कि अलग-अलग घरों को आसानी से पहचानना जा सके, जिसके लिए सभी घरों को 'आवागमन' बत्ती जलाने का फ़रमान जारी कर दिया गया ताकि रात में शहर व्यवस्था और नियंत्रण की संरचना में बँधा रहे।

इन शुरुआती कोशिशों से पहली वास्तविक और केन्द्रीय रूप से संचालित सार्वजनिक प्रकाश व्यवस्था अस्तित्व में आयी। सत्रहवीं सदी के उत्तरार्द्ध में नए निरंकुशवादी राज्य के हुक्म से लालटेनों को घरों की बजाय सड़कों पर लगा दिया गया। लालटेन और कुछ दूसरे उपायों के ज़रिए राज्य ने अपने नियंत्रण और व्यवस्था की परिधि को सड़कों तक फैला दिया। उन दिनों पुलिस के ज़िम्मे सिर्फ़ व्यवस्थापालन नहीं था, बल्कि समग्र आंतरिक प्रशासन की ज़िम्मेदारी उसी पर थी, लिहाज़ा ये लालटेनें भी पुलिस के ही अधिकार क्षेत्र में आती थीं। बक़ौल अल्बेय्र बाबो : 'समग्र नैतिक एवं भौतिक व्यवस्था पुलिस की गतिविधियों के दायरे में आती थी। उसका काम रोकथाम करना भी था और दमन करना भी।'[6] निरंकुशवादी राज्य की पुलिस पावरोटी पकाने, शराब चुआने और सुअर काटने के तरीक़े से लेकर रोज़मर्रा ज़िन्दगी की ऐसी हर बारीक से बारीक चीज़ के बारे में निर्देश देती रहती थी जिससे अव्यवस्था या उथल-पुथल पैदा हो सकती थी। शान्ति-व्यवस्था बनाए रखना उसका पहला कर्तव्य था। ग्रुन्डज़ेट्से डेयर पॉलित्साय-विस्सनशाफ़्ट (1976) में योहान्न हाइनरिष गॉटलोब फ़ॉन युस्टी ने लिखा था कि 'पुलिस का ध्यान प्राथमिक रूप से प्रत्येक क़स्बे और शहर में पूर्ण शान्ति बनाए रखने पर केंद्रित होना चाहिए। जैसे ही कहीं कोई भीड़ इकट्ठा हो, वहाँ तत्काल पुलिस पहुँचनी चाहिए, उसे मामले की तफ़्तीश करनी चाहिए और उकसावेबाज़ों को गिरफ़्तार करना चाहिए या फिर उपद्रव की जड़ को किसी तरह मिटा देना चाहिए। रात के वक़्त, विशेष रूप से जब मेधावी और मेहनतकश नागरिकों को शान्ति की आवश्यकता होती है, पुलिस को सख़्त प्रावधानों के ज़रिए किसी भी प्रकार के कोलाहल या शोर-शराबे को दबाना चाहिए।'[7] क्योंकि किसी भी संभावित अव्यवस्था या कोलाहल का केन्द्र सड़क ही हो सकता था इसलिए उसकी तरफ़ पुलिस का विशेष रूप से अधिक ध्यान जाता था। अभी भी पुलिस न तो पेरिस की सड़कों पर गश्त लगाती थी और न उसे आधुनिक रूप दिया गया था लिहाज़ा क़ानून व्यवस्था के प्रति चिन्तित निरंकुश दृष्टि को पेरिस की सड़कें जंगल जैसी खौफ़नाक प्रतीत होती थीं। उस ज़माने के यात्रा-वृत्तांत और मज़ाहिया शेरो-शायरी में मुसाफ़िरों के सामने कच्ची सड़कों के बियाबान में खो जाने, गर्दन काट दिए जाने या मारे जाने के ख़तरे का रोना अकसर मिलता है। मिसाल के तौर पर, बोइलो ने अपने छठे व्यंग्य में लिखा : 'Le bois le plus funeste et le moins frequente/Est, au prix de Paris, un lieu de surete' (पेरिस के मुक़ाबले तो सबसे अंधकारमय और सबसे सुनसान जंगल भी सुरक्षित मालूम होता है।)

फ़्रांसीसी निरंकुश राज्य की पुलिस ने इन हालात से निपटने के लिए कई क़दम उठाए। सड़कों को साफ़ किया गया और उन्हें हर तरह से आधुनिक रूप प्रदान किया गया।[8] इस प्रक्रिया की तुलना 200 साल बाद की बैरॉन हाउसमान की उपलब्धि के साथ की जाती है। सबसे पहले शहर से दुकानों की

निरंकुशवाद और सार्वजनिक प्रकाश व्यवस्था
सिक्के पर लुई XIV, जिसे पेरिस की सार्वजनिक प्रकाश व्यवस्था के उद्घाटन के मौक़े पर जारी किया गया, 1667.

नामपट्टियाँ हटाई गईं जो सड़क के बीचों-बीच तक निकली रहती थी, यातायात को अवरुद्ध करती थीं और बेरोक, निरंकुशवादी मानसिकता को पसंद विस्तृत दृष्टिपटल को बाधित करती थीं। बक़ौल अंग्रेज़ मुसाफ़िर मार्टिन लिस्टर, इन तख़्तियों को हटाने का एक ज़बर्दस्त प्रतीकात्मक महत्त्व था :

> यह देखकर बड़ा अच्छा लगता है कि तामीले-हुक्म की छोटी-छोटी मिसालों के ज़रिए महाराज इस भव्य नगर को अनुशासित कर रहे हैं। उन्होंने तमाम दुकानदारों को आदेश दे दिया कि वह अपनी तख़्तियों को फ़ौरन हटा लें और उन्हें दुकान की दीवार से एक-दो फ़ुट से ज़्यादा ऊँचा न लगाएँ। इस आदेश का तत्काल पालन किया गया; जिससे अब सड़कें साफ़ रहती हैं मानो वहाँ ऐसी वैसी कोई चीज़ थी ही नहीं।9

निरंकुशवादी शासन में पैर और आँखें, दोनों ही चिकनी, चौरस सतहों पर पड़ते थे क्योंकि खड़ंजा भी उस काल की एक महत्त्वपूर्ण उपलब्धि था। सत्रहवीं सदी के लगभग मध्य तक सड़कों पर खड़ंजे और लाइटिंग दोनों ही कमोबेश लोगों के निजी मामले थे; सरकार सिर्फ़ निर्देश देती थी। (अपने घर से सटी सड़क के मुताल्लिक़ लोगों की यह ज़िम्मेदारी ऐसे इलाक़ों में कमोबेश आज भी क़ायम है, मसलन, जहाँ सर्दियों में खड़ंजों से बर्फ़ साफ़ करनी पड़ती है।) सत्रहवीं शताब्दी में काफ़ी वक़्फ़ा गुज़र जाने के बाद भी रात के समय लालटेन लटका कर रखने और खड़ंजों में इस्तेमाल होने वाले पत्थर की क़िस्म जैसे मामलों को उसी तरह मकानदारों के ऊपर छोड़ रखा गया था, जिस प्रकार सेना के सिपाहियों को तैयार करने का काम अलग-अलग डिविज़नों के कमांडरों के ऊपर छोड़ दिया जाता था। बहरहाल, धीरे-धीरे क़ानूनों की तादाद बढ़ने लगी और 1638 से सड़क बिछाना भी एक सार्वजनिक काम बन गया और एक नए टैक्स के माध्यम से उसे केन्द्रीय स्तर पर संचालित किया जाने लगा। अब इस काम को पुलिस के माध्यम से नियुक्त होने वाला एक ठेकेदार अंजाम देता था। इसके बाद यह काम भी पुलिस के अधिकार क्षेत्र में आ गया कि सड़क पर किस तरह के पत्थर बिछाए जाएँ। मिसाल के तौर पर, 1729 के इस निर्देश में कहा गया था : 'नए खड़ंजों का पत्थर घनाकार होना चाहिए, उसकी भुजाओं की

लंबाई 9 इंच होगी और ठेकेदार इस आकार में कोई काट-छाँट नहीं करेंगे।'[10] पुराने खड़ंजों के पत्थरों का नए पत्थरों के साथ कुछ वैसा ही रिश्ता था जो 'तीस वर्षीय युद्ध' का रंगबिरंगी, अनियंत्रित सेनाओं का निरंकुशवादी शासन की वर्दीधारी स्थायी सेनाओं से था : दोनों ही मामलों में बेतरतीब जमावड़ों को बड़ी व्यवस्थित और गणितीय हद तक सटीक संरचनाओं में तब्दील कर दिया गया था।

जब फ़्रॉन्डे की पराजय के डेढ़ दशक बाद 1667 में शाही आदेश के ज़रिए सड़क प्रकाश व्यवस्था (स्ट्रीट लाइटिंग) लागू की गई तो उसके साथ भी यही हुआ। जिस चीज़ की शुरुआत निजी मकानों पर रोशनी के साथ हुई थी वह 'गश्ती पुलिस के नियंत्रण में एक सार्वजनिक सेवा में रूपांतरित हो गई जिसे उस समय के सूक्ष्म, मनमाने और क्रूर पुलिसिया क़ानूनों के अनुरूप क्रियान्वित किया जाता था।'[11] नाना प्रकार की निजी लालटेनों की जगह एक मानक लालटेन ने ले ली जिसमें काँच के बक्से के भीतर एक मोमबत्ती होती थी। शुरुआत में ऐसी 2,700 लालटेनें लगाई गईं, सन 1700 में उनकी संख्या बढ़कर 5,000 हो गई और अठारहवीं सदी के उत्तरार्द्ध तक आते-आते यह संख्या 8,000 तक जा पहुँची।[12]

पुराने क़िस्म की घरेलू प्रकाश व्यवस्था के साथ विच्छेद सबसे ज़्यादा नई लालटेनों के लिए जगह के चुनाव से ज़ाहिर होता है। इन लालटेनों को सड़क के आर-पार बँधे रस्सों पर लटकाया जाता था जिससे छोटे-छोटे सूर्यों जैसी ये बत्तियाँ सड़क के बीचों-बीच झूलती थीं। ये छोटे-छोटे सूरज उस सम्राट सूर्य का प्रतिनिधित्व करते थे जिसके आदेश पर उन्हें स्थापित किया गया था। इस तरह लटकाई गई लालटेनों पर विदेशी मुसाफ़िरों ने फ़िक़रे कसे और स्थानीय बाशिंदों ने यह कह कर इनकी आलोचना की कि उनसे यातायात में रुकावट पैदा होती है।[13] पहली नज़र में यह बड़ा अजीब लगता है कि जिस शाही सत्ता ने सड़कों को मध्यकालीन दुकानों के अवरोधक चिन्हों से मुक्त करवाया था अब उसी सत्ता ने लालटेनों के रूप में सड़क पर एक और अवरोध पैदा कर दिया था। परन्तु ग़ौर से देखने पर इसका औचित्य स्पष्ट हो जाता है : लालटेन इस बात का द्योतक थी कि सड़कों पर कौन रोशनी करता है और उन पर राज किसका है। आगे चल कर जिस तरह लालटेन ध्वंस (lantern smashing) के मामले में पेरिस अपवाद बना, जिसके बारे में हम आगे चर्चा करेंगे, उसी तरह सड़कों पर लालटेन लटकाने के मामले में भी पेरिस अनूठा था। दीगर निरंकुशवादी शासकों ने अपने शहरों में पुलिस-नियंत्रित सड़क प्रकाश व्यवस्था को सत्रहवीं सदी के अन्त में स्थापित किया। हालाँकि यहाँ भी पुलिस लाइटिंग घरों से लटकी रहने वाली पुराने क़िस्म की बत्तियों से अक्षरशः (यानी भौतिक रूप से) बहुत भिन्न थी फिर भी इन महानगरों में वर्चस्व के प्रतीक बहुत स्पष्ट नहीं थे। उदाहरण के लिए, 1680 में प्रशा के शासक ने आदेश दिया कि बर्लिन की लालटेनों को ख़ास तौर से इसी मक़सद के लिए खड़े किए गए खम्भों (जिन्हें बाद में लैम्प पोस्ट के नाम से पहचाना जाने लगा) पर लगाया जाए 'चाहे स्थानीय निवासी लागत के चलते उनका कितना भी विरोध क्यों न करें।'[14] अब मकानों से अलग, सड़क के बीच एक खम्भे पर स्थित लालटेन भी सड़क के बीचों-बीच आसमान में लटकी लालटेन की तरह उतनी ही 'सार्वजनिक' रूप से दिखाई देती थी।

परन्तु सार्वजनिक प्रकाश व्यवस्था का एक बिल्कुल अलग तरीक़ा भी था। सत्रहवीं और अठारहवीं सदियों के व्यावसायिक केन्द्र तथा कई मायनों में उस ज़माने के सबसे आधुनिक शहर लंदन ने घरों में उजाला करने के पुराने निजी स्वरूप को अठारहवीं सदी में भी क़ायम रखा। वहाँ 1736 तक कोई एकरूपता नहीं थी। इसके बाद वहाँ प्रत्येक ज़िले में लाइटिंग का काम ठेकेदारों को सौंप दिया गया। यह एक अर्धसार्वजनिक सेवा थी जिसके लिए प्रत्येक परिवार से कर वसूल किया जाता था। जैसा कि विलियम मेटलैंड के इस विवरण से पता चलता है, अठारहवीं सदी में भी काफ़ी सालों तक लंदन की सड़क प्रकाश व्यवस्था का इंतज़ाम और चमक पेरिस के मुक़ाबले में कमतर थी : 'इस समय तक किसी भी दूसरे बड़े शहर के मुक़ाबले लंदन की सड़कों पर रात में शायद सबसे ख़राब रोशनी रहती थी। और इसका सारा दोष केवल वहाँ की बदइंतज़ामी को दिया जा सकता है।'[15] लंदन की प्रकाश व्यवस्था का पुरानापन वहाँ की पुलिस व्यवस्था का अक्स था। उन्नीसवीं सदी की शुरुआत में आए रॉबर्ट पील के सुधारों तक लंदन की पुलिस कमोबेश उसी तरह संगठित थी जैसे मध्यकाल में यह महक़मा पुलिसिया कम और शांति का पहरुआ ज़्यादा मालूम पड़ता था। इन 'उनींदे पहरेदारों' की तुलना पेरिस की हौलनाक़ गश्ती पुलिस से नहीं की जा सकती थी। लंदन में पहरेदारों की ज़िम्मेदारी यह थी कि 'घड़ियाल का घंटा बजते ही समय की पुकार लगाएँ, आग की रोकथाम के लिए एहतियाती क़दम उठाएँ, लोगों को मौसम के उतार-चढ़ाव के बारे में जानकारी दें और पौ फटने से पहले उन तमाम लोगों को जगा दें जिन्हें मुँह-अँधेरे सफ़र पर निकलना है।'[16] आज भी लंदन के पुलिसकर्मी बंदूक़ लेकर नहीं चलते और इस लिहाज़ से वे बाक़ी युरोप के पुलिसवालों से भिन्न हैं।

लंदन की नीम-रोशन और ग़ैर-महफ़ूज़ सड़कों पर व्यवस्था बनाए रखने के लिए कुछ न कुछ ज़रूर किया गया होगा क्योंकि इतने विकसित शहर में रात के समय सुरक्षा व्यवस्था के बिना काम नहीं चल सकता था। ऐसा लगता है कि इंग्लैंड में—और बाद मे अमेरिका में भी—सुरक्षा का दारोमदार पुलिसिया गश्त, अनुशासन और रोकथाम पर उतना नहीं था जितना ताले और कुण्डी जैसे मशीनी साधनों पर था। यह तथ्य भी इस बात की पुष्टि करता है कि अंग्रेजी भाषी दुनिया के पास मशहूर येल ताले से लेकर सेफ़ तक चीज़ों को तालों में बंद करने के कई उन्नत औज़ार मौजूद थे (जिसे हम वहाँ की तालापरस्त संस्कृति कह सकते हैं)। यांत्रिक ताले निजी जगहों को सुरक्षित रखते हैं ताकि कोई वहाँ मौजूद संपत्ति को हड़प न ले जाए। इसके विपरीत पुलिस की गश्त सार्वजनिक स्थानों को सुरक्षा देती है, उसका एकमात्र उद्देश्य जनता के बीच क़ानून-व्यवस्था बनाए रखना होता है। माना जा सकता है कि सत्रहवीं और अठारहवीं सदी में सार्वजनिक प्रकाश व्यवस्था और निजी तालों के बीच एक प्रत्यक्ष संबंध रहा होगा। आधुनिक प्रकाश और पुलिस व्यवस्था की वजह से पेरिस में दरवाज़ों को शायद उतनी मज़बूती से तालाबंद नहीं किया जाता था जितनी मज़बूती से लंदन में किया जाता था, जहाँ दरवाज़ों पर लगे ताले ही उस असुरक्षा की भी भरपाई करते थे, जो एक कमज़ोर पुलिस और सार्वजनिक प्रकाश व्यवस्था की देन थीं।

लंदन और पेरिस में सार्वजनिक मशालचियों की मुख़्तलिफ़ भूमिकाओं से एक बार फिर पता चलता है कि पेरिस की सार्वजनिक प्रकाश व्यवस्था और पुलिस व्यवस्था एक-दूसरे से किस क़दर जुड़ी हुई थीं। दूसरे युरोपीय शहरों की तरह लंदन और पेरिस में भी सत्रहवीं सदी से ही लिंकमेन (linkmen) के रूप में 'चल' (mobile) सार्वजनिक प्रकाश व्यवस्था मौजूद थी। पैदल चलने वाले उन्हें घर तक रास्ते में उजाला करने के लिए उसी तरह किराए पर ले सकते थे, जैसे ताँगे/घोड़ागाड़ियों को किराए पर लिया जाता था। पेरिस में मशालची अकसरहाँ पुलिस के भेदिये हुआ करते थे। मर्सिएर ने अपने *ताब्लो द पारी* में लिखा था :

'मशालची निशाचर पुलिस के अहलकार होते हैं और जो कुछ भी घटता है वह उस पर नज़र रखते हैं। घरों के पिछवाड़े से ताला तोड़ कर घर में घुसने की फ़िराक में रहने वाला चोर इस बारे में कभी मुतमइन नहीं हो सकता कि वहाँ अचानक उजाला नहीं हो जाएगा....। मशालची देर रात गए सोने जाता है और रात में जो कुछ देखा उसके बारे में सुबह जाकर सबसे पहले पुलिस को बताता है। क़ानून-व्यवस्था बनाए रखने और किसी भी तरह की दुर्घटना को रोकने में इन चल मशालों जैसी असरदार और कोई चीज़ नहीं है। उनकी अनपेक्षित मौजूदगी रात में घटने वाले बहुत सारे अपराधों को रोक देती है। ज़रा-सी भी असामान्य बात देखते ही मशालची दौड़ कर पहरेदार के कमरे में जाते हैं और जो कुछ देखा उसके बारे में बताते हैं।[17]

इसके विपरीत, लंदन के Linkmen के बारे में मानी हुई बात थी कि वह अपराध जगत से नज़दीकी रिश्ता रखते हैं या बल्कि वे ख़ुद उसके हिस्से हैं : 'ये "जनता के सेवक" अकसरहाँ गिरहकटों और बटमारों से मिले रहते थे और ऐसे लोगों से इशारा मिलने पर सबूत मिटा कर नौ-दो-ग्यारह हो जाने में ज़रा भी देरी नहीं लगाते थे।'[18] *द बेगर्स ऑपेरा* के लेखक जॉन गे लंदन के रीति-रिवाजों पर केंद्रित अपनी कविता 'ट्रिविया' में रात के मुसाफ़िरों को आगाह करते हुए कहते हैं :

मशालची की आवाज़ तुझे खींचेगी ज़रूर, पर

सुनसान दीवारों के साए में उसका भरोसा कभी न करना

अधबीच में ही वो मशाल बुझा देगा

और तेरा माल बटमारों के साथ बाँट खाएगा।[19]

नई लालटेनें सड़क को दरअसल कितना रोशन कर रही थीं? क्या 1667 की कई जोशीली कविताओं में किए जा रहे दावों के मुताबिक़ पेरिस में रात को वाक़ई दिन में तब्दील कर दिया गया था?

हर सड़क,

चाहे वो छोटी हो या लंबी,

पर ख़ूबसूरत और अनगिनत लैम्पों से

निकलने वाली रोशनी से

दिन की तरह रोशन हो जाएगी।[20]

पूरी रात और पूरे साल जलने वाली स्ट्रीट लाइटें अभी भी 100 साल से ज़्यादा पुरानी नहीं हैं। सत्रहवीं सदी के आख़िर से उन्नीसवीं सदी के आख़िरी सालों तक सार्वजनिक प्रकाश व्यवस्था कुल मिलाकर क़ुदरती उतार-चढ़ावों पर मुनहसिर रहती थी। गर्मियों में उसे या तो केवल चन्द घंटों के लिए इस्तेमाल किया जाता था या फिर बिल्कुल नहीं किया जाता था। पेरिस में सार्वजनिक प्रकाश प्रणाली के प्रारम्भिक दिनों में उसे अक्तूबर के अन्त से अप्रैल के शुरुआती दिनों तक ही जलाया जाता था।[21] चाँदनी

परावर्तक लैम्प, पेरिस, मध्य — 18वीं सदी.

परावर्तिका की तफ़सीलः बाएँ टंकी और बत्ती है और दाहिने अवतल परावर्तक.

रातों में भी सड़कों पर कृत्रिम प्रकाश नहीं किया जाता था। अपने एन्साइक्लोपीडिया में क्रूनिट्ज़ लिखते हैं, 'जब रात के साम्राज्य पर शासन करने वाला भव्य प्रकाश सड़कों को पर्याप्त रूप से रोशन कर देता है तो लालटेन बिल्कुल ग़ैर-ज़रूरी दिखाई देती हैं।' वह आगे लिखते हैं : 'क्योंकि चाँद की रोशनी कभी तेज़ और कभी मद्धम होती है; क्योंकि कई बार चाँद जल्दी उगता है और कई बार देर से, लिहाज़ा इन उतार-चढ़ावों को ध्यान में रखना बहुत ज़रूरी है। पूरे साल के लिए यह तय कर दिया जाना चाहिए कि किन दिनों में लालटेनों का इस्तेमाल किया जाएगा और किन दिनों में नहीं, तथा उनको जलाने और बुझाने का समय क्या होगा।'[22] इस काम के लिए रोशनी की एक समय-सारणी बनाई गई जिसमें साल के हर माह के लिए सूर्योदय और सूर्यास्त के समय और चाँद दिखने के घंटों की गणना की गई थी। इन आँकड़ों के आधार पर पुलिस ने कृत्रिम प्रकाश के बारे में विस्तृत निर्देश जारी कर दिए। 1719 में जारी किए गए ऐसे ही एक निर्देश में पेरिस के ज़िला आयुक्त ने यह भी निर्देश दिया था कि अलग-अलग दिनों में किस आकार की मोमबत्तियाँ जलाई जानी हैं:

1 दिसम्बर को आधी मोमबत्ती (1/8 पाउन्ड) जलाई जाए। 2 से 21 दिसम्बर तक पूरी मोमबत्ती (1/4 पाउन्ड) जलाई जाए। 22 और 23 दिसम्बर को मोमबत्ती जलाने की ज़रूरत नहीं है। 24 दिसम्बर को क्रिसमस की पूर्वसंध्या पर 12 पाउन्ड की मोमबत्तियाँ जलेंगी। 25 से 27 दिसम्बर तक उजाला नहीं किया जाए। 28, 29 और 30 दिसम्बर को आधी-आधी मोमबत्ती और 31 दिसम्बर को पूरी मोमबत्ती जलाई जाए।[23]

कुदरती लय पर निर्भरता गैस लिप्सिग के बाद भी ख़त्म नहीं हुई। सन् 1860 के आसपास लिप्सिग में 'रोशनी के लिए चाँदनी रातों को भी ध्यान में रखा जाता था जब रात को सड़कों पर जलने वाली बत्तियों की संख्या सामान्यतः घटा दी जाती थी।'[24] पेरिस में 1840 के दशक तक आते-आते सड़क पर जलाने के लिए दो क़िस्म की लालटेनें विकसित कर ली गई थीं जिनमें से एक 'स्थायी लालटेन है जो सूर्यास्त से सूर्योदय तक जलती है और दूसरी परिवर्तनशील लालटेन, जो केवल तब जलती है जब सड़कों पर उजाला करने के लिए चाँद की रोशनी ही काफ़ी नहीं रह जाती।'[25] बीसवीं सदी की शुरुआत में बहुत सारे शहरों में सार्वजनिक प्रकाश व्यवस्था अभी भी चाँद की समय-सारणी से निर्धारित होती थी। जिन रातों में चाँद की तेज़ रोशनी होती थी उन दिनों लालटेनों को वक़्त से पहले ही बंद कर दिया जाता था; अकसरहाँ आधी रात के कुछ बाद।[26]

सड़क प्रकाश व्यवस्था के प्राकृतिक प्रकाश से स्वतन्त्र होने की प्रक्रिया बहुत धीमी और लगभग हिचकिचाहट भरी रही। लेकिन ऐसे इलाक़े विकसित करने की प्रवृत्ति ज़रूर दिखाई देती थी जो चांद-तारों की रोशनी से आज़ाद अपने बूते पर प्रकाशमान रहते हों। इस दिशा में पहला क़दम था लालटेनों के बीच की दूरी को कम करना। हालाँकि इस बारे में कोई भरोसेमंद आँकड़े उपलब्ध नहीं हैं मगर यह माना जा सकता है कि 1667 में पेरिस में लगी लालटेनें एक-दूसरे के बहुत क़रीब नहीं थीं। छोटी सड़कों पर दो लालटेनें लगाई जाती थीं—दोनों सिरों पर एक-एक। थोड़ी बड़ी सड़कों पर एक और लालटेन होती

परावर्तिकाओं की रोशनी में रात्रि दृश्य

थी—दोनों सिरों के मध्य में।[27] समय के साथ लालटेनों के बीच लगातार घटते-बढ़ते रहने वाले फ़ासले को बाद में लगभग 20 मीटर के आस-पास निर्धारित कर दिया गया।[28] लालटेनों की धुँधली रोशनी से सड़क पर एकसार उजाला तो नहीं होता था पर उनसे उजाले की लडियाँ-सी तो बन ही जाती थीं।

इसके बाद सड़कों पर प्रकाश को और तेज़ तथा सघन बनाने के लिए स्वयं प्रकाश स्रोत को ही और मज़बूत बनाने पर ज़ोर दिया गया—रोशनी बढ़ाने वाले लेंसों व परावर्तकों का सहारा लिया जाने लगा। सत्रहवीं शताब्दी के अन्तिम वर्षों में ही पेरिस में ऐसी लालटेनों का इस्तेमाल किया जाने लगा था जिनमें लगे ख़ास काट वाले काँच लालटेन की लौ को फ़्लडलाइट की तरह एक जगह केन्द्रित कर देते थे। यह आविष्कार कामयाब नहीं हो पाया, शायद इसलिए कि तब तक सार्वजनिक प्रकाश प्रणाली के लिए कोई केन्द्रीय संगठन अस्तित्व में नहीं था। परन्तु 1760 में पेरिस में एक नए क़िस्म की लालटेन विकसित की गयी जो आगे चलकर न केवल सड़क प्रकाश व्यवस्था और पुलिस व्यवस्था के इतिहास का, बल्कि फ़्रांसीसी क्रांति का भी हिस्सा बनी। फ़्रांसीसी भाषा में रेवेरबेयर (Reverbere) के नाम से जानी जाने वाली इस परावर्तक लालटेन (आगे से 'परावर्तिका') को 1763 में विज्ञान अकादमी द्वारा आयोजित की गई प्रतियोगिता के लिए पेरिस के पुलिस प्रमुख डी सारतैन के सुझाव पर तैयार किया गया था। डी सारतैन ने इसके लिए 2,000 फ़्रेंक का इनाम भी दिया। यह इनाम दिया जाना था 'sur la meilleure maniere d'clairer .... et l'economie.' लाव्आज़ियेर उस समय 20 वर्ष के थे और उन्होंने भी इस प्रतियोगिता में अपनी तरफ़ से एक प्रविष्टि भेजी थी। उनकी कृति को आधिकारिक पुरस्कार के लायक़ तो नहीं माना गया मगर शाबाशी के तौर पर राजा की तरफ़ से निजी तौर पर एक तमग़ा ज़रूर मिला। लाव्आज़ियेर ने लालटेन की जो रूपरेखा सुझाई थी वह उस लालटेन के नमूने से काफ़ी मिलती-जुलती थी जो अन्ततः तैयार की गई।

परावर्तिका में दो तकनीकी सुधार किए गए थे जिनकी वजह से वह अब तक की लालटेनों से कई गुना ज़्यादा रोशनी देती थी। इस लालटेन में मोमबत्ती की जगह तेल से जलने वाली एक की बजाय कई बत्तियाँ होती थीं और बत्तियों से मिलने वाला उजाला दो परावर्तकों से गुज़र कर और तेज़ हो जाता था। इस लालटेन में लौ के ऊपर एक अर्धगोलाकार परावर्तक होता था। अब तक की लालटेनों में लौ के ऊपर जाने वाली रोशनी छितरा कर बेकार चली जाती थी परन्तु परावर्तक के ज़रिए अब लौ से ऊपर जाने वाली रोशनी को भी वापस सड़क पर लौटा लिया जाता था। लौ के पार्श्व में लगा अवतल (concave) परावर्तक उसके प्रकाश को अगल-बग़ल फेंकने का काम करता था।

सौ साल पहले बनी शुरुआती लालटेनों की तरह परावर्तिका का भी ज़ोरदार स्वागत हुआ था और उन्हें ऐसे कृत्रिम सूर्य की संज्ञा दी गई जिसने रात को दिन में तब्दील कर दिया था। पुलिस चीफ़ डी सारतैन को भेजी गई एक रिपोर्ट में कहा गया था कि 'उनसे निकलती रोशनी देखकर ये तसव्वुर भी नहीं किया जा सकता कि इससे भी ज़्यादा चमकीली चीज़ हो सकती है।'[29] मर्सिएर- जो मानते थे कि पुरानी बत्तियों की 'मरियल-सी, टिमटिमाती और अस्थिर लौ, जो ख़तरनाक परछाइयों से घिरी रहती है-' भी नई लालटेन पर फ़िदा थे। 'अब शहर में चकाचौंध रोशनी है। 1,200 परावर्तिकाओं की संयुक्त ताक़त से एक स्थिर, जीवंत और स्थायी प्रकाश उत्पन्न हो जाता है।'[30] इस तरह के वक्तव्य प्रकाश की चमक में वृद्धि के बारे में उतना नहीं कहते जितना कि ये चंद नज़्में जिनमें 'globes brillantes' और 'astres nouveaux' के ही क़सीदे पढ़े जा रहे थे। मर्सिएर इसकी एक अच्छी मिसाल हैं कि आम ज़िंदगी का हिस्सा बनते ही नए तरह की रोशनी भी किस तरह फीकी लगने लगी। अपनी पुस्तक *ताब्लो द पारी* के पहले खंड में मर्सिएर ने परावर्तिका की इन्हीं शब्दों में प्रशंसा की थी जिनको हमने अभी उद्धृत किया था लेकिन कुछ वक़्फ़े बाद, दसवें खंड तक आते-आते उन्हें नए स्तर का यह प्रकाश भी नाकाफ़ी मालूम पड़ने लगा। 'ये बत्तियाँ अँधेरे को ज़ाहिर करने के अलावा और कुछ नहीं करतीं...। दूर से देखने पर वह आँखों को दुखाती हैं, समीप जाने पर पता चलता है कि उनसे बस कहने भर को ही कोई रोशनी निकलती है और उनके ठीक नीचे खड़े हो जाएँ तो मुमकिन है आप ख़ुद को चिराग़ तले अँधेरे में पाएँ।'[31] हालाँकि अब इस बात का आकलन करना असंभव है कि परावर्तिका असल में कितनी रोशनी देती थी फिर भी यह माना जा सकता है कि उनके तीव्रतर, घने और एकाग्र प्रकाश ने पहली बार सड़क के एक हिस्से पर अच्छा-ख़ासा उजाला कर दिया होगा। बेशक, पुरानी लालटेन के मुक़ाबले यह तरक़्क़ी थी क्योंकि अब तक की लालटेनों को हद से हद दिशा-सूचक या स्थान-सूचक बत्ती भर ही माना जा सकता था।

आश्चर्य की बात यह है कि रोशनी की इस नई क्षमता का पूरा प्रयोग नहीं किया जा सका। पुरानी लालटेनों की जगह एक-एक करके परावर्तिकाएँ नहीं लगाई गईं बल्कि परावर्तिका से निकलने वाली रोशनी पुरानी लालटेन की रोशनी से जितनी गुना अधिक थी उसी अनुपात से शहर की लालटेनों की संख्या में कटौती कर दी गई। पहले पूरे पेरिस में 6000 से 8000 लालटेनें थीं[32] जिनकी जगह 1200 परावर्तिकाएँ लगा दी गईं और उनके बीच का फ़ासला 20 मीटर से बढ़ा कर 60 मीटर कर दिया गया।[33] कहने का मतलब यह है कि नए तकनीकी सुधारों से प्रकाश की सघनता में जो इज़ाफ़ा हुआ था उसे लालटेनों का फ़ासला बढ़ा कर ज़ाया कर दिया गया। परावर्तिका की रोशनी चाहे कितनी भी तेज़ रही हो मगर वह इतनी तेज़ नहीं थी कि 60 मीटर के फ़ासले को रोशन कर दे। उनकी उपयोगिता भी पुरानी लालटेनों वाली ही बनी रही – दिशा सूचक या पथ प्रदर्शक बत्ती भर की। परावर्तिका से रोशनी का एक काफ़ी बड़ा घेरा तो बनता था मगर ये घेरे भी एक-दूसरे से कटे ही रहे : परावर्तिका अँधेरे में रोशनी के द्वीप जैसी दिखाई देती थी।

यह एक पहेली-सी बात है कि अठारहवीं सदी की यहाँ-वहाँ टुकड़ों में रोशन शहर देखने की अभ्यस्त आँखों को रोशनी से चकाचौंध रात का पेरिस कैसा लगा होगा। लगता है कि यहाँ सोच के दो अलग-अलग स्तर एक-दूसरे में मिल रहे थे जिसका परिणाम यह हुआ कि *प्रतीकात्मक* प्रकाश को ही *वास्तविक* प्रकाश मान लिया गया। लालटेन की चमक में बेशक इज़ाफ़ा हुआ था इसलिए संभवतः लालटेन की चमक को ही सड़क की चमक मान लिया गया था जबकि हक़ीक़त यह थी कि सड़क की स्थिति में शायद ही कोई बदलाव आया था। सार्वजनिक प्रकाश व्यवस्था के विकास की तारीख़ से पता चलता है कि स्थिति वाक़ई ऐसी ही थी। शुरुआत से ही लोग रात को जो मशाल लेकर चलते थे वह बुनियादी तौर पर मशालवाहक की शिनाख़्त उजागर करने का ज़रिया भर होती थी। सार्वजनिक व्यवस्था के लिहाज से इस तथ्य की कोई खास अहमियत नहीं थी कि लोग जो बत्ती या मशाल लेकर चलते थे उससे रास्ते में उजाला भी हो जाता था। सत्रहवीं सदी में जब शासन ने पहली सार्वजनिक लालटेनें लगाईं तो इस फ़ैसले में दरअसल लालटेन की अहमियत ज़्यादा थी बामुक़ाबले इसके कि उससे सड़क पर रोशनी भी हो रही थी। तमाम दावों के बावजूद वास्तविकता यही है कि उस ज़माने में सड़कों पर बेहद नीम रोशनी ही रहती थी क्योंकि मशालची रहबर (linkmen) उन्नीसवीं सदी की शुरुआत तक रात में सड़क की ज़िन्दगी का हिस्सा बने हुए थे।[34] उन्नीसवीं सदी के आख़िर में जब तक औद्योगिक उत्पादन ने सड़कों पर रोशनी की इंतिहा नहीं कर दी तब तक सार्वजनिक प्रकाश व्यवस्था आधुनिक अर्थों में सड़क प्रकाश व्यवस्था में तब्दील नहीं हो पाई। लेकिन यहाँ इस बात की तफ़सील में जाना भी ज़रूरी है कि अगर सत्रहवीं और अठारहवीं सदियों में सार्वजनिक प्रकाश व्यवस्था सड़क को रोशन नहीं कर रही थी तो फिर उसका मक़सद क्या था?

आग और मोमबत्ती की मनोविश्लेषणात्मक-काव्यात्मक व्याख्या करने वाले गास्तों बाशेलार ने लालटेन प्रकाश के मनोविज्ञान का सिद्धांत विकसित किया है जिसमें उन्होंने सार्वजनिक प्रकाश व्यवस्था के उद्भव और स्वरूप के बारे में बताया है। 'हर वो शै जो रोशनी देती है, देखती है'—यही बाशेलार का

मनोवैज्ञानिक और मिथकीय प्रस्थानबिन्दु है।[35] अपनी व्याख्या में वह लालटेन के जलने पर शुरू होने वाली निगरानी, जवाबी निगरानी और परस्पर निगरानी की प्रक्रियाओं का वर्णन करते हैं।[36] अँधेरे में मौजूद व्यक्ति जब दूर उजाला देखता है, उसे लगता है कि कोई उस पर नज़र रख रहा है क्योंकि उसे अनायास लगने लगता है कि 'दूर स्थित यह लालटेन "अपने आप तक ही महदूद" नहीं है। यह लगातार बाहर की तरफ़ फैल रही है। यह ऐसे टकटकी लगाकर देखती है गोया हर चीज़ पर इसकी नज़र हो।'[37] इस क़दर ताहद्देनज़र पड़ा आदमी इस समीकरण को उलटने की कोशिश करता है। वह अपनी लालटेन बुझा देता है ताकि दूसरों की नज़रों में न आ सके और ओझल रहते हुए भी अपने ऊपर नज़र रखने वाले को देखता रहे। 'मुझ पर नज़र रखी जा रही है, यह सोचने वाला अपने ऊपर नज़र रखने वाले पर नज़र रखने लगता है। सामने वाले की लालटेन को नज़र में लाने के लिए वह अपनी लालटेन छिपा देता है।' उजाले से लैस दो आदमियों के बीच पैदा होने वाली 'मनोवैज्ञानिक शत्रुता' (बाशेलार) उनके पास मौजूद रोशनी की दोहरी उपयोगिता से पैदा होती है। यह रोशनी निगरानी के उपकरण के रूप में भी काम करती है और शिनाख़्त की निशानी के तौर पर भी, जिससे व्यक्ति दूसरों की निगरानी के दायरे में आ जाता है। उन मध्यकालीन नियमों के पीछे इस दोहरे महत्त्व का ही हाथ था जिनके तहत प्रावधान किया गया था कि रात में निकलने वाले किसी भी व्यक्ति को अपनी पहचान साबित करने के लिए रोशनी लेकर चलना होगा। शिनाख़्त की ऐसी कोई भी प्रक्रिया जो पारस्परिक नहीं थी, प्रकाशवाहकों के बीच 'शक्ति संतुलन' को नष्ट कर देती; यह ऐसे ही होता जैसे एक हथियारबंद समाज में एकतरफ़ा निःशस्त्रीकरण लागू कर दिया गया हो। सत्रहवीं सदी में संस्थागत तौर पर स्थापित कर दी गई प्रकाश व्यवस्था के रूप में सार्वजनिक प्रकाश व्यवस्था के ज़रिए व्यक्तिगत शिनाख़्त की व्यवस्था राज्य ने अपने हाथों में ले ली। इस घटना की तुलना लगभग उसी समय सेना और पुलिस के रूप में हथियारों पर राज्य की इजारेदारी क़ायम होने की परिघटना के साथ की जा सकती है। व्यक्तियों के बीच अस्थिर संतुलन, 'मनोवैज्ञानिक शत्रुता' का स्थान उजाले और हथियारों पर राजकीय इजारेदारी ने ले लिया। लोगों ने भी उसके सामने समर्पण कर दिया क्योंकि इसमें उन्हें स्थायित्व और सुरक्षा का आश्वासन मिलता था। हालाँकि सुरक्षा के आश्वासन के चलते सार्वजनिक प्रकाश व्यवस्था का स्वागत किया गया लेकिन दूसरी तरफ़ यह एक पुलिसिया संस्था भी थी, लिहाज़ा, उसे लोगों के उस ग़ुस्से का भी शिकार होना पड़ा जिसके निशाने पर पुलिस ही होती थी।

लालटेन-ध्वंस (Lantern Smashing)

'आधी रात के बाद हर स्ट्रीट लाइट पहरेदार का काम करने लगती हैं' (ई. कॉलॉफ़, पेरिस, रीज़हैंडबुख, 1849)। अठारहवीं सदी के अंतिम सालों में क्रांतिपूर्व पेरिस में क़ानून-व्यवस्था बनाए रखने के सिद्धांतों में एक यह भी था। दिन निकलते ही 1500 वर्दीधारी पुलिसकर्मी सड़कों पर निकल आते थे।[38] रात में वही काम 3,500 परावर्तिकाएँ[39] करती थीं।

पुलिस के बजट से पता चलता है कि सुरक्षा व्यवस्था में सार्वजनिक प्रकाश की क्या अहमियत थी। पुलिस विभाग के बजट का 15 फ़ीसदी बत्तियों पर जाता था और यह घड़ी के बाद इस महकमे का सबसे बड़ा ख़र्चा था।[40] पुलिस को पेरिस में व्यवस्था बनाए रखने वाली मशीन की संज्ञा देने वाले मर्सिएर ने उसके विभिन्न पहलुओं को सूचीबद्ध करते हुए 'स्ट्रीट लाइट्स और परावर्तिकाओं मुख़्तलिफ़ गश्ती दस्तों... और मशालचियों'[41] को सबसे महत्त्वपूर्ण हिस्सा बताया है। व्यवस्था और सुरक्षा के इस ख़ाके में उजाले का इंतज़ाम भी पुलिस के तमाम दूसरे तरीक़ों में घुल-मिल जाता है; बल्कि असल में लालटेन बाक़ी सारी चीज़ों पर हावी होती दिखाई देती है।

लिहाज़ा इस बात पर हैरानी नहीं होनी चाहिए कि पेरिस की सड़कों पर जलने वाली लालटेनों को देखकर लोग ताव खा बैठते थे। 'रात में पियक्कड़ और मवाली सड़कों पर आवारागर्दी करते हुए अपनी लाठियों से लालटेन तोड़ कर दिल बहलाते थे—बशर्ते वह लालटेनों तक पहुँच सकते हों।'[42] जब परावर्तिकाओं को और ऊँचाई पर लटकाया जाने लगा ताकि लाठियाँ उन तक न पहुँच सकें[43] तो उन्हें ग़र्क़ करने का एक और तरीक़ा लोकप्रिय हो उठा। लोग उन रस्सियों को ही काट देते थे जिन पर लालटेन टँगी होती थी जिससे वह खड़ंजे पर गिरकर टूट जाती थी।

प्रविधि और तफ़्सील चाहे जो रही हों, लालटेनों को तोड़ने में मज़ा ख़ूब आता था। यहाँ हमारे पास सिर्फ़ इतनी जगह है कि इस प्रक्रिया के मनोवैज्ञानिक महत्त्व का एक संक्षिप्त ख़ाका खींच सकें। लालटेन तोड़ने का मुख्य उद्देश्य बत्ती बुझा देने का होता था। आग बुझा देने के कृत्य (इसका एक

लालटेन और लालटेन-ध्वंस

जुलाई 1789 में पुरातन राजव्यवस्था के सबसे घृणित नुमाइंदों, फ़ुलों और बर्थिएर को पेरिस के होटेल डी विले से जुड़े लालटेन की अलगनी से लटका कर फ़ाँसी दी गई। (लालटेन ख़ुद नीचे गिरी पड़ी है।) बाद में उनके कटे सिर सार्वजनिक तौर पर दिखाए गए। इस ख़ास लालटेन का प्रतीकात्मक महत्व इसलिए बढ़ गया था, चूँकि यह लुई XIV की आवदा मूर्ति के ठीक पास थी।

मनोविश्लेषणात्मक आदिरूप आग पर पेशाब करने में दिखाई देता है) से व्यक्ति को सर्वशक्तिमान होने का भान होता है। सत्रहवीं और अठारहवीं सदियों में तो लालटेन तोड़ने से इस बात का अतिरिक्त संतोष भी मिलता था कि इस तरह प्रतीकात्मक तौर पर उस सत्ता को भी सत्ताच्युत कर दिया गया है जिसकी वह नुमाइंदगी करती है : लालटेन टूटने के बाद जो अँधेरा क़ायम होता था वह अव्यवस्था और आज़ादी का प्रतीक था। लालटेन तोड़ने के कारनामे में सर्वशक्तिमत्ता के इस छव्यात्मक अनुभव के अलावा एक ध्वन्यात्मक अनुभव भी था जो किसी मायने कम आनंददायक नहीं था। काँच टूटने की आवाज़ विस्फोट/धमाके जैसी सुनाई देती है। जो चीज़ लम्हा भर पहले एक़दम ठोस और साबुत थी, एक भारी प्रतीकात्मक महत्त्व की चीज़ थी, वह पलक झपकते ख़त्म हो जाती है। ऐसी तबाही तारी कर देना और काँच के टूटने की तीखी खनकती आवाज़ में प्रतीकात्मक यौन तुष्टि का अनुभव करना लालटेन तोड़ने की प्रवृत्ति के पीछे संभवतः ज़्यादा गहरे उद्देश्य थे।

सड़क पर लगी लालटेन पर हर हमला उस व्यवस्था के ख़िलाफ़ एक-छोटी सी बग़ावत था जिसका वह प्रतिनिधित्व करती थी और फलस्वरूप उसी अंदाज़ में दण्ड की व्यवस्था भी थी। पेरिस में लालटेन तोड़ना सिर्फ़ व्यवस्था भंग का मामला नहीं था; यह राजद्रोह के बराबर का आपराधिक कृत्य था।[44] सत्रहवीं सदी के आख़िरी सालों में एक अंग्रेज़ लेखक ने लिखा है कि 'यदि कोई भी शख़्स उन्हें तोड़ता है तो उसे फ़ौरन गैलीज़ भेज दिया जाता है। वहाँ की जेल में कुलीन परिवारों के तीन ऐसे युवक भी थे जिन्होंने मौज-मस्ती के लिए उन्हें तोड़ दिया था। लड़कों को कई महीने तक रिहा नहीं किया गया और जब रिहा किया भी गया तो वह भी दरबार में असरदार जान-पहचान वालों की हिमायत और कोशिशों के बाद ही।'[45] लंदन की सड़कों पर लगी लालटेनें निरंकुश राजतंत्र का प्रतीक नहीं थीं लिहाज़ा वहाँ ऐसे ही अपराध या अवज्ञा की सज़ा कुछ कम थी : पहली बार ऐसा करने पर बीस शिलिंग, दूसरी बार चालीस शिलिंग और तीसरी बार तीन पाउंड का जुर्माना लगाया जाता था।[46]

उन्नीसवीं सदी में पेरिस की क्रांतियों और बग़ावतों के दौरान लालटेन तोड़ना — जो अभी तक व्यक्तिगत, हँसी-ठिठोली वाली चीज़ थी—एक सामूहिक, निम्नवर्गीय आंदोलन बन गई। किंतु इस अवस्था से पहले, बीच के वक्फ़े में एक अनपेक्षित और घातक अंतराल भी रहा। 1789 की गर्मियों में फ़्रांसीसी भाषा की क्रिया lanterner के मायने बदल गए। मर्सिएर ने इस बदलाव को इस तरह बयान किया हैः 'मूल रूप से इस शब्द का अर्थ "कुछ न करना" या "किसी का वक़्त ज़ाया करना" था। क्रांति के प्रारम्भ में इसका अर्थ था "किसी को लालटेन पर लटका" कर मौत के घाट उतार देना।'[47] क्रांति काल के शुरुआती हफ़्तों में सार्वजनिक सुरक्षा एवं गिलोटीन समिति द्वारा क्रांतिकारी न्याय के बारे में जारी किए गए आदेशों के लागू होने तक लोगों का ग़ुस्सा इसी तरह फूटता रहा। लोगों के ग़ुस्से का शिकार होने वाले पहले दो व्यक्ति—फूलॉन और बर्थिएग — पुराने निज़ाम के दो सबसे नफ़रतज़दा नुमाइंदे थे। इन दोनों को 22 जुलाई 1789 के दिन होटेल डि विले के बाहर लगी लालटेन पर लटका दिया गया था। हालाँकि ज़्यादातर लालटेनें सड़क के आर-पार खींचकर बाँधी गयी रस्सियों से लटकी होती थीं मगर यह

लालटेन टिकठीनुमा लटकन के सहारे दीवार में गड़ी हुई थी। इस लालटेन के इस असामान्य पहलू को समझने के लिए मालूम होना चाहिए कि यह लालटेन सड़क पर नहीं बल्कि एक चौक – प्लेस डी ग्रीवे (फ़ाँसी देने की पारंपरिक जगह) – पर थी जहाँ इतनी लम्बी रस्सी बाँधी ही नहीं जा सकती थी।[48]

फ़ाँसी देने के लिए इस ख़ास बनावट का इस्तेमाल करने के पीछे सबसे ज़ाहिर वजह यही थी कि इसका आकार टिकठी की मानिंद था। लेकिन कोई न कोई और वजह भी रही होगी जिसके चलते इस लालटेन को ही चुना गया। पेरिस की सड़कों पर इस काम के लिए मुफ़ीद चीज़ों की भला क्या कमी थी। वहाँ बड़े-बड़े दरख़्त थे, दुकानों और सरायों के साइन बोर्ड और तख़्तियाँ थीं जो अभी भी इफ़रात में और ख़ूब मज़बूत थीं। लगता है कि यह वास्तविक और प्रतीकात्मक, दोनों पैमानों पर हिसाब-किताब बराबर कर लेने का मामला था। लालटेन को गिराकर उसकी जगह पुराने निज़ाम के नुमाइन्दे को लटका देने की क्रिया ने प्राचीन प्रतीकवाद को ख़ूनी ढंग से उलट दिया। अगर लालटेन पुरानी व्यवस्था का प्रतीक थी तो फ़ूलॉन और बर्थिएर के हवा में झूलते शव लोगों की जन-सत्ता के बेक़ाबू हो जाने की निशानी थे। होटेल डी विले के बाहर लगी उसी लालटेन को चुनने का एक और भी प्रतीकात्मक कारण हो सकता हैः उसके ठीक ऊपर बने एक आले में लुई XIV की आवक्ष प्रतिमा रखी गई थी। इस तरह, जनता यहाँ सम्राट की आँखों के ऐन सामने अपना न्याय कर रही थी।

लालटेनों के ध्वंस से पहले आए इस छोटे से अंतराल का यह ब्यौरा मुकम्मल भले न हो पर इससे यह ज़रूर ज़ाहिर हो जाता है कि इस काम के लिए लालटेन को इत्तेफ़ाक़न ही नहीं चुन लिया गया था।[49] इस चुनाव में लोगों का लम्बे समय से चला आ रहा असंतोष व्यक्त होता था। इस थीम को फ़ौरन उठाने वाले उस वक़्त के साहित्य और क़िस्से-कहानियों को पढ़ने पर पता चलता है कि 1789 में इन्क़लाबी जनता के दिलो-दिमाग़ पर लालटेन की छवि किस क़दर हावी थी। कैमिले देमॉलिन्स ने 1789 में 'लालटेन और पेरिसवासियों का विमर्श' शीर्षक वाला अपना प्रसिद्ध भाषण दिया और कैमिले को रातों रात 'लालटेन का रक्षक' ('Procureur de la lanterne') कहा जाने लगा। और क्रांतिकारी गीत 'का इरा', जो उसी प्रकार ल मार्सेई से पहले आता था जिस प्रकार गिलोटीन से पहले लालटेन का साया लहरा रहा था, के शब्द थे 'Les aristocrates a la lanterne!' (मौजूदा अध्ययन को समाप्त करने के बाद मुझे Boreas, Munstersche Beitrage zur Archaeologie, खण्ड 5, 1982, पृष्ठ 232-54 में क्लाउस हर्डिंग्स का निबन्ध 'डायोजेनेस आल्स हेल्ड' पढ़ने को मिल गया। इसमें ज्ञानोदय और क्रांतिकारी काल के व्यंग्यचित्रों और पत्र-पत्रिकाओं में लालटेन के उदय को डायोजेनेस topos से जोड़कर दिखाया गया है। इससे पता चलता है कि एक-दूसरे से नावाक़िफ़ होते हुए भी लालटेन की प्रतीकात्मकता और उसका वास्तविक इतिहास, दोनों एक-दूसरे के साथ क़दम से क़दम मिलाकर चल रहे थे।)

उन्नीसवीं सदी की पेरिस की क्रांतियों और बग़ावतों में लोगों को लालटेन से लटका कर मौत के घाट उतार देने की प्रवृत्ति ने इसके अलावा और कोई भूमिका अदा नहीं की। बाद में उसका स्थान लालटेन ध्वंस की प्रवृत्ति ने ले लिया जो सतही तौर पर सत्रहवीं-अठारहवीं सदी की परम्परा के पुनर्जीवित हो उठने

क्रांतिकाल में लालटेन : समकालीन व्यंग्यचित्र
अंग्रेज़ी चित्र (ऊपर), और फ्रांसीसी चित्र (सामने, आगे)

जैसा लगता है। राज्य की शक्तियों की नज़र में लालटेनों पर हमला करना रात में भटकने वाले मवालियों के हुड़दंग/तोड़-फोड़ से किसी मायने में कम नहीं था। मैक्सिमे द्यू कैम्प इन हमलों को द्वितीय साम्राज्य के नज़रिए से इस प्रकार बयान करते हैं:

बग़ावतों के दौरान, जिनकी पुनर्स्थापनाकाल और लुई फ़िलिप के शासन के दौरान कोई कमी नहीं थी, सड़कों पर लगी लालटेनें ऐसे तमाम नाकारा लोगों के लिए मतवाले सांढ के सामने लाल कपड़ा लहरा देने जैसी चीज़ थीं जिनका आजकल के साहित्य में ख़ूब गुणगान किया जाता है। जब भी कहीं कोई भीड़ इकट्ठा होती है—जिसे क़ायदे से कोड़ों की मार चाहिए और कुछ नहीं—इस तरह एक ही जगह जमा हो जाता है जैसे मधुमक्खियाँ अपने छत्ते पर जमा होती हैं। वे लालटेनों पर पत्थर फेंकते और उनके शीशे तोड़ देते। उनमें जो सबसे दुष्ट थे, वे अपने साथियों के कंधों पर चढ़कर उन रस्सियों को ही काट डालते जिन पर लालटेनें टँगी होती थीं। फिर, इससे पहले कि पुलिस वाले सड़क पर लालटेन गिरने की आवाज़ सुनकर वहाँ पहुँचें, वे फटाफट नौ-दो ग्यारह हो जाते थे। कई बार तो वे पूरी सड़क को महज़ पंद्रह मिनट के भीतर पूरी तरह अँधेरे में डुबो देते हैं।[50]

लालटेन तोड़ने की परिघटना पहली बार जुलाई 1830 में आम बग़ावत का हिस्सा बनती दिखाई दी। समकालीन रिपोर्टों में इसकी तस्वीर द्यू कैम्प के मुक़ाबले अलग नज़र आती है। उदाहरण के तौर पर एक जर्मन प्रत्यक्षदर्शी ने ऐसी ही एक घटना को इस तरह पेश किया है: 'लालटेन तोड़ती और बुर्जुआज़ी को दो-दो हाथ करने के लिए ललकारती ग़ुस्से में उन्मत्त भीड़ यह हुंकार लगाते सड़कों पर दौड़ी जाती

है कि बदला लेकर रहेंगे।'[51] या अगर एक फ़्रांसीसी रिपोर्ट को उद्धृत करें तो: 'इस आफ़त के वक़्त (जुलाई क्रांति के पहले दिन, 27 जुलाई को सड़कों पर हुई मुठभेड़) जब रात का साया पसरा तो लोगों ने परावर्तिकाओं को चकनाचूर करना शुरू कर दिया...। परावर्तिकाओं के साथ-साथ द्रोही राजा की सत्ता के तमाम प्रतीकों को नष्ट कर दिया गया—लोग उसकी किसी निशानी को बर्दाश्त करने के लिए तैयार नहीं थे।'[52] अब लालटेन तोड़ना इक्का-दुक्का शरारती तत्त्वों का शगल नहीं रह गया था—अब इसमें 'लोगों' के हुजूम के हुजूम शामिल थे और उनका उद्देश्य था कि तमाम लालटेनों को गुल कर दिया जाए। वर्चस्व के बाक़ी प्रतीकों के साथ लालटेनों का भी ज़िक्र आना इस बात की तस्दीक करता है कि पारंपरिक प्रतीकवाद अभी भी क़ायम था। बल्कि इस नए संस्करण में हमें लालटेन के पारंपरिक प्रतीकात्मक महत्त्व का विपर्यय मिलता है। 1789 में कई लोगों को उन रस्सियों से भी लटका कर मारा जाता था जिन पर लालटेनें लटकी हुई थीं। जैसा कि एक जर्मन मुसाफ़िर ने लिखा : 'लोगों ने शाही सत्ता की हर निशानी पर अपना ग़ुस्सा निकाला : काले कपड़ों से आच्छादित राजसी ढालों को उतार कर या तोड़-फोड़ कर लालटेन की रस्सियों से लटका दिया गया।'[53]

लेकिन बाग़ियों की दिलचस्पी सिर्फ़ प्रतीकात्मक कार्रवाइयों में नहीं थी। लालटेन तोड़ना राज्य की शक्तियों के ख़िलाफ़ गली-कूचों में चलने वाली लड़ाई की व्यावहारिक रणनीति थी। लालटेनों के टूटने से पैदा हुए अँधेरे में सरकारी ताक़तें लाचार होकर रह जाती थीं। अभी हमने जिस प्रत्यक्षदर्शी की चर्चा की, उसने लिखा था: 'जब लालटेनों को तोड़ दिया जाता था और वहाँ अँधेरा फैल जाता था तो सड़कें शाही टुकड़ियों के लिए भी इतनी असुरक्षित हो जाती थीं कि उन्हें वहाँ रुकने के लिए नहीं कहा जा सकता था। एक के बाद एक, कई मुठभेड़ों से गुज़रती हुई ये टुकड़ियाँ लुई XIV चौक पर तैनात तोपों के पीछे शरण लेती थीं। वहाँ पहुँच कर गश्ती टुकड़ियाँ रवाना तो की जाती थीं मगर सिर्फ़ मुख्य मार्गों और गोदियों तक ही।'[54]

सीधे अल्फ़ाज़ में कहा जाए तो लालटेन के टूटने से अँधेरे की एक दीवार खड़ी हो जाती जिससे पूरा इलाक़ा सरकारी शक्तियों की घुसपैठ से महफ़ूज़ हो जाता था। यह तरीक़ा उन्नीसवीं सदी में सड़कों पर आमने-सामने की लड़ाई में इस्तेमाल की गई एक और तकनीक—सड़कों पर सचमुच की दीवारें या बैरिकेड (नाक़ाबंदी) खड़ा कर देना—के समांतर चल रही थी। ये बैरिकेड एक भौतिक अवरोध के रूप में काम करते थे, जैसे अँधेरी रात एक चाक्षुष अवरोध पैदा कर देती थी। 'जिन सड़कों पर हमले की उम्मीद रहती थी या जहाँ बाग़ी अपना क़ब्ज़ा करना चाहते थे, उन सड़कों को लकड़ी की बनी चीज़ों, तख़्तों और पत्थरों से अवरुद्ध कर दिया जाता था, लालटेनें हटा दी जातीं या तोड़ दी जातीं, हथियार इकट्ठा किए जाते और कारतूस तैयार होने लगते।'[55] इस दोहरे बैरिकेड के असर को इन शब्दों में व्यक्त किया गया है: 'अपनी तमाम लालटेनों से महरूम और पूरी तरह बैरिकेडों में घिरे पेरिस को महज़ कुछ घंटों के भीतर अभेद्य बना दिया गया।'[56] जुलाई 1830 में बैरिकेड् लगाकर और लालटेनें तोड़ कर दमित वर्ग अपने क्लासिकीय बाग़ी तेवर के साथ वापस लौटा। इन क्रांतिकारी कारनामों ने उस व्यवस्था

को पलट डाला जो निरंकुश सत्ता ने 150 साल पहले सड़क पर थोप दी थी। खड़ंजे के पत्थरों को उखाड़ उन्हें बैरिकेड्स की शक्ल में इकट्ठा करने की क्रिया ने ज़मीन की 'कुदरती' स्थिति बहाल कर दी जो सत्रहवीं सदी में ग़ायब हो गई थी; लालटेनों की कृत्रिम रोशनी बुझ जाने से रात का कुदरती अँधेरा भी वापस आ गया। क्रांति के ज़रिए मुक्त प्रकृति और समाज का यह काव्यात्मक बिंब—'खड़ंजों के नीचे दबी धरती और ध्वस्त लालटेनों के ऊपर निरभ्र रात का श्यामल आसमान—मई 1968 में कमोबेश एक बार फिर नुमायाँ हुआ।

जुलाई क्रांति के बाद पेरिस के खड़ंजों के पत्थर शक्तिशाली साहित्यिक प्रतीक बनकर उभरे। पिएरे सित्रों लिखते हैं : 'तीन दिन बाद खड़ंजे के पत्थर हर तरफ़ फैल चुके हैं।'[57] वह बताते हैं कि 1830 से 1833 तक की कविताओं में pave (यानी फुटपाथ) शब्द तैंतालिस बार आया जबकि अकेले 1830 के अगस्त से दिसम्बर के बीच लिखी गई कविताओं में तो इसका अट्ठारह बार इस्तेमाल किया गया।[58] सबसे ज़्यादा तारीफ़ खड़ंजों को बैरिकेडों में तब्दील कर देने की हुई। विक्टर ह्यूगो ने अपने रोज़नामचे में लिखाः 'खड़ंजे आम लोगों का सबसे बेमिसाल प्रतीक हैं। लोग तब तक उसका पददलन करते हैं जब तक कि वह खड़ा होकर उनका सर न तोड़ दे।'[59] ये पंक्ति भी उन्हीं की है : 'खड़ंजे जैसे फिर से गरज कर जी उठते हैं।'[60] आदोल्फ़ द्यूमा ने लिखाः

खड़ंजे के पत्थर! खड़ंजे के पत्थर!

सिपाही की माफ़िक चढ़े एक-दूसरे पर

खड़े सीना ताने/हमलों को रोके...।[61]

अराजनैतिक और क्रांतिकारी दोनों तरह के शायरों ने खड़ंजों के बारे में लिखा। यहाँ खड़ंजा सड़क का जिरह-बख़्तर दिखाई देता है—साबुत, क्रांति की चोट से अभी भी अक्षुण्ण, 'कुरूपता, कड़ेपन, रंगहीनता—संक्षेप में, अप्राकृतिकता'[62] का प्रतीक। ये कविताएँ खड़ंजे और स्ट्रीट लाइटिंग, दोनों को ऐतिहासिक रूप से एक-दूसरे में गुँथा हुआ दिखाती हैं। खड़ंजे पर लालटेन की रोशनी का परावर्तन तन्हाई, विषाद और ठंडेपन का काव्यात्मक प्रतीक बन गया।

सूरज यानी लालटेन की

धूसर खड़ंजे पर पसरी बेनूर रोशनी

(गॉतिए)[63]

बीमार रोशनी लालटेन की

प्रतिबिंब गंदे खड़ंजे की उदासी

का हो गई हो जैसे/रात खुद से ज़्यादा अफ़सुर्दा

(मूसे)[64]

सियाह खड़ंजों पर

धूसर ये लालटेनें

बिखराती अपनी बेनूर रोशनी

(एस्कीरोस)[65].

इन उदाहरणों को इकट्ठा करने वाले पिएरे सित्रों की टिप्पणी हैः 'पेरिस की रौशनियाँ, जो अकसरहाँ चमक और ज़िंदादिली का प्रतीक हैं, खड़ंजे के सम्पर्क में आते ही अँधेरी और मैली मालूम होती हैं।'[66]

सिएँ नदी के पानी में दिखते लालटेन की रोशनी के प्रतिबिंब के काव्यात्मक प्रयोग से भी सित्रों के दृष्टिकोण की पुष्टि होती है। जिन अल्फ़ोंसे एस्क्वीरोज़ को लालटेन की रोशनी और खड़ंजों को देखकर दुःख का भाव महसूस होता है उन्हें सिएँ के ऊपर खेलती रोशनी काफ़ी अलग दिखाई देती हैः मुझे लहरों पर थिरकती परावर्तिकाएँ बहुत भाती हैं।'[67] इसी तरह मूसे लिखते हैंः

गोधूलि वेला का सुहाना ये मंज़र

हज़ारों कुमकुमों का अनगिन उजाला

ये सिएँ के तट पर लोगों का मेला।[68]

बेताब ज़िन्दगी का प्रतीक नदी, खड़ंजे का विलोम है — शहर के बीचों-बीच मुक्त प्रवाहमयी प्रकृति का एक ऐसा अंश जो कृत्रिम प्रकाश को भी कुदरती तौर पर प्रतिबिंबित कर सकता है।

ख़ैर, आइए लालटेन-ध्वंस की तरफ़ वापस चलें। लालटेन के टूटने पर फैला अँधेरा कैसा होता था?

इस सिलसिले में हमें जो ब्यौरे मिलते हैं उनसे कुछ वैसी ही तस्वीर उभरती है जिसकी मर्सिएर ने पचास साल पहले ही भविष्यवाणी कर दी थी जब उन्होंने पुलिस मशीन (जो लाइटिंग के बिना मशीन थी भी नहीं) का ज़िक्र करते हुए लिखा था : 'यदि यह किसी कारणवश थम जाए तो पेरिस वैसा ही दिखेगा जैसा कोई पराजित शहर क़ब्ज़े और दहशत के साये में दिखाई देता है।'[69] समकालीन प्रेक्षकों की नज़र में प्रकाश और सेना से विहीन शहर अँधेरा ढलने के बाद मध्यकालीन शहर जैसा दिखता थाः 'उस गहन अंधकार का अंदाज़ा लगाना मुश्किल है जिसमें बत्तियों के ध्वंस के बाद यह विशाल शहर डूब गया था। दुकानों और घरों के दरवाज़ों पर पड़े ताले और खिड़कियों में खिंचे परदे देख कर प्लेग की चपेट में आ गए किसी वीरान शहर का भान होता था। यह भीषण सन्नाटा ख़ौफ़ और ख़तरे की इस तस्वीर में रही-सही कसर भी पूरी कर देता था।'[70] बाग़ियों द्वारा पैदा किए गए अँधेरे की वजह से नपुंसक हो चुकी राजसत्ता ने जवाब में अपनी उसी पुरानी अपील का सहारा लिया जो सोलहवीं सदी में भी जारी की जा चुकी थी। नागरिकों से फिर आग्रह किया गया कि वह अपनी शिनाख़्त के लिए बत्ती जलाया करें

ताकि स्थिति को नियंत्रण में लाया जा सके। जुलाई 1930 में पेरिस के पुलिस चीफ़ द्वारा जारी किए गए आह्वान के शब्द थेः

'पेरिस के निवासियों, इन नीच लोगों से दूर रहो। किसी विवेकहीन उतावली में पड़ कर इन दंगों को शह देने का काम न करो। अपने घर में रहो; रात को सड़क पर उजाला रखने के लिए अपनी खिड़कियों में दीये जलाओ। अपने विवेक और सज्जनतापूर्ण व्यवहार से साबित कर दो कि तुम्हारा उन नज़ारों से कोई संबंध नहीं है जिनकी वजह से तुम्हें शर्मिन्दगी का बायस बनना पड़ सकता है।'71

विक्टर ह्यूगो के उपन्यास *ला मिज़राब्ले* (Les Miserables) में एक बग़ावत के दौरान अँधेरे और उजाले की आँख-मिचौली, या बल्कि उनके बीच का संघर्ष दो ऐसे दृश्यों में सामने आता है जो समकालीन इतिहास का निचोड़-सा लगते हैं। आइए उस दृश्य से शुरुआत करते हैं जिसमें गावरोशे नाम का आवारा लड़का एक लालटेन तोड़ देता है। अध्याय का नाम है 'सड़क की बत्तियों से जंग में मुब्तिला छोकरा।' दृश्य की शुरुआत में गावरोशे भटकते-भटकते एक ऐसी सड़क पर पहुँच जाता है जहाँ बग़ावत के दौरान भी लालटेनें जल रही हैं। '"तो इस इलाक़े में तुमने अभी भी बत्तियाँ जला रखी हैं', वह कहता है। 'यह तो अच्छी बात नहीं हुई भैये। कोई अनुशासन ही नहीं! मैं तो इसे तोड़ कर रहूँगा।" एक पत्थर हवा में लहराया और लालटेन का शीशा तड़ाक से ज़मीन पर आ गिरा। यह आवाज़ सुनते ही पास के एक मकान में परदों के पीछे दुबके निवासियों में से कोई बुदबुदाया, "ये तो फिर बिल्कुल '93 वाले हालात हो रहे हैं!" "ये हुई न बात, बूढ़ऊ सड़क", गावरोशे ने कहा, "अब जाकर तुमने रात वाली स्याह टोपी पहनी है।"'72 अगर रोशनी पुराने समाज की व्यवस्था का प्रतिनिधित्व करती है तो अँधेरा बग़ावत से पैदा हुई प्रति-व्यवस्था है—*ला मिज़राब्ले* में पेरिस की बग़ावतों से यही सबक़ निकलता है। इसकी बानगी एक और दृश्य में भी मिलती है जहाँ नौजवान नायक मारियस पेरिस के उस इलाक़े से निकल जाता है जहाँ परिस्थितियाँ अभी भी सामान्य हैं और वह विद्रोहियों के क़ब्ज़े वाले इलाक़े में चला जाता है। उसका रास्ता उसे उजाले से अँधेरे में ले जाता है। वह बाग़ियों के इलाक़े के जितना नज़दीक पहुँचता जाता है अँधेरा उतना ही बढ़ता जाता है। 'र्‍यू दे बूर्देनाई के अन्त में सड़क-बत्तियाँ ख़त्म हो गईं।' यही वह जगह है जहाँ से नो-मैन्स लैंड शुरू होता है, यहाँ घुप्प अँधेरा है। ह्यूगो को शहर पर विहंगम दृष्टिपात करना अच्छा लगता था—उनकी इस नज़र से शहर कुछ ऐसा दिखाई देता है—

पेरिस के मध्य में अँधेरे का एक बड़ा सा धब्बा, एक स्याह खाड़ी। सड़क पर लगी बत्तियों के टूटने और खिड़कियाँ बंद हो जाने के चलते वहाँ कोई रोशनी नहीं दिखाई देती, न ही ज़िन्दगी की चाप सुनाई पड़ती है। जनउभार के अदृश्य अभिभावक, यानी अँधेरा, हर तरफ़ मुस्तैदी से तैनात था और उसने चहुँ-ओर व्यवस्था स्थापित की हुई थी। यह बग़ावत का एक लाज़मी पैंतरा है कि संख्या की लघुता को विराट अस्पष्टता के परदे में ओझल कर दिया जाए और हर बाग़ी के क़द को अस्पष्टता से पैदा होने वाली संभावनाओं के ज़रिए विराट बना दिया जाए। साँझ ढलते ही हर रोशन खिड़की का मिलाप बंदूक़ के छर्रे से होता था; इससे बत्ती गुल हो जाती—और कभी-कभार उस रोशनी में मौजूद आदमी भी मारा जाता था। अब कोई हलचल नहीं थी; घरों में भय, विलाप और अचम्भे का ही साया लहराता है; सिवाय दहशतज़दा ख़ौफ़ के सड़कों पर कुछ दिखाई नहीं देता।73

विएना में लालटेन-ध्वंस (1848).
'ज़मीन में गड़ी गैस पाइपों से लपटें उठीं और लाल खंभों के साथ ऊपर दहकती चली गईं-रात का अँधेरा कहीं गुम हो गया' (एक समकालीन रपट).

अट्ठारह साल बाद ह्यूगो का यह ब्यौरा अप्रासंगिक हो जाने वाला था। पहली नज़र में यही लगता था कि 1848 की फ़रवरी क्रांति में लालटेन ध्वंस के वही पुराने, जाने-पहचाने दृश्य खुद को दोहरा रहे हैं। इस क्रांति का इतिहास लिखने वाले गार्नियेर-पेजेस लिखते हैं, 'पेरिस के बीचों-बीच जनता परावर्तिकाओं और गैसबत्तियों को तोड़ रही है। दुकाने बंद और अँधेरी हैं। मुकम्मल अँधेरा है। उसके साये में शस्त्रागार लूटे जा रहे हैं और बैरिकेड खड़े किए जा रहे हैं।'[74] और इस बार उपन्यासकार की नहीं बल्कि एक चश्मदीद गवाह हैसियत से 23 फ़रवरी को विक्टर ह्यूगो लिखते हैं: 'माराइस को देखकर जी दुखता है....। परावर्तिकाएँ तोड़ दी गई हैं। उनकी लौ बुझ चुकी है।'[75] बहरहाल, ग़ौर से देखने पर ऐसा लगता है कि 1848 में लालटेनों को उस हद तक नहीं तबाह किया गया था जिस तरह सन् 1830 की और उस दशक की अनगिनत बग़ावतों में तोड़ा गया था। ख़ैर, 1848 की क्रांति के समकालीन विवरणों में केवल यही दो उद्धरण मिलते हैं। लेकिन अगर अब लालटेन ध्वंस वैसी चीज़ नहीं थी जैसी वो हुआ करती थी तो इसकी वजह यही है कि अब खुद लालटेन भी वैसी नहीं थी जैसी वह हुआ करती थी। 1830 से 1848 के बीच पेरिस की सड़क प्रकाश व्यवस्था में एक तकनीकी इन्क़लाब आ चुका था। तेल से जलने वाली पुरानी परावर्तिकाओं की जगह गैसबत्तियों ने ले ली थी। लंदन के मुक़ाबले पेरिस में यह बदलाव बहुत धीरे-धीरे आया। 1830 में पेरिस में तेल से जलने वाली परावर्तिकाओं का ही राज था और इसके अपवाद उँगलियों पर गिने जा सकते थे। 1835 तक 5 प्रतिशत से भी कम, यानी सिर्फ़ 203 लालटेनें ही गैस से जलती थीं। 1840 के दशक तक गैसबत्ती प्रकाश का सबसे प्रमुख माध्यम नहीं बन पाई, हालाँकि इसके बाद भी वहाँ बहुत सारी तेल वाली परावर्तिकाएँ मौजूद थीं।[76]

इस नई प्रौद्योगिकी के चलते सड़कों पर लगी लालटेनों से न केवल नए क़िस्म की रोशनी मिलने लगी बल्कि रूपक बाँधा जाए तो वह ख़ुद भी एक नई रोशनी में दिखाई दीं। जहाँ एक तरफ़ अपने अलग ईंधन वाली तेल की लालटेन एक स्वकेंद्रित और स्वायत्त उपकरण थी, वहीं दूसरी तरफ़ प्रत्येक गैसबत्ती एक विशाल औद्योगिक उपक्रम का हिस्सा थी। तेल की लालटेन को काफ़ी हद तक एक स्वतंत्र चीज़ के रूप में देखा जाता था जिसे एक-एक करके ही बुझाया जा सकता था। नई गैसबत्ती के साथ ऐसा करना शेख़चिल्ली वाला कारनामा होता क्योंकि सभी गैसबत्तियाँ दरअसल कहीं दूर-दराज़ स्थित केंद्र—गैसघर—की शाखाएँ-भर थीं। नई प्रौद्योगिकी के हिसाब से बत्ती बुझाने का नया तरीक़ा यह होना चाहिए था कि गैसघर ही बंद कर दिए जाएँ। यह संभावना फ़रवरी क्रांति के समय पहली बार एक ख़तरे के रूप में सामने आयी। शायद यह सिर्फ़ एक संयोग नहीं था कि एक अमेरिकी प्रेक्षक ने ही इस तकनीकी परिवर्तन पर टिप्पणी करना ज़रूरी समझा : 'साँझ ढलते ही गैस को लेकर भारी चिन्ता पैदा हो जाती क्योंकि बहुत सारे लोगों को भय था कि दंगाई गैस की आपूर्ति काट सकते हैं। परन्तु गैस-घरों के इर्द-गिर्द भारी सैनिक जमावड़े के ज़रिए इस डर पर क़ाबू पा लिया गया और सभी बत्तियाँ यथावत जलती रहीं सिवाय शॉं-एली की उन कुछ बत्तियों के जिन्हें दंगाइयों ने तोड़ डाला था।'[77]

पेरिस के विपरीत युरोप की अन्य क्रांतिकारी राजधानियों की सड़कों पर लगी लालटेनें सुरक्षित थीं। विएना और बर्लिन में ऐसा कुछ नहीं घटा जो जुलाई 1930 में पेरिस में हो रहा था क्योंकि इन दोनों शहरों में उस समय कोई क्रांति नहीं हो रही थी। जब 1848 में फ़रवरी क्रांति की चिंगारी भड़की तो सड़कों की बत्तियाँ सुरक्षित रहीं—सिवाय एक विलक्षण अपवाद के। 13 मार्च की रात को विएना के पुराने पुश्ते (पुराने शहर और उपनगर के बीच स्थित इलाक़ा जिसे बाद में 'रिंग' के नाम से जाना जाने लगा) पर लगे 'तमाम गैस लैम्प पोस्ट तोड़ दिए गए जिसके चलते उनकी गैस आग के आदमक़द भभूके फेंकने लगी। इससे एक बेजोड़, एक बिल्कुल नए क़िस्म की रोशनी पैदा हुई, ऐसी रोशनी जो इससे पहले कभी नहीं देखी गई थी।'[78]

लालटेन ध्वंस की इस घटना के उद्देश्य अभी भी अस्पष्ट हैं। पर इतना तय है कि यहाँ उन्हें बाग़ियों को सुरक्षात्मक अँधेरे का फ़ायदा देने के लिए नहीं बुझाया जाता था। इसके विपरीत, गैसबत्ती को तो तोड़ कर उसे और आज़ाद कर दिया जाता क्योंकि टूटने पर वह ऐसी विशाल लपटें फेंकने लगी जिससे किसी भी दूसरी लालटेन के मुक़ाबले कई गुना ज़्यादा चमक और रोशनी पैदा होती थी। इसे विएना के बाग़ियों की क्रांतिकारी अनुभवहीनता के अभाव का नतीजा माना जा सकता है। इस बिंदु पर विएना और बर्लिन के बाग़ी पेरिस के बाग़ियों से निश्चय ही भिन्न थे। बर्लिन में रात के समय सड़कों पर होने वाली मोर्चेबंदी के दौरान बहुत सारी खिड़कियों में उजाला रहता था। ऐसा वे निष्ठावान नागरिक नहीं करते थे जो शासन के सामने अपनी पहचान साबित करना चाहते थे--बल्कि यह काम ख़ुद बहुत सारे बाग़ी ही करते थे। बर्लिन के कमांडिंग जनरल ने अपने संस्मरणों में बताया है कि इससे आगे बढ़ती सैनिक टुकड़ियों को रास्ता बनाने में कितनी आसानी होती थी : 'रोशनियों और साफ़ आसमान में चमकते पूरे चाँद से बाग़ियों को बड़ा

नुक़सान होता था। क्योंकि सभी खिड़कियों में बत्ती जली होती थी इसलिए सिपाहियों का तो एक भी निशाना नहीं चूकता था मगर चाँद की रोशनी और सामने के घरों में जलती बत्तियों से चुँधियाए बाग़ियों की गोलियों का निशाना उतना सटीक नहीं होता था; उनकी गोलियाँ ज़्यादातर चूक ही जाती थीं।'[79]

ये बत्तियाँ कितनी भी बेतुकी और विनाशकारी क्यों न रही हों, इतना ज़रूर है कि उन्होंने रोशनी के क्रांतिकारी प्रयोग का चक्र पूरा कर दिया। पेरिस की क्रांतियों का अंत अँधेरे में नहीं बल्कि आतिशबाज़ी की चकाचौंध के साथ हुआ। विजय—या जिसे विजय समझा जा रहा था—का उत्सव उजाले में और रोशनी के साथ मनाया गया। सड़कों पर जो आवारा लड़के कल तक लालटेनें तोड़ रहे थे अब वही पूरी ताक़त से नई बत्तियाँ चालू करने में जुट गए। गार्नियर-पाजेस लिखते हैं : 'सड़कों पर ज़्यादातर आवारा लड़कों के झुंड घूमा करते थे और स्थानीय निवासियों को इस बात के लिए मजबूर करते थे कि वह तत्काल अपने घरों में उजाला करें। लोग मर्ज़ी से या अनचाहे, दाँत पीसते हुए इस हुक्म की तामील करते थे। चारों तरफ़ "दिएबाज़! दिएबाज़!" ("Lampions! Lampions!") की जानी-पहचानी आवाज़ें तब तक गूँजती रहती थीं जब तक कि चकाचौंध रोशनी के ज़रिए इस माँग को पूरा नहीं कर दिया जाता था।'[80] ऐसी ही तस्वीर विएना में उभरती है : 'लोगों ने शानदार मशाल जुलूसों और भारी आतिशबाज़ी के साथ जीत का जमकर जश्न मनाया। शहर या आस-पास की किसी खिड़की में अँधेरा नहीं था। बेमिसाल आतिशबाज़ी थी—आनन्द की सच्ची अभिव्यक्ति।'[81] और बर्लिन में

> जनता की जीत का जश्न रात में ज़बरदस्त रोशनियों के साथ मनाया गया; लोग पूरी रात बंदूकों से धमाके करते रहे...। अमेरिकी प्रतिनिधि डॉनेल्सन ने बड़ी गर्मजोशी और उत्साह से इस आतिशबाज़ी में हिस्सा लिया ....। हथियारबंद नागरिकों और मज़दूरों का एक झुंड रूसी दूतावास पर भी जा पहुँचा और माँग करने लगा कि वहाँ भी उजाला किया जाए। मीरेनडॉर्फ़ ने बेमन से ही सही, यह माँग मान ली क्योंकि वरना इसके गम्भीर परिणाम हो सकते थे।'[82]

पुलिस की नज़र में चिराग़ों के ये उत्सव भी उतने ही ख़तरनाक बन गए जितना उससे पहले का अंधकार था। आख़िरकार ये रौशनियाँ न तो निगरानी के लिए जलाई गई बत्तियाँ थीं और न ही प्राचीन राजतंत्र के दौरान होने वाली आतिशबाज़ी के मौक़ों की तरह शाही रौशनियाँ थीं। यह तो प्राचीन काल के अलाव की वापसी भर थी। फलस्वरूप, 17 मार्च को विएना में सार्वजनिक रूप से घोषणा कर दी गई कि : 'क्योंकि विएना के निवासी महामहिम द्वारा प्रदान किए गए अधिकारों को पाने की ख़ुशी में कई दिन तक आतिशबाज़ी और आनन्दोत्सव मना चुके हैं लिहाज़ा एक व्यापक अपेक्षा की प्रतिक्रिया में हम आग्रह करते हैं कि किसी भी तरह की उथल-पुथल से बचने और रात को शांति बनाए रखने के लिए आज से शहर या उसके आस-पास के इलाक़े में कोई आतिशबाज़ी नहीं होगी।'[83]

रोशनी की बाढ़

फूल सचमुच के हैं, और पेड़ों पर चटक हरा रंग है... हर लिबास और हैट दिन के उजाले की तरह बिल्कुल साफ़-शफ़्फ़ाफ़ दिखाई देता है... पेड़ों और फूलों का पत्ता-पत्ता, बूटा-बूटा, हर पँखुड़ी और टहनी पहचानी जा सकती है... रास्ते का एक-एक पत्थर, दीवारों पर जमी काई... सब देखे जा सकते हैं।

(द *सैनिटेरियन*, 1878)

उन्नीसवीं सदी सार्वजनिक प्रकाश के क्षेत्र में आमूल बदलावों की साक्षी रही। तब तक लालटेन आम तौर पर एक क़िस्म की निजी रोशनी ही देती थी; अब उनकी तेजस्वी रश्मि रेखाएँ बाहर फैलने लगीं। कल तक के स्थान सूचक चिन्ह और सम्प्रभुता की दमकती निशानियाँ अब ऐसी चीज़ों में तब्दील हो गईं जिनसे सड़क पर सचमुच का उजाला होने लगा। जैसे-जैसे प्रौद्योगिकी और परिष्कृत होती गई, अलग-अलग लालटेनों के इर्द-गिर्द बनने वाले रोशनी के छोटे-छोटे गोले उत्तरोत्तर फैलते चले गए और आख़िरकार उजाले का एक विशाल समंदर रचते हुए एक-दूसरे में विलीन हो गए। इस विस्तार की शुरुआत परावर्तिका के साथ अठारहवीं सदी में हुई थी। रोशनी को बहुगुणित करने वाली गैस लाइटिंग के आने से इसे और बल मिला। जब लन्दन स्थित मॉल पर 1807 में पहली बार गैसबत्ती का उजाला हुआ तो *मंथली मैगज़ीन* ने यह विवरण प्रकाशित किया : 'इसका असर उन साधनों के मुक़ाबले निस्संदेह बेहतर है जिनकी मार्फ़त हम अब तक सड़कों पर उजाला करते रहे हैं। गैस से चलने वाली बत्ती की एक शाखा से ही इतनी घनी रोशनी पैदा हो जाती है कि तेल से जलने वाले बीस दीये भी उसका मुक़ाबला नहीं कर सकते। इसकी रोशनी बड़ी दिलकश सफ़ेद और चमकीली होती है।'[84]

हालाँकि पारंपरिक प्रकाश के मुक़ाबले तो गैसबत्ती सूर्यालोक जैसी ही चमकदार दिखाई देती थी परन्तु अभी बहुत समय नहीं बीता था कि उसकी चमक भी फीकी मालूम पड़ने लगी। सड़क पर उजाला करने के लिए बिजली को लेकर किए गए पहले प्रयोग 1850 के बाद सामने आए। इसके बाद तो अचानक गैसबत्ती भी वैसी ही चुकी-हुई दिखाई देने लगी जैसे कुछ दशक पहले तेल के दीये दिखाई देते थे। अल्गैमीन ज़ीटुंग ने 1850 में सेंट पीटर्सबर्ग में किए गए एक प्रयोग पर यूँ टिप्पणी की : 'गैसबत्तियों का उजाला लाल और कालौंस मालूम पड़ रहा था जबकि बिजली की रोशनी आँखों को चौंधिया देने वाली झकाझक सफ़ेद थी।'[85] जब 1855 में लियॉन स्थित र्‍यू इम्पीरियल में बिजली से उजाला किया गया तो एक अख़बार में यह रिपोर्ट छपी :

जहाँ तक गैस की लौ का सवाल है, वह ज़र्द और हल्की दिखाई देती है; रोशनी ललौहीं होती है और उससे आस-पास के माहौल पर ख़ास असर नहीं पड़ता। यह तुलना इस बात को साबित करने के लिए बहुत संगत है कि हमारी मौजूदा प्रकाश पद्धति कितनी असंतोषजनक है, और बिजली की रोशनी

कितनी तीव्र और चमकदार होती है। हम कई बार सड़क पर इस कोने से उस कोने तक गए और हमने पाया कि कहीं भी हम आराम से पढ़ सकते थे। सड़क की चमकार पर गैस लाइटिंग से कोई फ़र्क़ नहीं पड़ रहा था; उसे तीन दिन तक नहीं जलाया गया फिर भी किसी को उसके न जलने का एहसास तक नहीं था।'[86]

1870 और 1880 के दशकों में युरोपीय देशों की कई राजधानियों और बड़े बाज़ारों की सड़कों पर चाप प्रकाश प्रणाली स्थापित की गई जिसका नतीजा यह हुआ कि आस-पास की वे सड़कें शाम के धुँधलके जैसी दिखाई देने लगीं जिन पर अभी भी गैस से रोशनी की जाती थी। विएना इसका एक बढ़िया उदाहरण है। 1882 में स्टीफ़ान्सप्लात्ज़ और ग्राबेन पर बिजली की बत्तियाँ लगाई गईं। 'यदि कोई व्यक्ति गैस की रोशनी वाली सड़कों से उन जगहों पर चला जाता जिनका हमने ऊपर उल्लेख किया है तो उसे ऐसे महसूस होता मानो वह अनजाने में नीम अँधेरे गलियारे से निकल कर एक धूपदार कमरे में आ गया हो।'[87]

चाप प्रकाश ने सड़कों पर लगने वाली लालटेनों के लिए कृत्रिम सूर्य की उपमा को पहली बार एक तरह से चरितार्थ कर दिया। चाप प्रकाश क़ायदे में एक छोटा सा सूर्य ही था और उसकी रोशनी से वैसा ही सतरंगा (स्पेक्ट्रम) बनता था जैसा धूप से बनता है। चाप प्रकाश के उजाले में आँखें उसी तरह देख सकती थीं जिस तरह दिन में दिखाई देता था, यानी कि दृष्टिपटीय शंकु (ratinal cones) से देखते थे, जबकि गैसलाइट में रात को दृष्टिपट दंड (ratinal rods) से। जैसा कि 1880 में लिखे गए इस चिकित्सकीय विवरण से पता चलता है, चाप प्रकाश से निकल कर गैसबत्ती वाली सड़क में आने पर अँधेरे की अभ्यस्त होने वाली चक्षु प्रणाली पूरी तरह सक्रिय हो उठती थी:

> आधी रात में हम दिन जैसे चमकदार उजाले में पहुँच जाते हैं। दुकानों और सड़कों पर लगी नामपट्टिकाओं को सड़क के पार से भी साफ़-साफ़ पहचाना जा सकता है। यहाँ तक कि हम सामने खड़े व्यक्ति के चेहरे के हाव-भाव को अच्छी-ख़ासी दूरी से भी साफ़-साफ़ पढ़ सकते हैं और सबसे ख़ास बात ये है कि आँखें इस गहन प्रकाश के अनुरूप फ़ौरन ही ढल जाती हैं; उन पर लेशमात्र भी दबाव नहीं पड़ता। परन्तु यह भ्रामक तस्वीर है। जैसे ही हम चाप प्रकाश वाली चौड़ी सड़क से बग़ल की उन सँकरी गलियों की तरफ़ मुड़ते हैं जहाँ एक मरियल, हल्की सी रोशनी देने वाली गैसबत्ती टिमटिमा रही हो, हमारी आँखों पर ज़ोर पड़ने लगता है। यहाँ अँधेरे का ही साम्राज्य है, या कहिए कि एक अत्यंत क्षीण ललौहीं सी आभा दिखाई देती है जो घर के दरवाज़ों या ज़ीनों में टक्कर से बचाने के लिए भी बमुश्किल काफ़ी पड़ती है। एक शब्द में कहें तो वहाँ निहायत बेजान उजाला रहता है। हमारी आँखों की पुतलियाँ जबरन फैल जाती हैं और रेटिना रोशनी की हल्की से हल्की किरणों को भी पकड़ने की कोशिश करने लगता है। इसके विपरीत विद्युत लालटेन से एक शक्तिशाली प्रकाश निकलता है जो खड़ंजे और घरों की दीवारों से परावर्तित होकर सड़क के दोनों तरफ़ उजाला कर देता है, परछाइयों को खदेड़ देता है, हर गोशे में उजाले की बाढ़ ला देता है और अंततः बादलों में विलीन हो जाता है।'[88]

1880 के दशक में सार्वजनिक प्रकाश का कुल मक़सद सड़कों पर सिर्फ़ इतना उजाला कर देना था कि आप वहाँ आराम से अख़बार पढ़ सकें और दीवारों पर बैठी मक्खियों को भी देख सकें,[89]

चाप प्रकाश : पाट्समेयर प्लाट्ज़, बर्लिन, तक़रीबन 1880

लेकिन विद्युत प्रकाश की भारी लागत की वजह से चाप प्रकाश का इस्तेमाल सीमित ही रहा। युरोप में केवल कुछ ख़ास उल्लेखनीय सड़कों, चौराहों और इमारतों पर ही चाप प्रकाश की व्यवस्था की गई थी।[90] आम सड़कों पर गैसबत्ती का ही राज क़ायम रहा, हालाँकि अब चाप प्रकाश के साथ होड़ में उन्होंने भी अपना चोला बदल लिया था; उन्हें काफ़ी आधुनिक रूप दिया जा चुका था और तापदीप्त गैस प्रकाश के रूप में अब उनसे पाँच गुना ज़्यादा उजाला फूट रहा था।

सड़कों पर सामान्य प्रकाशस्रोत के रूप में विद्युतीय चाप प्रकाश लागत के अलावा एक और वजह से भी अनुपयुक्त था: यह कृत्रिम सूर्य उससे कहीं ज़्यादा रोशनी देता था जितनी सड़क में जज़्ब हो सकती थी। उसके आगमन से चौंध की समस्या पैदा हो गई—यह एक ऐसी चीज़ थी जो पहले कभी नहीं हुई थी। चाप प्रकाश का केंद्रक इतना चमकदार होता था—एकदम सूर्य की तरह—कि आप उसे सीधे देख ही नहीं सकते थे जैसे कि गैसबत्ती को। लिहाज़ा चाप लैम्पों को उन जगहों पर स्थापित करने का इरादा त्याग दिया

सड़क प्रकाश का विस्तार
दो पीढ़ियों की सड़क प्रकाश व्यवस्था एक साथ चाप-प्रकाश अपेक्षतया तेज़तर हैं, और गैस बत्तियों से दुगुनी ऊँचाई पर लगे हुए हैं। पेरिस, 1885

इतालवी शाहराह पर चाप-प्रकाश के प्रयोगधर्मी इस्तेमाल, 1881

गया जहाँ पुरानी लालटेनें रखी जाती थीं। उन्हें ऐसी जगह रखना ज़रूरी था जहाँ से वह आँखों के दायरे में न पड़ें, यानी जहाँ से केवल उनकी रोशनी ही दिखाई दे और स्रोत आँखों के सामने न आए। इसका मतलब था कि उन्हें सड़क के बीच नहीं बल्कि उसके ऊपर लगाया जाए। चाप प्रकाश जितना ऊपर रहे उतना बेहतर : इससे न केवल कौंध से मुक्ति मिल जाती बल्कि एक बड़े दायरे में उजाला भी होता। (सार्वजनिक प्रकाश व्यवस्था के विकास में इस गणितीय सूत्र का लगभग अनुसरण किया गया कि रोशनी जितनी तेज़ हो लैम्प पोस्ट उतना ही ऊँचा होना चाहिए)। तार्किक निष्पत्ति पर पहुँचाने के बाद इसका अर्थ था कि चाप प्रकाश के लिए सबसे बेहतर जगह एक गगनचुंबी मीनार ही हो सकती है जहाँ से वह एक विशाल क्षेत्रफल—मसलन, पूरे शहर—को उजाला दे सके। और इससे पहले कि तकनीकी रूप से इतना

सघन प्रकाश उत्पन्न करना संभव हो पाता, एक ऐसी सार्वजनिक प्रकाश व्यवस्था के बारे में काफ़ी सटीक सोच मौजूद थी जो सड़क प्रकाश व्यवस्था नहीं बल्कि नगर प्रकाश व्यवस्था होती। 1703 में फ़ाव्रे नामक एक व्यक्ति ने पेरिस विज्ञान अकादमी के पास एक प्रस्ताव जमा करवाया। यह प्रस्ताव फ़्रांसीसी राजधानी में 'रात को पूरे शहर को रोशन करने के लिए लालटेनें' स्थापित करने के बारे में था। तजवीज़ ये थी कि 'शहर के सबसे ऊँचे बिन्दु पर बनाए जाने वाले स्तम्भ या मीनार की चोटी पर' चार परावर्तिकाएँ लगाई जाएँ। क्योंकि आविष्कारक को खुद भी यक़ीन नहीं था कि इस तरह से पेरिस को सचमुच रोशन किया जा सकता है, लिहाज़ा उसने अपने प्रस्ताव में इसका एक आसान संस्करण भी पेश किया और कहा कि चार लालटेनें एक ऐसे 'चौक के लिए और भी मुफ़ीद रहेंगी जहाँ कई सड़कें आकर मिलती हों, बशर्ते उन्हें मध्यम ऊँचाई पर चौक के बीचों-बीच स्थापित कर दिया जाए।'[91]

प्रकाश स्तंभ बनाने के बारे में इस पहली दर्जशुदा योजना से कहीं ज़्यादा बारीकियों के साथ अगला प्रस्ताव दाँदे-द्यूप्रे नाम के एक सज्जन ने 1799 में फ़्रांसीसी गणतंत्र के फ़र्स्ट कौंसल—यानी नेपोलियन—के समक्ष पेश किया था। द्यूप्रे की यह परियोजना - 'प्रॉज़े दं नूवो मॉद दिल्युमिनासियाँ पूर ला वीलऽ द पारी' - उस काल के क्रांतिकारी कीर्तिस्मारकवाद के एकदम अनुरूप थी जो लदू और बूइये की वास्तुशिल्पीय योजनाओं में भी अभिव्यक्त होता दिखाई देता है। दाँदे-द्यूप्रे ने अपने प्रस्ताव की शुरुआत में ही प्राचीन अलेक्ज़ैंड्रिया के पोतदीप (लाइटहाउस) का हवाला देते हुए कहा : 'दुनिया के सबसे विशाल और सबसे घनी आबादी वाले शहरों में शुमार किए जाने वाले अलेक्ज़ैंड्रिया में एक पोतदीप से उजाला किया जाता था और उसे दुनिया के सात अजूबों में गिना जाता है।' यहाँ दिए गए एक फ़ुटनोट में इस स्तंभ (phare) की एक नई व्याख्या सामने आई : 'आम तौर पर माना जाता है कि इस पोतदीप.... का मक़सद मुख्य रूप से नौपरिवहन में सहायता देना था लकिन उसके दीप-स्तम्भ की ऊँचाई और चमक से इस बारे में कोई संदेह नहीं रह जाता कि उसके नीचे स्थित अलैक्ज़ैंड्रिया शहर उसके प्रकाश में नहा उठता था' (ज़ोर मूल में)।[92] पोतदीप की उपयोगिता की इस पुनर्परिभाषा के आधार पर दाँदे-द्यूप्रे ने सुझाव दिया कि 'पेरिस को भी विशालकाय पोतदीपों के ज़रिए रोशन किया जा सकता है....। यदि उनकी ऊँचाई और उनके बीच के फ़ासले की सटीक गणना कर ली जाए तो उनसे निकलने वाली रोशनी उनके आकार और उनमें जलने वाले ईंधन के सटीक अनुपात में होगी। फलस्वरूप उनसे उतनी ही रोशनी निकलेगी जितनी अपेक्षित है। मुख्य मीनार या स्तंभ प्लेस दी ला रेवलूशन में बनाया जाएगा जहाँ इसे देखना एक शानदार अनुभव होगा, भव्य आतिशबाज़ी जैसा। शहर के मुख्य चौराहों पर बनाई जाने वाली दूसरी मीनारें प्रकाश की ऐसी व्याप्ति कर देंगी कि अँधेरे की पूरी तरह ज़लावतनी हो जाएगी। एक-दूसरे पर तर-ऊपर चढ़ी ये रौशनियाँ पेरिस में किसी कृत्रिम उल्कापिंड की भांति रोशनी की बाढ़ ला देंगी। प्रकाश की किरणों को अलग-अलग दिशाओं में केंद्रित और परावर्तित करना भी कठिन नहीं होगा जिससे कहीं कोई परछांई बाक़ी नहीं रहेगी' (ज़ोर मूल में)।[93] परछाइयों को ख़त्म करने के लिए कितने टावरों की ज़रूरत होगी और उनकी ऊँचाई क्या होनी चाहिए इसका हिसाब लगाने के लिए दाँदे-द्यूप्रे ने निम्नलिखित प्रायोगिक मॉडल सुझाया था :

दमकदार रोशनी के साये, 1885

ताश के अलग-अलग ऊँचाई वाले कई घर बनाइए। उनके बीच में एक ऐसी मोमबत्ती रखिए जिसे इधर-उधर सरकाया जा सके। अब इस मोमबत्ती को इतनी ऊँचाई तक उठाइए जहाँ से इन घरों के बीच की जगह रोशन हो जाए और वहाँ कोई परछाईं न दिखे। यदि रोशनी का अनुपात बहुत ज़्यादा हो तो उसमें एक या अधिक बत्तियाँ और जोड़ी जा सकती हैं जिससे सभी परछाइयाँ ग़ायब हो जाएँ। इसके बाद अगर हम सबसे ऊँचे ताश के घर और सबसे ऊँची मोमबत्ती की ऊँचाइयों के बीच फ़र्क़ को नापें और गणितीय आकलन करें तो यह बात पता चल जाएगी कि यदि घरों की ऊँचाई इतनी है तो पोतदीप को उससे कितना ऊँचा होना चाहिए।'94

रोशनी के प्रसार और उसकी वजह से बनने वाली परछाइयों को साध्य समस्याओं के रूप में पेश करते हुए निहायत चालाकी से काम लेने के बाद भी दाँदे-द्यूप्रे ने अपनी योजना के सबसे अहम बिन्दु को उजागर नहीं किया। उन्होंने ये नहीं बताया कि इतनी रोशनी का स्रोत क्या होगा। रहस्यमय, कीमियागर

के अंदाज़ में इशारा करते हुए उन्होंने इससे ज़्यादा कुछ नहीं बताया कि 'पोतदीप में इस्तेमाल किया जाने वाला ईंधन लेखक का रहस्य है, जो उसे तभी उजागर करेगा जब उसका सार्वजनिक परीक्षण कर लिया जाएगा' (ज़ोर मूल में)।[95] बहरहाल, यह रहस्यमयी ईंधन गैस के अलावा संभवतः और कुछ नहीं रहा होगा। ठीक उसी समय फ़िलीप लेबों गैस लाइटिंग के साथ अपने शुरुआती प्रयोग कर रहे थे और जब दाँदे द्यूप्रे ने अपनी परियोजना का एलान किया था उसी साल लेबों ने 'ताप और प्रकाश ईंधनों को ज़्यादा लाभपूर्वक इस्तेमाल करने और विभिन्न अवयवों के संग्रह की नई पद्धतियाँ' शीर्षक से एक छोटा-सा लेख प्रकाशित किया।[96]

दाँदे-द्यूप्रे का रहस्यमयी ईंधन चाहे जो भी रहा हो, इतना तो साफ़ है कि उन्नीसवीं सदी के तसव्वुर में अंगड़ाई लेने वाले भविष्योन्मुखी प्रकाश स्तम्भों में उनका पोतदीप ही अकेला नहीं था। शहरी रात में एक और सवेरा कर देने का वादा करने वाली बाक़ी मीनारें भी गैस से ही जलने वाली थीं। मिसाल के तौर पर, जोसेफ़ मेरी ने पूरे पेरिस में उजाला करने के लिए एक ऐसी योजना तजवीज़ की जिसमें 100-100 मीटर की ऊँचाई वाली कई मीनारें थीं और हर ज़िले (आरोन्दिस्मो) में ऐसी एक-एक मीनार बनाई जानी थी।[97] थियोफ़िल गोतिए का सपना था कि 'रात को सुगन्धित गैस से रोशन किया जाए...। विशाल मीनारों से फूटने वाली रोशनी धूप से भी ज़्यादा उज्ज्वल है।'[98]

युरोप में इस तरह के विचार यूटोपियन (कल्पनावादी) साहित्य का हिस्सा ही बने रहे। संयुक्त राज्य अमेरिका में वह हक़ीक़त बन गए। 1802-03 में आविष्कारक बेंजामिन हेनफ़्री की आज़माइशें इस घटनाक्रम की पूर्वपीठिका थीं। हेनफ़्री ने कई शहरों में प्रकाश मीनारें बनाने का प्रस्ताव रखा परन्तु किसी भी शहर ने उनकी तजवीज़ को तवज्जो नहीं दी।[99] फिर आख़िरकार उन्हें इस तरह का एक टावर बनाने का मौक़ा मिल गया। 1802 में वर्जीनिया की राजधानी रिचमंड में उनके निर्देशों के अनुसार 13 मीटर (लगभग 40 फ़ुट) ऊँची मीनार निर्मित की गई। उसकी चोटी पर लेबों के आविष्कार की तर्ज़ पर एक तापदीप्त लैम्प स्थापित

सत्ता-प्रतीक प्रकाश मीनार
यह स्मारक लुई XIV ने 'विजय चौक' पर 1686 में बनवाया.

किया गया। यह मीनार एक वक़्ती आकर्षण से ज़्यादा कभी नहीं रही और न ही कभी समुद्री पोतदीप से ज़्यादा रोशनी दे पाई। 'शुरू में तो इसकी रोशनी देखने के लिए काफ़ी भीड़ जमा होने लगी पर जैसे-जैसे समय बीतता गया लोगों का उत्साह मंद पड़ने लगा। मीनार को जल्दी ही छोड़ दिया गया और रिचमंड वापस पहले की तरह तेल से जलने वाले लैम्प पोस्टों की दुनिया में लौट आया।'[100]

जब अंततः विद्युत चाप प्रकाश की खोज ने आवश्यक मात्रा और सघनता में प्रकाश उत्पन्न करना संभव बना दिया तो बहुत सारे अमेरिकी शहरों, विशेष रूप से पश्चिमी और मध्य पश्चिमी शहरों में 'टावर लाइटिंग' प्रणाली स्थापित कर दी गई। 50 मीटर से लेकर 150 मीटर (लगभग 150 से 450 फ़ुट)[101] तक ऊँचाई वाली मीनारों या मस्तूलों से निकलने वाले एक शक्तिशाली प्रकाश ने इन शहरों को रोशनी में सराबोर कर दिया। एक बेहद क़ायल फ्रांसीसी प्रेक्षक ने 1885 में इस दृश्य का वर्णन कुछ इस तरह किया थाः 'विद्युत प्रकाश पूरे शहर को अपने आग़ोश में ले लेता है; शहर के उन बाहरी ज़िलों तक भी उसकी रोशनी आराम से पहुँच जाती है जहाँ तब तक एक गैसबत्ती भी नहीं होती थी।'[102]

डेट्रॉयट—'सिर्फ़ टावर प्रणाली से प्रकाशित होने वाला दुनिया का एकमात्र बड़ा शहर'[103]—एकीकृत टावर लाइटिंग प्रणाली का एक बढ़िया उदाहरण पेश करता है। 54 वर्ग किलोमीटर (21 वर्ग मील) क्षेत्रफल वाले इस शहर को रोशन करने के लिए एक सौ बाईस मीनारे जलाई जाती थीं। सभी मीनारें लगभग 50 मीटर (153 फ़ुट) ऊँची थीं। अलग-अलग मीनारों के बीच का फ़ासला शहर के मध्य में 350 से 400 मीटर तक और बाहरी ज़िलों में 1,000 मीटर तक था।[104] नतीजतन, यहाँ एक जैसा उजाला नहीं रहता था।

स्ट्रीट लाइटिंग की चमक में यह फ़र्क़ कोई नई बात नहीं थी। सार्वजनिक प्रकाश के इतिहास की शुरुआत से ही महत्त्वपूर्ण मुख्य मार्गों और ख़रीद-फ़रोख़्त वाले इलाक़ों में ज़्यादा लालटेनें लगाई जाती थीं जबकि आस-पास के गलियारों या छोटी सड़कों पर उनकी संख्या कम होती थी। पारंपरिक सड़क

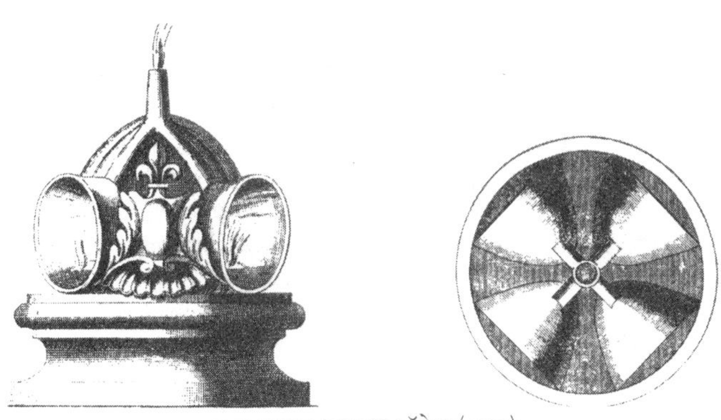

नगर प्रकाश व्यवस्था प्रॉजेक्ट(1703).
आविष्कर्ता ने सलाह दी कि ये विशाल सड़क प्रकाश उपकरण 'शहर की सबसे ऊँची जगह पर बने स्तंभ या मीनारों पर रख दिए जाएँ। इन परावर्तिकाओं से पूरा शहर रोशन हो उठेगा'.

प्रकाश प्रणाली में प्रकाश की सघनता अलग-अलग सड़कों के बीच अलग-अलग होती थी। कम उजाले वाली छोटी सड़कें तेज़ रोशनी वाली व्यावसायिक सड़कों से ही निकलती थीं। इसके विपरीत टावर लाइटिंग ने कम या ज़्यादा रोशनी वाले अलग-अलग ज़िले या इलाक़े पैदा कर दिए जिनका मुख़्तलिफ़ सड़कों से कोई रिश्ता नहीं था। वे तो बस शहर के ऊपर रोशनी के एक सपाट क़ालीन की तरह बिछी मालूम पड़ती थीं। यह रोशनी भी उतनी ही अपरिवर्तनशील थी जितने कि उन सड़कों के बेतरतीब ढर्रे जिनमें उससे उजाला होता था। दो बिल्कुल तार्किक और रेखागणितीय ढंग से विभाजित सतहें एक-दूसरे के सहवर्ती और पूरक के रूप में काम कर रही थीं। इस तरह से प्रकाशमान शहर समानता के जीते-जागते यूटोपिया (कल्पनालोक) जैसे मालूम पड़ते थे। वस्तुतः इस क़िस्म की लाइटिंग के पक्ष में यही तर्क मुख्य तौर पर दिया गया। फ़्लिंट (मिशिगन) की नगर परिषद समिति ने टावर लाइटिंग प्रणाली स्थापित करने के अपने फ़ैसले का औचित्य यह कहते हुए स्पष्ट किया :

> कि यह एक ऐसी प्रणाली है जिसके ज़रिए न केवल सड़कें बल्कि पगडंडियाँ, रेलवे क्रॉसिंग, भंडार घर, पुलों और यहाँ तक कि निजी मैदानों में भी उजाला हो जाएगा, और उन सब में एकसमान उजाला रहेगा.... और इस बात से भी कोई फ़र्क़ नहीं पड़ता कि एक लाइट टावर के इलाक़े में कितनी सड़कें खुली हैं या कितने घर बने हैं। उसकी रोशनी तो

अमेरिकी रोशन मीनार, सैन जॉस, कैलिफ़ोर्निया, 1885

पूरे इलाक़े पर समान रूप से पड़ती है ....। हमारा दावा है कि इसे सहज ही ग़रीब आदमी का प्रकाश कहा जा सकता है क्योंकि इसकी बेधने वाली और दूर तक पहुँचने वाली किरणों के कारण शहर के आस-पास के इलाक़े भी शहर के मध्यवर्ती हिस्सों की तरह समान रूप से प्रकाशमान होंगे और गैसोलीन लैम्पों की मरियल-सी टिमटिमाहट की बजाय शहर के सबसे दूर-दराज़ इलाक़ों में भी एक साफ़ और चमकीली रोशनी पहुँच जाएगी।105

उजाले के इतिहास में अमेरिकी टावर लाइटिंग भी मात्र एक और कड़ी ही साबित हुई। अपनी स्थापना के 30 साल बाद डेट्रॉयट की टावर लाइटिंग प्रणाली को तोड़ दिया गया और इसकी जगह 'नियमित' स्ट्रीट लाइटिंग ने ले ली। पाँच साल बाद डेट्रॉयट के एक वाक़यानवीस ने लिखा कि, 'टावर लाइटिंग की पुरानी व्यवस्था कार्यकुशल उतनी नहीं थी जितनी कि वह शानदार थी।' तीस साल पहले जिस रोशनी को प्रौद्योगिकी और लोकतंत्र की विजय बताया जा रहा था, उसे ही अब नाकाफ़ी और दुष्क्रिय माना जाने लगा। उसी वाक़यानवीस ने आगे लिखा, 'एक बहुत बड़े इलाक़े में शाम के धुंधलके जैसी आभा तो बिखर गई परन्तु असल मायनों में, सचमुच का प्रकाश वहाँ कहीं नहीं था।'106 मालूम यह चला कि सार्वजनिक प्रकाश व्यवस्था को प्रभावी रूप देने के लिए उसे अंततः सड़क से जोड़ना ही होगा। उसका सड़क प्रकाश प्रणाली होना लाज़िमी था। परन्तु सम्पूर्ण शहर या शहर के कुछ हिस्सों को ऊपर से समान रूप से प्रकाशमान बना देने का विचार उसी तरह का एक रूढ़ विचार साबित हुआ जैसे नई प्रौद्योगिकी से पैदा होने वाली संभावनाओं के चलते जब-तब पैदा होते रहते हैं। यदि उन्हें तार्किक निष्पत्ति तक ले जाया जाए तो इसका परिणाम प्रौद्योगिकी विशेष के व्यावहारिक उपयोग के विपरीत, प्रायः कथित तकनीकी स्मारकवाद में ही होता है। ऐसी संरचनाओं को रचने की प्रक्रिया में तकनीकी तार्किकता अपनी सीमाओं को लाँघ जाती है और तकनीकी फ़ंतासी तथा हवाई सपनों की परिधि में समा जाती है। (जैसा कि एफ़िल टावर के उदाहरण से भी पता चलता है, ऐसे मामलों में कला और तकनीक की सीमाएँ अकसर धुँधली हो जाती हैं)। कुछ मायनों में अमेरिकी प्रकाश मीनारें इसी क़िस्म के तकनीकी स्मारकवाद की प्रतिबिम्ब थीं। परन्तु उन्होंने अमेरिका की ख़ास स्थितियों के मुताबिक़ लाइटिंग से संबंधित समस्याओं के तकनीकी समाधान के बीज भी बो दिए। ये टावर व्यावहारिक, उपयोगी और सबसे बढ़कर—किफ़ायती थे। एक ऐसे देश में, जहाँ युरोप के मुक़ाबले वेतन काफ़ी ऊँचे थे, वहाँ सैकड़ों लैम्प पोस्ट लगाने और उनका रख-रखाव करने के मुक़ाबले यह ज़्यादा मुनासिब था कि एक ऊँची-सी मीनार खड़ी कर ली जाए। श्रम की लागत के हिसाब से यह विकल्प कहीं सस्ता था। युरोपीय यात्रियों ने इस बात पर अक्सर आश्चर्य व्यक्त किया कि इन मीनारों को कितने सस्ते और व्यावहारिक तरीक़े से खड़ा किया गया थाः 'संयुक्त राज्य की ये मीनारें कुछ ज़्यादा ही सपाट हैं। ये मीनारें लोहे की बदसूरत-से दिखने वाले विशालकाय ढाँचों के अलावा और कुछ नहीं हैं। उनको बनाने का पैमाना उपयोगिता के अलावा और कुछ नहीं था।'107

उधर युरोप में टावर लाइटिंग अभी भी एक यूटोपियन फ़ंतासी ही था और विद्युत चाप प्रकाश भी इस दिशा में कोई बदलाव नहीं ला सका। लेकिन एक प्रसंग में इसने एक ऐसी स्मारकीय परियोजना की प्रेरणा दी कि सिर्फ़ उसी की बिना पर चाप प्रकाश की तकनीक को निकट से देख लेने का औचित्य

पैदा हो जाता है। नज़ारा पेरिस का है; और इसके लिए, आइए उसी विराट स्मारक पर वापस लौटें जिसकी चर्चा हमने पहले अध्याय में की थी।

सूर्य मीनार (सन टावर)

1880 के दशक की शुरुआत में सेबिलॉ नामक फ़्रांसीसी इलेक्ट्रिकल इंजीनियर अमेरिका गए। उस ज़माने में अमेरिका जाना तकनीकी शिक्षा का तक़रीबन लाज़िमी हिस्सा बन चुका था। वहाँ सेबिलॉ ने जितने भी प्रतिष्ठानों का दौरा किया उनमें उनकी कल्पना पर सबसे ज़्यादा प्रभाव प्रकाश मीनारों ने ही डाला। पेरिस लौटने पर उन्होंने कुछ वैसा ही आज़माने का निश्चय किया। इसी उधेड़-बुन में उनकी मुलाक़ात वास्तुकार ज़ूल बूर्दे से हुई। दोनों व्यक्ति एक जैसी सोच वाले स्वप्नद्रष्टा थे। बूर्दे ने कुछ ही समय पहले ट्रॉकाडेरो का निर्माण करके कुछ ख्याति प्राप्त कर ली थी। कुछ ही समय बाद 1889 की नुमाइश की तैयारी-समिति ने अपनी नुमाइश को यादगार बनाने के लिए एक भव्य स्मारक बनाने के लिए मुक़ाबले की घोषणा कर दी। प्रतियोगिता में सेबिलॉ और बूर्दे ने भी अपना प्रॉजेक्ट दाख़िल कर दिया। यदि बूर्दे के प्रस्ताव को उद्धृत किया जाए तो यह एक 'सन टावर, एक विद्युतीय लाइट हाउस होगा और उसकी ऊँचाई 360 मीटर होगी। इससे पूरे पेरिस में रोशनी की जा सकेगी। यह एक भव्य रचना होगी।'[108] या अगर सेबिलॉ के शब्दों को उद्धृत करें तो यह '... पूरे पेरिस को एकमात्र प्रकाश स्रोत से रोशन करने वाली परियोजना'[109] थी। इसमें टावर का डिज़ाइन बनाने की ज़िम्मेदारी बूर्दे की, और लाइटिंग इंजीनियरिंग की ज़िम्मेदारी सेबिलॉ के ऊपर थी। प्रतियोगिता में आई तमाम प्रविष्टियों में से तैयारी समिति (सोसिएते देज़ ऍन्जीनियर सिविल द फ़्रान्स) ने दो प्रस्तावों को अपनी अंतिम सूची के लिए चुन लिया। इनमें सन टावर के अलावा दूसरा प्रॉजेक्ट सेतु निर्माण इंजीनियर गुस्ताव एफ़िल का था। वह भी एक टावर ही बनाना चाहते थे। फ़्रांस की सिविल इंजीनियर सोसाइटी की बैठकों में दोनों के अच्छे-बुरे पहलुओं पर जमकर चर्चा हुई और फ़्रांस तथा युरोप के तकनीकी रिसालों में भी उसे ख़ूब जगह मिली। बहरहाल, आख़िर में एफ़िल टावर ने बाज़ी मार ली। मगर एफ़िल टावर को मंज़ूरी मिलने का मतलब यह नहीं है कि लोगों को सन टावर के ज़रिए पूरे पेरिस में उजाला करना नामुमकिन लगता था। असल में यह उन्हें बहुत महँगा, अव्यावहारिक और ख़तरनाक दिखाई दिया। मगर बूर्दे का यह प्रस्ताव कितना आकर्षक था, इस बात का अंदाज़ा इस एक तथ्य से लगाया जा सकता है कि एफ़िल ख़ुद भी अपने टावर के ऊपर चाप प्रकाश प्रणाली स्थापित करना चाहते थे।[110]

शैली के लिहाज़ से देखें तो प्रस्तावित सन टावर एक पारंपरिक क़िस्म की रचना था और उसमें प्रयोग होने वाली प्रस्तावित निर्माण सामग्री भी इसी श्रेणी में आती हैः इस में सोलह मीटर व्यास वाला ग्रेनाइट का एक भारी-भरकम स्तम्भ निर्मित किया जाना था और जिसे पत्थर के 66 मीटर (216 फ़ुट) ऊँचे घनाकार पायदान पर टिकाया जाना था। स्तम्भ के धुरे (शाफ़्ट) को सजाने के लिए ऐतिहासिक शैली

सौर मीनार, 1885

में लोहे की ऐसी संरचना बनाई जानी थी, जिससे पूरा ढाँचा पीसा की झुकी हुई मीनार की मानिंद दिखने लगता।[111] इंजीनियर सेबिलॉ को इससे कहीं ज़्यादा आधुनिक ढाँचा पसंद था, कुछ-कुछ वैसा ही जैसा कि एफ़िल टावर था। बाद में उन्होंने स्वीकार भी किया कि 'शुरू-शुरू में मैंने लोहे के ढाँचे के बारे में ही सोचा था परन्तु जब मैंने श्री बूर्दे को अपनी इस योजना के बारे में बताया तो मालूम चला कि वह मेरी इस राय से इत्तेफ़ाक नहीं रखते। उन्होंने कहा कि पेरिस जैसे शहर में "मशाल वाहक" स्तंभ ज़्यादा कलात्मक दिखना चाहिए, विशेष रूप से जबकि वह एक इतना अनूठा स्मारक था और उससे ऐसे काम लिए जाने थे। इसके अलावा उनकी यह भी दलील थी कि इस क़िस्म के सार्वजनिक स्मारक की ज़िन्दगी कहीं ज़्यादा लंबी होनी चाहिए।'[112]

सन टावर का मक़सद सिर्फ़ उजाला करना ही नहीं था। इसके 66 मीटर ऊँचे पायदान में बिजली का एक संग्रहालय और टावर के ऊपर एक हज़ार दर्शकों के लिए खड़े होने की व्यवस्था थी ताकि सैलानी वहाँ खड़े होकर आस-पास का नज़ारा कर सकें। पायदान और शिखर के बीच स्तम्भ के धुरे में कई लिफ़्ट लगाई जानी थी और साथ ही 'आठ मीटर व्यास वाला एक खोखला सिलेंडर बनाया जाएगा जिसमें विविध प्रकार के वैज्ञानिक प्रयोग—मसलन वस्तुओं के मुक्त रूप से गिरने, गैस और वाष्प के

संघनन, फ़ूको पेंडुलम, इत्यादि का परीक्षण किया जा सकता है।'[113] इसके अतिरिक्त उसमें 80 कमरे भी बनाए जाने थे जहाँ रोगियों का वायु-चिकित्सा के ज़रिए उपचार किया जा सकता था। शिखर पर विज्ञान की भावना का प्रतिनिधित्व करने वाली एक विशालकाय प्रतिमा स्थापित की जानी थी।

सन टावर के लिए जिस जगह का चुनाव किया गया था वह पेरिस के बिल्कुल बीचों-बीच, पोन्ट न्यूफ़ के आस-पास का इलाक़ा था। यहाँ से टावर के शिखर पर—और विज्ञान प्रतिमा के नीचे—स्थापित की जाने वाली चाप प्रकाश प्रणाली से 5.5 किलोमीटर (3.5 मील) की त्रिज्या वाले दायरे में पेरिस को प्रकाशमान किया जाना था।[114] यह प्रकाश सीधे ज़मीन पर नहीं पड़ने वाला था बल्कि चाप प्रकाश के ऊपर स्थित एक विशाल परावर्तक के ज़रिए इसे एक बड़े इलाक़े में फैलाया जाना था। पूरे पेरिस में लगे दूसरे परावर्तक इस कृत्रिम सूर्य की रोशनी को शहर के सबसे दूर-दराज़ वाले इलाक़ों तक बिखेर देते। सेबिलॉ के शब्दों में उसकी रोशनी असली सूर्य की रोशनी की तरह 'छोटे-बड़े मकानों के भीतर तक पैठ जाएगी।'[115]

नगर आलोकन प्रॉजेक्ट, 1882

पेरिस को रोशन करने के लिए पार्ट्ज़ प्रणाली के तहत पूरे मेट्रो इलाक़े में कई प्रकाश मीनारें बनवाने की योजना थी। रोशनी का स्रोत - जो कि निहायत ताक़तवर चाप-प्रकाश था - भूमिगत होता था। मीनार के ऊपर लगे मज़बूत परार्वक फिर रोशनी को चौतरफ़ा बिखेरनेवाले थे।

समकालीन लाइटिंग इंजीनियरों ने किस तरह इस योजना के बखिए उधेड़ दिए इसकी तकनीकी बारीकियों में जाने की यहाँ कोई ज़रूरत नहीं है—यह तो स्पष्ट ही है। बहरहाल, सबसे मुख्य आपत्ति यह थी कि विशेष रूप से दूर-दराज़ के इलाक़ों में इस टावर की रोशनी उजाले की बजाय चौंध ही ज़्यादा पैदा करेगी।[116] इस योजना के जवाब में पेश किए गए कई सुझावों का सारा दारोमदार इस बात पर था कि यदि पेरिस में इस तरह की भव्य नगर प्रकाश व्यवस्था स्थापित करनी भी है तो वह लाज़मी तौर पर अमेरिकी मॉडल के अनुरूप ही होनी चाहिए जिसमें पूरे शहर में कई जगह टावर बनाए जाएँ। मिसाल के तौर पर, या तो एफ़िल टावर के बराबर ऊँचाई वाले चार टावर बनाए जा सकते हैं या 60 से 80 मीटर (लगभग 200 से 250 फ़ुट) ऊँचाई के 100 टावर बनाए जाएँ।[117] कई टावर बनाने का विचार सुरक्षा की दृष्टि से भी बेहतर माना गया क्योंकि ऐसी स्थिति में यदि किसी एक टावर में तकनीकी ख़ामी भी आ जाती तो भी उससे पूरा शहर अंधकार में नहीं डूबने वाला था। और सबसे बढ़कर बाग़ियों के हाथों लालटेन तोड़े जाने की स्मृतियाँ तो लोगों के मन में कौंध ही रही थीं। जैसे फ़रवरी 1848 में बाग़ियों ने गैस-घरों के लिए ख़तरा पैदा कर दिया था उसी तरह अब भी यह डर हावी था 'कि एक दिन सन टावर भी विद्रोहियों के हमलों का निशाना बन सकता है और मुमकिन है कि इस बार वह टाउन हॉल की बजाय सन टावर पर क़ब्ज़ा कर बैठें। टावर को ऐसे किसी भी हमले से सुरक्षित रखना ज़रूरी था।'[118] ऐसे भय को जन्म देने वाला सन टावर भी दरअसल क्रांतियों को रोकने की कोशिशों का ही हिस्सा था। यह पूरे शहर में उजाला करके दरअसल ऐसी किसी भी आशंका को तत्काल दबा देने का बंदोबस्त था। पेरिस कम्यून, जिसने फ़्रांसीसी बुर्ज़ुआ वर्ग को उन्नीसवीं सदी का सबसे बड़ा क्रांतिकारी आघात पहुँचाया, उसके 15 साल बाद भी इस वर्ग को यह उद्देश्य पूरी तरह अप्रासंगिक दिखयी नहीं देता था, भले ही यह उसके अचेतन का हिस्सा रहा हो। (इसी तरह सन टावर के आकार की भी एक नई व्याख्या की जा सकती है। यह भव्य विराट स्तम्भ कम्यूनार्डों के हाथों वेन्डोम स्तम्भ ध्वंस की प्रतिक्रिया दिखाई देता है)।

पूरे शहर में उजाला कर सकने वाला सन टावर सार्वजनिक प्रकाश व्यवस्था का एक पुराना युटोपियाई सपना थी। मर्सिएर ने अठारहवीं सदी के आख़िर में सन् 2440 के पेरिस का जो सपना देखा था उसमें इतनी तेज़ रोशनी वाली स्ट्रीट लाइटें दिखाई देती हैं कि 'उनके संयुक्त प्रभाव से पूरे शहर में कहीं कोई परछाईं नहीं बचेगी।' मर्सिएर की नज़र में इसका एकमात्र परिणाम था—जनता के नैतिक बल में इज़ाफ़ा लाना : 'सड़कों पर सिपाहियों-सी भाषा बोलती, खुद को फूहड़ और अश्लील तरह से पेश करतीं, और कामुक नज़रों व भद्दे इशारों से लोगों को अपनी तरफ़ लुभाने वाली, पुते चेहरे और गंदी नाली में पैर डाले बैठी वेश्याओं का कोई स्थान नहीं होता।'[119]

उन्नीसवीं सदी के दौरान रोशनी को सार्वजनिक नैतिकता, सुरक्षा और व्यवस्थापालन की आधारशिला के रूप में जो मान्यता दी जाती थी वह रोशनी के तीव्रतर होते जाने के साथ घटती चली गई। परछाईं-रहित प्रकाश मुक्त कमरा भी एक नए क़िस्म का ख़तरा हो सकता है, इस बात को रेखांकित करने वाले

शुरुआती लोगों में ज़ूल मिशेल भी थे। 1845 में उन्होंने नए कारख़ानों में स्थापित की जाने वाली गैसबत्तियों के बारे में लिखाः 'चमकदार रोशनी में नहाए ये नवनिर्मित विशाल हॉल अँधेरे मकानों की आदी हो चुकी आँखों के लिए एक सज़ा हैं। यहाँ ऐसा कोई अँधियारा नहीं है जिसमें आपकी सोच लम्हा भर भी पनाह ले सके, यहाँ किसी कोने में ऐसी कोई परछाईं भी नहीं जहाँ आपकी कल्पना सपनों में डूब सके। इस रोशनी में कोई भ्रम संभव नहीं रहा। यह निरंतर और बड़े निर्मम ढंग से हमें बार-बार यथार्थ में वापस लाकर पटक देती है।'[120] बीसवीं सदी को यह निरंतर प्रकाश उसके पूर्णतम रूप में अनुभव करना था। जो चौंधियाने वाला और बेसाया उजाला एच.जी. वेल्स के नकारात्मक युटोपिया[121] को रोशन करता है वह अब व्यक्ति की सुरक्षा की गारंटी नहीं रहा। यह राज्य के द्वारा पूर्ण निगरानी को संभव बना देता है। दिन की तरह रोशन रात का युटोपियाई सपना एक ऐसे उजाले के दुःस्वप्न में तब्दील हो गया जिससे पलायन का कोई मार्ग नहीं था। 'अब एक निशाचर, भयानक, ग़ैर दुनियावी, मानवीय आँखों के लिए अप्रीतिकर नए क़िस्म का शहरी तारा रात भर चमकता है'—रॉबर्ट लुई स्टीवेंसन ने विद्युत चाप प्रकाश को इसी तरह बयान किया था। 'दुःस्वप्न के लिए एक लैम्प! इसके जैसी रोशनी सिर्फ़ क़त्ल और सार्वजनिक अपराधों पर, या विक्षिप्तों के अस्पताल के गलियारों पर ही पड़नी चाहिए—दहशत को बढ़ाने वाली दहशत के बतौर।'[122]

अंतर्राष्ट्रीय बिजली प्रद' ्नी - रोशन मीनारें, पेरिस, 1881.

रात

हम घूमते हैं,

उन गलियों में

जहाँ की शामें व्यापार से रजगज रहती हैं।

(जूलियँ लमेर, पारी ओ गा, 1861)

सत्रहवीं सदी में रात की दो सरहदें—जो अब तक अज्ञात परिधि (Terra Incognita) थीं—को पहचान लिया गया और उन्हें एक झटके में खोल दिया गया। पुलिस ने स्ट्रीट लाइटिंग स्थापित करके रात पर विजय और नियंत्रण हासिल कर लिया। इस व्यवस्था पालन की रोशनी के साथ-साथ आतिशबाज़ी और पटाखों के तड़क-भड़क वाले त्यौहारों के रूप में एक उत्सवों की रोशनी भी विकसित हुई। मिशेल द प्योरे ने अपनी रचना इदे दे स्पेक्ताक्ल ऑन्सिएन ए नूवो (1688) में लिखाः 'न तो कोई और इससे शानदार नज़ारा है और न सार्वजनिक उत्सवों में कोई और चीज़ इससे ज़्यादा लोकप्रिय है। तक़रीबन सभी देशों में यह किसी महान विजय के आनंद की अभिव्यक्ति का माध्यम है।'[1]

आनंद को अभिव्यक्त करने के लिए आग का प्रयोग एक प्राचीन परम्परा है। अपने सबसे पुराने रूप में यह हाथ सेंकने वाली आग—अलाव (बॉन फ़ायर) थी। आम तौर पर यह लकड़ियों का एक ढेर होती थी जो तेज़ रोशनी देते हुए राख होता चला जाता था। यहाँ आग, ध्वंस और रोशनी एक-दूसरे में जज़्ब होकर ऐसे चित्ताकर्षक और जटिल अनुभव को जन्म देते थे जो सामान्य चमक से कहीं बढ़कर था। आदिम अलाव को चूल्हे की आग का एक उच्छृंखल संस्करण कहा जा सकता है। यह दैनिक तनावों से मुक्ति दिलाने वाले उन्माद का प्रवाह था। बाद में अलाव की जगह उत्सवों पर होने वाली रोशनी और आतिशबाज़ी ने ले ली और इस तरह आग की पाशविक शक्ति को व्यवस्थित, अनुशासित और नियंत्रित कर लिया गया। हज़ारों मोमबत्तियों और आतिशबाज़ियों से ऐन मनचाही रेखागणितीय छवियाँ बनती थीं। आतिशबाज़ी के महारथी अपने संप्रभु शासक की विलक्षणता सिद्ध करने के लिए दरबारों को रोशनी से सजाया करते थे। इसके बावजूद इन तमाशों में भी उस आदिम अलाव से मिलने वाले संतोष का अंश बचा रहा। हद तो यह है कि सत्रहवीं सदी के फ़्रांस में इसे अभी भी उसी नाम से जाना जाता थाः फ़ द ज़्यॉई (feux de joye)। आख़िरकार उन सबमें आग के गोले, चिंगारियों की फुलझड़ियाँ और शानदार ढंग से फटने वाले रॉकेट ही तो होते थे। संक्षेप में, यह अलाव की तरह चौंधियाने वाली रोशनी का एक निरंतर परिवर्तनशील नज़ारा था। जब उजाले और आतिशबाज़ी को सौंदर्य के मानकों के अनुरूप ढाल लिया गया तब भी आग की आदिम शक्ति कई बार आतिशबाज़ियों के अनपेक्षित प्रदर्शन में बदल जाती थी।[2]

रोशनी के तमाशे बारोक़ काल की उत्सवी संस्कृति का हिस्सा थे। इनसे रात में होने वाले उत्सवों के दौरान रोशनी की जाती थी। रात में होने वाले उत्सव इंतवुनम कालीन दरबारी संस्कृति का एक सबसे

उल्लेखनीय आविष्कार थे। मध्य और पुनर्जागरण काल में सभी त्यौहार और ख़ुशी के मौक़े दिन के उजाले में ही मनाए जाते थे। अब इनकी शुरुआत सूरज ढलने के बाद होने लगी। '8 या 9 बजे थिएटर शुरू होते हैं, आधी रात के समय खाना खाया जाता है और उसके बाद पौ फटने तक नाच-गाना चलता है। और जब घोड़ा गाड़ियाँ सुबह के समय दरबार से निकल कर घर के लिए रवाना होती हैं तो रास्ते में उनकी मुठभेड़ मज़दूरों से होती है जो काम पर जाने के लिए निकल रहे होते हैं।'[3] रिचर्ड एलिविन के ब्यौरे से उत्सवों के समय में आए इस बदलाव के पीछे निहित उद्देश्यों का संकेत मिलता है। जब कामकाजी लोग सो रहे हों उस समय आनंद में डूब जाने और जब कारीगर और शहरी लोग अपना काम शुरू कर रहे हों उस समय सोने के लिए जाने से चीज़ों का सामान्य क्रम उलट गया। इस सामाजिक विशेषाधिकार ने शाम के मनोरंजन में और रस पैदा कर दिया। इसमें वे सब गुण और अवस्थााएँ भी शामिल हो गई जो न जाने कब से दिन के विलोम के रूप में रात के साथ जुड़ी हुई थीं। रात के समय वो इलाक़े खुल जाते थे जो दिन में लोगों के लिए बंद रहते थे; रात का समय आदमी को ब्रह्मांड के साथ और क़रीब ला देता था; इस समय निश्चित आकार पिघलने लगते थे और यथार्थ व फ़ंतासी के

आतिशबाज़ी स्टुटगार्ट, 1616.

मेरिआन के इस चित्र में बारोक़ आतिशबाज़ी की जड़ें मध्यकालीन बॉनफ़ायर में स्पष्ट दिखती हैं। आतिशबाज़ी जहाज़ की शक्ल वाले लकड़ी के ढाँचे पर से की जाती थी जिसे आतिशबाज़ी के ख़त्म होने पर जला दिया जाता था।

बीच की विभाजक रेखा धुंधला जाती थी। जब किसी उत्सवी आतिशबाज़ी के दौरान रात जादुई ढंग से रोशन हो उठती थी तो यथार्थ से विच्छेद पूरा हो जाता था। यह किसी नशीली दवा के असर जैसा था। जैसा कि एलिविन कहते हैं, 'एक भिन्न, प्रतीकात्मक जीवन का दृश्य' अस्तित्व में आ गया।

रात की बारोक़ (baroque) संस्कृति ने आधुनिक रात की ज़िंदगी के बीज बो दिए। अठारहवीं सदी के युरोपीय शहरों में जन्म लेने के बाद आगे चलकर यह मौजूदा शहरी जीवन की एक विशिष्टता बनती चली गई। इसकी शुरुआत इंग्लैंड में सन 1700 के आस-पास हुई जब वहाँ वॉक्सहॉल और रैनेलैघ जैसी आनंद वाटिकाओं की स्थापना हुई थी। उन्हें दरबारी उत्सवी संस्कृति के व्यावसायिक अनुकरण की संज्ञा भी दी जा सकती है। इनमें दाखिल होने के लिए टिकट ख़रीदना पड़ता था और वहाँ संगीत कार्यक्रम, रोशनी और आतिशबाज़ियों का प्रदर्शन होता था। वहाँ ज़ायकेदार खाने-पीने की व्यवस्था रहती थी और कभी कभार नाच गाने का भी प्रबन्ध किया जाता था। हालांकि ये बाग़-बग़ीचे दिन में भी खुले रहते थे मगर उनकी असली रौनक रात में ही परवान चढ़ती थी। वॉक्सहॉल में इसका समय 6 से 8 बजे के बीच था जो साल-दर-साल बढ़ता चला गया।[4] सन 1777 में होरेस वॉलपोल ने कहा था कि 'अब देर रात गए मज़ा आता है। ख़ास दिखने के लिए अब हर कोई देर से आना चाहता है। और, क्योंकि हर शख़्स इसी जद्दोजहद में मुब्तिला है चुनाँचे कोई भी इसमें कामयाब नहीं हो पाता। आजकल फ़ैशन यह है कि रैनेलैघ में उस समय जाया जाए जब वहाँ समारोह दो घंटे पहले ही "ख़त्म" हो चुका हो।'[5] अठारहवीं सदी में ये महज़ कोई वक़्ती फ़ैशन नहीं था; ये एक अच्छा-ख़ासा आंदोलन था।

दरबारी समाज के लोग खुद को बुर्ज़ुआ वर्ग से अलग करने वाले फ़ासले को उजागर करने के लिए रात और दिन, कभी भी देर तक काम करते दिखायी देते थे। अब बुर्ज़ुआ वर्ग भी निम्न पूंजीपति वर्ग और कारीगरों से खुद को अलग दिखाने के लिए ऐसा ही करने लगा। कोई व्यक्ति दिन की शुरुआत जितनी देर से करता उसकी सामाजिक हैसियत उतनी ही ऊँची मानी जाती। नतीजतन हर चीज़ देर से देरतर शुरू होने लगी। तब से जल्दी उठ जाना और जल्दी सो जाना सादा जीवन की निशानी बन गया। देर से जागना, ऑफ़िस में देर से पहुँचना (और शायद वहाँ देर तक रुकना भी), शाम को (निचले वर्गों की तरह सीधे-सीधे काम बंद कर देने की बजाय) लम्बी अड्डेबाज़ी के बाद देर से खाना खाना, और देर से सोना—यह ऊपरी सामाजिक दायरे की ख़ासियत बन चुकी है। खाने के वक़्त का क्या हश्र हुआ ये जानना भी मज़ेदार है। जैसा कि 1801 के पेरिस के रिवाजों के इस विवरण से पता चलता है:

> 'दो सौ साल पहले पेरिस के लोग अपना मुख्य भोजन (dinner) दोपहर बारह बजे लेते थे। अब कारीगर दोपहर बाद 2 बजे, व्यापारी 3 बजे और क्लर्क 4 बजे खाना खाते हैं। नवधनाढ्य, उद्यमी और वित्तीय दलाल 5 बजे तथा मंत्री, उनके सहायक और कुंवारे रईस 6 बजे खाना खाते हैं। इनमें अन्तिम श्रेणी के लोग अपना डिनर उस समय ख़त्म करते हैं जिस समय हमारे बाप-दादा अपना शाम का खाना खाने के लिए बैठ रहे होते थे। पेरिस के तीन-चौथाई लोग अब रात में खाना ही नहीं खाते। उनमें से आधे लोगों ने किफ़ायत की वजह से इस रिवाज को अपना लिया है। जो रात का खाना खाते भी है वह भी 11 बजे खाना शुरू करते हैं और उस वक़्त सोने जाते हैं जब मज़दूरों के जागने का समय हो जाता है।'[6]

शाम के वक़्त वॉक्सहॉल गार्डन
(जॉर्ज क्रुइकशैंक कर चित्र, सायन्स म्यूज़ियम, लंदन)

लुई XIV के समय थिएटर 4 से 7 बजे के बीच शुरू होते थे। अठारहवीं सदी में उनके खुलने का समय सवा पाँच बजे निर्धारित कर दिया गया। रंगशाला में रंगमंचीय प्रदर्शन लगभग रात 9 बजे ख़त्म होते थे।[7] देर रात तक चलने वाले प्रदर्शनों के बारे में जो वर्णन हमें बालज़ाक के उपन्यासों में मिलता है वह क्रांति के बाद तक भी सामान्य बात नहीं थी। थिएटर या ऑपेरा के बाद खाना होता था या लोग कैसीनों जाते या नाचघर जाते थे या फिर वेश्यालयों का रुख़ करते थे। शाम का अन्त आम तौर पर सुबह के तीन बजे होता था जब मौज-मस्ती कर घर लौटने वालों का सामना काम पर निकलने वाले मज़दूरों से होने लगता था।[8]

दिन—या बल्कि रात का—नया क्रम न केवल मौज मस्ती करने वाले वर्गों और कामकाजी आबादी के बीच सामाजिक दूरी को चिन्हित करता था बल्कि महानगर और शेष प्रान्तों के बीच मौजूद फ़र्क़ को भी उजागर करता था। उन्नीसवीं सदी की शुरुआत में जर्मन सैलानी, जिनमें शहज़ादे और कारीगर दोनों ही होते थे, इस बात पर अकसर हैरत जताते थे कि पेरिस और लन्दन कितनी देर तक जगे रहते हैं। राजकुमार पुकलर ने लन्दन से अपने घर सैक्सनी चिट्ठी लिखते हुए बताया कि यहाँ 'ऑपेरा सवेरे एक बजे तक भी ख़त्म नहीं होता। 3-4 बजे से पहले बमुश्किल ही कोई घर पहुँचता है ...। मगर कुलीन समाज दोपहर दो बजे से पहले जागता भी नहीं।'[9] परन्तु जिस संभ्रांत वर्ग में पुकलर जैसे लोग घूमते थे वही एकमात्र ऐसा दायरा नहीं था जो इतनी देर तक जागता और मस्ती करता था। यही हालत जनता के व्यावसायिक और मनोरंजन केन्द्रों की थीः 'कारख़ाने और दुकानें ज़्यादातर आधी रात तक खुली रहती हैं परन्तु इसके बाद वह सुबह 9 बजे तक नहीं खुलती ...। कारोबार और मनबहलाव के लिए दिन का अन्त असल में आधी रात में ही होता है; जब तक कि वहाँ कुछ शांति—कुछ ख़ित्तों में तो पूरी शान्ति—नहीं पसर जाती।'[10]

जिसे हम रात्रि जीवन मानते हैं उसमें कारोबार, मनबहलाव और रोशनी का निशाचरी दौर-दौरा शामिल है। रात का यह ख़ास माहौल दरअसल दुकानों (विशेष रूप से विलास-वस्तुएँ बेचने वाली), कहवाघरों और रेस्तराओं से छन कर सड़कों-फुटपाथों पर पड़ने वाली रोशनी से बनता है। यह रोशनी राहगीरों के बीच संभावित ग्राहकों को लुभाने का काम तो करती ही थी। विज्ञापन की इस व्यावसायिक उत्सवी रोशनी का स्वभाव पुलिसिया स्ट्रीट लाइट के ख़िलाफ़ जाता है। पुलिस की नज़र में व्यावसायिक रोशनी की वही हैसियत है जो राज्य की नज़र में बुर्जुआ समाज की होती है। जिस तरह राज्य अपनी 'रात के पहरेदार' वाली ज़िम्मेदारी को अंजाम देते हुए बुर्जुआ समाज को अपना काम चलाने के लिए हिफ़ाज़त की गारंटी देता है उसी तरह सार्वजनिक प्रकाश सुरक्षा का वह वातावरण निर्मित कर देता है जिसमें व्यावसायिक प्रकाश प्रकट हो सके। दुकान बढ़ाने के बाद जब उनकी बत्तियाँ गुल कर दी जाती हैं तो सड़कों पर लगी लालटेनों का प्रकाश, जिनकी हल्की सी टिमटिमाहट विज्ञापन की रोशनियों के समंदर में डूब जाती थी, एक बार फिर उभर आता है, और ये लालटेनें हमेशा की तरह व्यवस्था के अभिभावक की भूमिका अख़्तियार कर लेती हैं।

पुलिसिया लाइटिंग के विपरीत, जो कि बिल्कुल समरूप और समरस होती है, व्यावसायिक रोशनी को नाना प्रकार के स्रोतों से जलाया जाता है। आज भी शहर में इसी से नानाविध रंग पैदा होते हैं। व्यावसायिक लाइटिंग दुकानों में शुरू हुई और आज भी उसे अपनी ज़्यादातर रोशनी वहीं से मिलती है।

हाट झरोखा (Shop Windows)

सत्रहवीं शताब्दी के अन्तिम दशकों तक खुदरा व्यापार की दुकानें अपने पीछे स्थित गोदामों की बैठकों जैसी ही हुआ करती थीं। दरअसल उनकी सादा और सहज साज-सज्जा के चलते उन्हें गोदामों से अलग करके देख पाना बड़ा कठिन था। परन्तु अपनी इस सादगी की भरपाई वह उन चमकदार तख़्तियों से करते थे जिन्हें यह बताने के लिए सड़क पर लटकाया जाता था कि वहाँ क्या चीज़ बिकती है। जब सत्रहवीं और अठारहवीं सदियों में ये पता चला कि इन तख़्तियों या साइन बोर्डों से यातायात में रुकावट पैदा होती है तो आधुनिक विज्ञापन जगत के ये कल्पनाशील अग्रदूत सड़कों से धीरे-धीरे ग़ायब होते चले गए। जैसा कि सोम्बार्ट कहते हैं, 'इन साइनबोर्डों का किसी मरते युग के प्रतीकों की तरह एक के बाद एक ग़ायब होना, अल्फ़ाज़ और रंगों की खुशनुमा दुनिया से आकृतियों की बेरौनक दुनिया की तरफ़ संक्रमण का एक ऐतिहासिक क़दम था।'[11] मगर यह कहानी अधूरी है। दुकान की तख़्तियों के रंग-बिरंगे और सुंदर डिज़ाइन सड़कों से ग़ायब हो गए मगर—एक नई शक्ल में दुकान के भीतर एक बार फिर नमूदार होने के लिए। युरोप की राजधानियों में सौन्दर्य और व्यवसाय का एक नया मिश्रण पक रहा था। विलास-वस्तुओं का व्यापार बुर्जुआ व्यापारियों के हाथ में था परन्तु उनके ग्राहक लगभग पूरी तरह दरबारी कुलीन वर्ग के सदस्य थे। शहरों में विलास-वस्तुओं का व्यापार लगभग पूरी तरह दरबारों पर आश्रित था। यदि एक बार फिर सोम्बार्ट को उद्धृत किया जाए तो: 'विलासिता की चीज़ों की सजी-धजी दुकानें,

जिनकी तादाद ख़ास तौर से पेरिस और लन्दन में सत्रहवीं सदी के बाद काफ़ी तेज़ी से बढ़ी, उच्च समाज के लोगों के लिए उठने बैठने का एक बढ़िया अड्डा थी। यहाँ ऐसे लोग ख़ूब आते थे जो गप-शप करने, नई नई चीज़ों को निहारने और शौक़ के तौर पर कुछ चीज़ें ख़रीदने में दिन के घंटे दो घंटे बरबाद करने में कोई उज्र महसूस नहीं करते थे। वहाँ का नज़ारा आजकल की फ़ैशनेबल कला नीलामियों जैसा ही होता था।'[12]

दुकानों की नई सामाजिक भूमिका उनकी भीतरी साज-सज्जा और डिज़ाइन में भी दिखाई देती थी। अपने ग्राहकों की रुचि को देखते हुए दुकान मालिकों ने अपने विक्रय कक्षों को किसी महल के स्वागत-कक्षों जैसी शक्ल दे दी थी। इसमें इस्तेमाल होने वाली सबसे लोकप्रिय चीज़ें बेशक़ीमती लकड़ी संगमरमर, जस्ता, और ख़ास तौर से दरबारों में इस्तेमाल होने वाली चीज़ें: काँच और आईना थे।

अठारहवीं सदी की शुरुआत में इस रूपांतरण से गुज़रने वाले व्यापारियों की बुर्जुआ, अतिशुद्ध नैतिकता के लिए यह नया वैभव एक अनजानी चीज़ था। *द कम्प्लीट ट्रेड् समैन* में डेफ़ो लिखते हैं 'यह एक आधुनिक रीति है। व्यापार को अपने कारोबार के अनुपात में ही देख पाने के आदी रहे हमारे पुरखों के लिए यह बात कल्पना के परे थी कि आजकल के व्यवसायी अपनी दो तिहाई पूंजी को महज़ अपनी दुकानें जमाने में ही सर्फ़ कर डालते हैं।'

> दुकान सजाने से मेरा आशय ये नहीं है कि वे दुकानों में बेचने के लिए सामान और माल रखते थे, क्योंकि इस मामले में तो वे हर लिहाज़ से हमारे जैसे ही हैं, मेरी मुराद तो दुकानों के रंग रोगन, खिड़की दरवाज़े, ख़ूबसूरत अलमारियों, शटर, बक्से, शीशे के दरवाज़ों, सैशे और ऐसी ही दूसरी चीज़ों पर होने वाले ख़र्चे से है, जिसके बारे में वो बताते हैं कि किसी पेस्ट्री या नानबाई की दुकान खोलने या खिलौनों की दुकान को बनवाने में अब दो सौ या तीन सौ पाउंड या बल्कि पाँच सौ पाउंड ख़र्च कर देना मामूली बात है। इससे जो पहला नतीजा निकलता है वह लाज़िमी तौर पर यह है कि इस युग में पिछले वक़्तों के मुक़ाबले ज़ाहिरा तौर पर कहीं ज़्यादा बेवकूफ़ लोग रहते हैं, क्योंकि केवल बेवकूफ़ ही दिखावे और बाहरी तड़क-भड़क से इतने प्रभावित होते हैं..., मगर इसमें कोई दो-मत नहीं कि बढ़िया अलमारी या काँच की खिड़कियाँ ही ग्राहकों को ललचाती हैं—यह बात अब तक भी कारोबार की दुनिया में कोई नियम नहीं है।[13]

तड़क-भड़क वाली दुकान की मिसाल के तौर पर डेफ़ो पेस्ट्री की एक दुकान के बारे में बताते हैं जिसमें तीन सौ पाउंड उसकी साज-सज्जा पर ख़र्च किए गए जबकि उसमें बेचने के लिए कुल बीस पाउंड का ही माल रखा गया था। डेफ़ो का यह विवरण विलास-वस्तुओं के व्यापार के प्रारम्भिक दिनों के उन विवरणों में से एक है जो हमारे समय तक बचे रह गए हैं:

1. सजावटी खिड़कियाँ—आईने के काँच से बनी हुई और चौड़ाई-लंबाई में 12x16 इंच।
2. दुकानों के सारे गलियारे गैली टाइलों से सुसज्जित और दुकान के पिछवाड़े पैनल में गैली टाइलें, जिन पर ख़ूबसूरत बारीक जंगली नक्काशी और आकृतियाँ बनी हैं।
3. पीयर कम्पनी के दो बड़े-बड़े आईने और दुकान में चिमनी का एक शीशा, दुकान के

गैसलाइट से आलोकित दुकान की खिड़की
(1870 ई. के आस-पास)

पिछले हिस्से में पीयर शीशे का ही सात फुट ऊँचा टुकड़ा।

4. मोमबत्तियों की दो विशाल शाखाएँ—एक दुकान में, और एक दुकान के नेपथ्य कक्ष में।

5. दुकान में शीशे की तीन विशाल, और आठ छोटी लालटेनें (Lanthorns)।

6. दीवार से लगे हुए पच्चीस आले और पिछले कमरे में चाँदी के खड़े बत्तीदानों का विशाल जोड़ा।[14]

इसकी साज-सज्जा में इस्तेमाल किए गए शीशे, आईने और रोशनियों के सहारे यह दुकान निश्चय ही एक अत्यन्त चमकदार, ध्यान खींचने वाला बेजोड़ कमरा—लघु शीशमहल—बन गई होगी।[15] डेफ़ो के समय में यह सारा वैभव दुकान के भीतरी हिस्से तक ही सीमित था। परन्तु ग्राहकों की सामाजिक पृष्ठभूमि में बदलाव के साथ यह स्थितियाँ बदलने लगीं क्योंकि अब तक दुकानों में मोटे तौर पर जान-पहचान वाले ग्राहक ही आया करते थे जबकि अब ज़्यादातर ग्राहकों की दुकानदार से कोई जान-पहचान नहीं होती थी। जैसे-जैसे सड़कें संभावित ग्राहकों को दुकानों की ओर ठेलने लगीं, दुकानें भी वैसे-वैसे उन्हीं का रुख़ करके खुलने लगीं। बिकाऊ चीज़ों की नुमाइशी खिड़की (डिस्प्ले विन्डो) अठारहवीं सदी आते-आते दुकान का एक स्वतन्त्र हिस्सा बन गई। इस वक़्त आमुख के बदलाव में संक्रमण साफ़ दीखता है। पहले यह किसी साधारण खिड़की से बस कहने भर को ही बेहतर था जिसमें लोग दुकान के भीतर और बाहर देख सकते थे परन्तु अब यह शीशे में बंद एक ऐसा मंच था, जिससे प्रचार किया जाता था। 1780 के दशक में लंदन से सोफ़ी फ़ॉन ला रॉश ने लिखा था 'शीशे की विशाल खिड़कियों के पीछे के बारे में व्यक्ति जिस किसी भी चीज़ की कल्पना कर सकता है वह निश्चय ही बेहद साफ़

और मनमोहक ढंग से तथा इतनी क़िस्मों के साथ प्रदर्शित की जाती थी कि आदमी के भीतर लालच पैदा हुए बिना न रह सके। ज़नाना चीज़ें दिखाने के लिए एक बड़ी चतुर जुगत भिड़ाई गई है। ये कपड़े बारीक लम्बी-चौड़ी खिड़कियों के पीछे तह लगे टंगे होते हैं जिससे सहज ही पता लग जा कि किसी सामग्री की चीज़ कैसी बनेगी।'[16]

अठारहवीं और उन्नीसवीं सदियों में दुकानों की नुमाइशी खिड़कियाँ अभी भी साधारण खिड़कियों जैसी ही लगती थीं। उनमें शीशे की एक परत नहीं बल्कि कई छोटी-छोटी परतें होती थीं जिनके बीच कई बारीक सीख़चे होते थे। सन् 1850 के आस-पास शीशे की बड़ी-बड़ी चादरें तैयार करना तकनीकी रूप से संभव हो गया और फलस्वरूप अब दुकान के अगले हिस्से को ख़ालिस शीशे का बनाया जा सकता था। जैसा कि 1851 में एक दर्शक ने प्रशंसा-भाव से कहा था, ऐसी दुकानें 'छत से लेकर ज़मीन तक शीशे का एक अविराम विस्तार होती हैं।'[17] इससे वहाँ प्रदर्शन के लिए रखे सामानों की छवि पर ज़बरदस्त प्रभाव डाला। निर्बाध, पारदर्शी, चमकदार सतह फ्रेम में लगी पेंटिंग के शीशे जैसा काम करता थी। हिर्थ ने इस परिघटना को यूँ बयान किया है—'बेजान रंगों में... ताज़गी, चमक और स्वच्छता का पुट आ जाता है क्योंकि एक माध्यम के रूप में शीशा रंग-रूप को बदल देता है और आँखों को दिक पहुँचाता है।' इसके बाद उन्होंने एक फ़ुटनोट लिखा हैः 'पेंटिंग्स को शीशे के नीचे रखने से वह और बेहतर दिखाई देने लगती हैं। सुरक्षात्मक शीशा अच्छी तस्वीरों पर भ्रम का एक और परदा डाल देता है। दुकान की खिड़कियों में लगी शीशे की प्लेट से भी कुछ चीज़ों में 'और बेहतर' होने का आभास पैदा हो जाता था।'[18] कृत्रिम प्रकाश ने प्रदर्शन के लिए रखी गई चीज़ों को ज़्यादा आकर्षक बनाने में भी मदद दी। जैसे-जैसे दुकान के खुलने का समय देर शाम तक बढ़ता गया वैसे-वैसे इस कृत्रिम प्रकाश की अहमियत भी बढ़ती गई। 1775 में लंदन यात्रा के दौरान लिस्टन बर्ग ने देखा कि किस तरह दुकानदार रंग बिरंगी रोशनियों के ज़रिए स्पेशल इफ़ेक्ट्स पैदा करके अपनी दुकान की खिड़कियों की तरफ़ लोगों को खींचने की कोशिश करते हैः 'दवाइयों और किराने की दुकानों पर शीशे लगे होते हैं... जिसमें तरह-तरह के रंगों वाले स्पिरिट रखे होते हैं और उनकी रक्ताभ, पीली, सब्ज़ और नीली रोशनी बड़े से घेरे में पड़ती रहती है। मिठाई की दुकानों में झाड़-फ़ानूस आँखों में कौंधते हैं और नथुनों को गुदगुदाते हैं—आपको बस उनकी तरफ़ मुड़ना है।'[19] बर्लिन के पेस्ट्री बावर्ची अपनी खिड़कियों में 'कृत्रिम रूप से प्रकाशमान दृश्य दिखाते थे जिनमें प्रायः कृत्रिम रूप से नियोजित छोटी, त्रिआयामी आकृतियाँ होती थीं। यह पूरा दृश्य किसी डायोरामा (Diorama) जैसा लगता था।' माना जाता है कि डायोरेमा का विकास इन्हीं छोटी-छोटी प्रदर्शनियों से हुआ है।[20] परन्तु अधिकांशतः दुकान की खिड़कियों में होने वाली लाइटिंग ने वही रास्ता अख़्तियार किया जिस रास्ते से रंगमंच की लाइटिंग विकसित हुई थी। जब तक प्रकाश इतना धीमा था कि उसे अप्रत्यक्ष रूप से, यानी परावर्तकों की सहायता से इस्तेमाल करना कठिन था, तब तक उन्हें खिड़कियों के अन्दर रखी चीज़ों के बीच में ही रखकर छोड़ दिया जाता था। जब गैस और बिजली के आगमन ने रोशनी के घेरे को और बढ़ा दिया तो प्रकाश का स्रोत नज़र से ओझल हो गया। उन्नीसवीं सदी के लगभग मध्य में लंदन की दुकानों में गैसबत्ती 'दुकान के बाहर, एक परावर्तक

रात की चहल-पहल, पेरिस, 1849

के साथ इस प्रकार जड़ी जाती थी कि उसकी तेज़ रोशनी सीधे खिड़की में रखी चीज़ों पर ही पड़े।'[21] बिजली से मिलने वाली रोशनी में आग लगने का ख़तरा नहीं था इसलिए उसे नुमाइशी खिड़की के बाहर लगाने की ज़रूरत नहीं थी। नतीजतन, अब वैसी ही लाइटिंग जैसा असर हासिल करना संभव हो गया जिसका अब तक मंच पर प्रयोग होता था। 1936 में प्रकाशित एक विज्ञापन-निर्देश पुस्तिका में कहा गया है कि दुकानों की खिड़कियों में 'एक जैसी रोशनी न हो। शक्तिशाली, अदृश्य परावर्तकों के ज़रिए अलग-अलग बिन्दुओं और वस्तुओं को उभारने पर ज़ोर दिया जाए।'[22]

मंच जैसी प्रकाशमान खिड़कियाँ, रंगशाला जैसी सड़कें और दर्शक की हैसियत में वहाँ से गुज़रने वाले राहगीर—महानगरीय रात के जीवन का नज़ारा यही है। जब उन्नीसवीं सदी में रात की छायादार सड़कें विकसित हुईं तो ऐसा लगा जैसे घर सड़क पर आ गया हो। देर रात गए पेरिस के boulevard des Italiens के बारे में एम्मा फ़ॉन नीन्डॉर्फ़ द्वारा 1854 में दिया गया विवरण है: 'हमेशा त्योहारों की तरह प्रकाशमान, सुनहरे कैफ़े, इठलाती भीड़, मस्त छैले, साहित्यिकार और सेठ-साहूकार। पूरा माहौल किसी ड्रॉइंग रूम जैसा मालूम पड़ता है।'[23] वॉल्टर बेंयामिन के एक शब्द का सहारा लें तो सड़क एक 'इंटीरियर' जैसी लगती थी। इस तथ्य की एक सरल मनोवैज्ञानिक व्याख्या भी है।[24] घर के बाहर कोई भी ऐसी जगह जो कृत्रिम प्रकाश से लैस हो वह इसलिए घर के आन्तरिक वातावरण जैसी लगती है क्योंकि आस-पास के अंधकार से कटी रहती है मानो चारों तरफ़ अँधेरे ने उजाले के गिर्द एक दीवार खड़ी कर दी हो। यही बात 'तल-छत' पर भी लागू होती है। सामान्य प्रयोग से पता चलता है कि हम अँधेरे से निकलकर उजाले के घेरे में जाते हैं—फिर यह घेरा चाहे हाथ सेंकने के लिए जलाई गई लकड़ियों का हो या प्रकाशमान छायादार सड़कों का। छायादार सड़कों की 'बग़ल वाली दीवारें', एक 'कमरे' के रूप में दोनों तरफ़ के घरों की क़तारों से परिभाषित होती थी। इन घरों में दुकानों की खिड़कियाँ, रेस्तराँ

रात की ज़िंदगी, पेरिस, 1861

और कैफ़े भी शामिल थे। छायादार सड़क की 'तल-छत' व्यावसायिक उजाले की सरहद, यानी लगभग पहली मंज़िल की ऊँचाई पर होती थी।

जब तक दुकानों की रोशनी ने घरों के बाहर एक 'इंटीरियर' दायरा निर्मित नहीं किया था तब यह एक संक्रमण के काल से गुज़र रही थी। उस समय यह एक ऐसे क्षेत्र के रूप में विकसित हो रही थी जो एक अकेली दुकान से बड़ा परन्तु छायादार सड़क जितना बड़ा नहीं थाः काँच की छत वाले तोरण, बरामदे या गलियारे। इस क़िस्म का व्यावसायिक स्थान सबसे ज़्यादा पेरिस में ही विकसित था। पेरिस में 1790 से 1830 के बीच रात की ज़िन्दगी का केन्द्र पैलेस रॉयल था। उसमें बनाई गई गालेरी ऑरलेयों अपने क़िस्म की पहली ऐसी जगह थी। सन 1800 (यानी गैस लाइटिंग के आने से पहले) में एक जर्मन सैलानी ने लिखा था कि 'ये वाक़ई एक शानदार नज़ारा है। शाम और रात ढलने के बाद दुकानों में उजाला करने वाले एरगाँ के शानदार लैम्प। उजाले में रखी चीज़ें ज़बरदस्त चमक के साथ एक नई आभा देती थीं और उधर गलियारों में गुज़रती भीड़ पर परावर्तिका की तेज़ रोशनी पड़ती थी।'[25] 30 साल बाद गैसबत्ती की रोशनी में भी यही नज़ारा थाः 'पॉलिशदार महोगनी और विशाल आईनों वाली दीवारों... की सतह पर एक हज़ार रौशनियाँ परावर्तित होती हैं। इस चमक-दमक से आक्रान्त अजनबी को पैलेस रॉयल एक बाज़ार जैसा दिखाई देता है।'[26] जब 1830 के बाद पैलेस रॉयल उपेक्षा का शिकार हो गया विकेन्द्रीकरण की प्रक्रिया में गालेरी ऑरलेयों की भूमिका पेरिस के असंख्य तोरणों ने ले ली। विकेन्द्रीकरण की यह प्रक्रिया रात की ज़िन्दगी के विस्तार की प्रक्रिया भी थी। इन नए स्थानों के समकालीन विवरण एकदम उन्हीं शब्दों में व्यक्त किए जाते हैं जिनमें गैलरी ऑरलियन्स को बयान किया गया था। ऐसा लगता है कि लोग रोशनी और प्रदर्शन के लिए रखी गई चीज़ों तथा जीवन्त भीड़ की अंतःक्रिया

विंसेंट वैन गॉगः *कैफ़े ऐट नाइट*

से आकर्षित होते थे। 'रोशनी के समुद्र में इन्द्रधनुषी पुलों की तरह सतरंगी गलियारों की विशाल भूलभुलैया। एक नितान्त जादुई दुनिया। हर शै जादुई, बल्कि कल्पना की सीमाओं से भी ज़्यादा जादुई।'[27]

उजाले की इस प्रगति में एक अन्तिम क़दमः छतदार जगह से खुले में पड़ने वाली रोशनी का उदय। नीचे दिए गए विवरण हैं तो छायादार सड़कों के बारे में परन्तु वह तोरण या गालेरी ऑरलेयों के भी हो सकते थे। 'हर ओर दमकती दुकानें, बेजोड़ प्रदर्शन, चमक-दमक में डूबे कैफ़े और हर वक़्त जलने वाली रोशनी ..... दुकानों से इतनी तेज़ रोशनी निकलती थी कि आप चाहें तो टहलते-टहलते ही अख़बार भी पढ़ सकते हैं।'[28] 'गैस से जलने वाले लैम्प चमकते हैं और लटके हुए लैम्पों में आभा रहती है। और दोनों के बीच तंबाकूफ़रोशों की लाल लालटेनें और दवा विक्रेताओं के नीलवर्णी शीशे के गोलक—पारदर्शी तख़्तियाँ पेरिस की रात की ऐश्वर्य का विशाल, आग्नेय अक्षरों में ऐलान करती हैं और भीड़ कभी इधर है कभी उधर।'[29]

1850 और 1870 के बीच शहर के बारे में बताने वाली निर्देशिकाओं और सफ़रनामों में इस तरह की कई छवियाँ देखी जा सकती हैं। उनके शीर्षकों की एक झलकः गैस का उजाला और दिन का उजाला; Paris au Gaz; Paris bei Sonnenschein und Lampenlicht; और गैस के उजाले में न्यूयॉर्क।[30] ये दो दशक गैस लाइटिंग का स्वर्णिम काल थे। गैस पश्चिमी युरोपीय और अमेरिकी समाज की सांस्कृतिक एवं मनोवैज्ञानिक बुनावट में मज़बूत जड़ें जमा चुकी थी। पहले के एतराज़ और डर ग़ायब

पेरिस : पैलेस-रॉयाल का बाग़

'यह वाक़ई एक शानदार नज़ारा है – ख़ूबसूरत अरगाँ लैंप शाम को दुकानों को आलोकित करते हैं और रात में भोग-विलास की वस्तुएँ ख़ूब चमकती हैं... (सन् 1800 के एक यात्रा वृत्तांत से। स्रोतः ए. पुगिन और सी. हीथ, *पेरिस ऐंड इट् स एनवायरंस*, लंदन, 1831)

हो चुके थे और इसका आधुनिक वारिस, विद्युतीय प्रकाश अभी पटल पर नहीं आया था। रेलवे की तरह गैसलाइट भी मानवीय एवं औद्योगिक प्रगति के प्रतीक के रूप में शिखर पर विराजमान थी।

बहरहाल, अभी भी गैसबत्ती एक खुली लौ के साथ ही जलती थी। उजाले के पुराने स्रोतों के मुक़ाबले यह कितनी भी कार्यकुशल, निरपेक्ष और बुद्धिसंगत क्यों न दिखाई देती हो परन्तु इसमें अभी भी खुली लौ का एक जीवंत और जादुई गुण क़ायम था। अगर यह पिछली किसी भी रोशनी के मुक़ाबले कहीं ज़्यादा बड़े दायरे को रोशन करने वाली मंहगी रोशनी होने के मायने में आधुनिक थी तो दूसरी तरफ़ अभी भी लौ से बंधे होने के कारण 'पुराने ज़माने' की रोशनी भी थी। युरोप की राजधानियों में 1850 और 1870 के बीच रात की ज़िन्दगी के माध्यम के तौर पर उसकी अपील का स्रोत संभवतः पुराने और नए का यह संगम ही था। गैस से रात में उजाला करना लोगों की भावनाओं को झकझोरता था क्योंकि यह प्राकृतिक व्यवस्था पर विजय का प्रतीक था और वह भी विद्युतीय प्रकाश की जीवन रहित कठोरता से मुक्त। गैसबत्ती में जीवन, गरमाहट और निकटता का भाव निहित था। और यही बात इसकी रोशनी और दुकानों की जिन चीज़ों पर यह पड़ती थी उनके बीच बनने वाले संबंध के बारे में भी सच थी। दोनों एक-दूसरे के नज़दीक थे, बल्कि दोनों एक-दूसरे को बेधते थे और दोनों ही परस्पर एक-दूसरे के प्रभाव में भी वृद्धि करते थे। विलास-वस्तुओं की चीज़ों की उन दुकानों के ब्यौरों से यही पता चलता है जिनमें भरपूर उजाला रहता था।

यहाँ भी विद्युतीय प्रकाश ने एक क़िस्म की लोचहीनता, ठंडापन और दूरी का भाव पैदा कर दिया। इसने छायादार सड़क 'बैठक' की 'तल-छत' को छत के स्तर तक ऊपर उठा कर खोल दिया। इसके बाद से व्यावसायिक प्रकाश नुमाइशी झरोखे से कटकर इस दूर स्थित बिन्दु पर अपने एक निजी, स्वतन्त्र

रोशन डिपार्मेंट स्टोर (1883)

दायरे में चला गया। 1928 में अर्न्स्ट मे ने लिखा कि टाइम्स स्क्वेयर की विज्ञापन रोशनियों ने उनको किस क़दर मुतास्सिर कियाः 'यहाँ आँखें कुछ नहीं पढ़ती, वो किसी आकृति को नहीं पहचान सकतीं। वो तो बस चमकदार रोशनियों, और एक-दूसरे के असर को काटने वाली रोशनी की असंख्य धार के प्राचुर्य में खोकर रह जाती हैं।'[31]

बैठक
(ड्रॉइंग रूम)

इस बात पर ध्यान देना ज़रूरी है कि तेज़ धूप या लैम्प की रोशनी न केवल कोमल हो जाती है, बल्कि वह कुछ ख़ास बिंदुओं पर संकेंद्रित और दूसरी जगहों से दूर भी रहती है। संक्षेप में, इसका प्रसार समान रहता है। इस काम को दिन के समय परदे और झरोखे अंजाम देते हैं और रात में नाना प्रकार के दीपावरण।

(हेनरी हावर्ड, लार दाँ ला मेज़ाँ, 1884)

द फ़िलॉसॉफ़ी ऑफ़ फ़र्नीचर में एडगर ऐलन पो कहते हैं कि गैसलाइट इस क़ाबिल नहीं है कि उसे 'दरवाज़ों के भीतर घुसने दिया जाए। उसकी अस्थिर व तीखी रोशनी चुभती है।'[1] हालाँकि ये तो एक अतिसंवेदनशील सौंदर्योपासक का फ़ैसला था मगर उन्नीसवीं सदी में गैसलाइट को आम तौर पर अन्य लोग भी इसी तरह देखते थे। इस नज़रिए में आराम करने और बैठने-उठने के लिए इस्तेमाल होने वाले घरेलू कमरों के भीतर गैसलाइट के लिए कोई जगह नहीं थी। उन्नीसवीं सदी के आख़िरी सालों में आंतरिक साज-सज्जा से संबंधित निर्देशिकाएँ काफ़ी लोकप्रिय थीं और उनमें लोगों को कमोबेश यही राय दी जाती थी। 1889 में छपी एक फ़्रांसीसी पुस्तिका में कहा गया है कि 'गैसलाइट खाने के कमरे या किसी भी दूसरे विश्राम कक्ष में दाखिल होने के क़ाबिल नहीं है।'[2] 1878 में छपा एक अंग्रेज़ी प्रकाशन और तफ़्सील में जाता है:

'इस बात को शायद ही किसी ने महसूस किया होगा कि अच्छी तरह बंद और गैस की रोशनी से सराबोर कमरे में आप कितने बेबस और बीमार-जैसा महसूस करते हैं। जबकि गैस की सबसे ज़्यादा ज़रूरत होती है, तो कमरे अकसरहाँ बंद ही रहते हैं। यह इंतज़ाम कमरे की सजावट के लिए भी नुकसानदेह होता है, फिर चाहे वह सजावटी तस्वीरें हों, काग़ज़ हों, छत हो या लटकनें हो। ये जल्दी ही सीलन भरे और बदरंग पड़ जाते हैं। गैस की रोशनी सघन और कड़क होती है। ये रोशनी अकसरहाँ कमरे के बीचोंबीच बहुत तेज़ होती है। और तो और, नज़दीक जाने पर ये बहुत तीखी लगने लगती है और दूर जाने पर ज़रूरत से ज़्यादा कमज़ोर। किसी पढ़ने-लिखने वाले, कशीदाकारी करने वाले या कलाकार के लिए यह खिझाने वाली भी है और कमज़ोर भी। गैसलाइट को कोमल बनाने और उसकी चौंध को नियंत्रित करने के लिए कई तरह की तरकीबें आज़माई गई हैं मगर किसी सुरुचिपूर्ण और एहतियात के साथ सजाई गई बैठक के लिए ये तरकीबें नाकाम हैं। इसके लिए इस्तेमाल किए जाने वाले कटे हुए काँच के गोले देखने में भद्दे और रंग के लिहाज़ से दिन और रात दोनों समय बड़े कमज़ोर लगते हैं।'[3]

उपलब्ध साहित्य के ज़रिए हमें यही पता चलता है कि गैसलाइट को बुर्जुआ घरों के केंद्र, यानी बैठक (ड्रॉइंग रूम) से वाक़ई बाहर रखा गया था। 1830 और 1850 के बीच जे.ओ.एन. रटर इंग्लैंड

के जाने-माने गैस इंजीनियर थे। वह बुर्जुआ घरों में गैसलाइट के एक जोशीले समर्थक थे। 1835 में उन्होंने घर के उन हिस्सों की एक फ़ेहरिस्त तैयार की जो गैसलाइट के लिए सबसे मुफ़ीद थेः 'नर्सरी, शयन कक्ष और पुस्तकालय, खाने के कमरे, अध्ययन कक्ष, नौकरों के कमरे और अस्तबल, तहख़ाने, शराब घर, गोदाम और सार्वजनिक इमारतें।'[4] बैठक, सोने का कमरा या अकसर बैठने-उठने की जगहें इस फ़ेहरिस्त से ग़ायब हैं।[5] दस साल बाद रटर संतोष के साथ कह सके कि गैसलाइट घर के भीतर पैठ बना चुकी है। परन्तु इस बार भी उनकी फ़ेहरिस्त से बैठक का नाम ग़ायब थाः

साम्राज्य के सभी प्रमुख शहरों में गैस उत्पादन शुरू हो चुकने के काफ़ी समय बाद तक भी उसे केवल सड़कों, दुकानों, गोदामों, कारख़ानों और सार्वजनिक इमारतों में रोशनी करने के लायक़ ही समझा जाता था। किसी सुरुचिपूर्वक सजे घर के बरामदे या ज़ीनों में इसके इस्तेमाल को एक साहसिक तजुर्बे की तरह देखा जाता था। पर आगे चलकर जब इसके क़दम घर के और भीतर तक पहुँच गए, वह घर के गलियारों और घरेलू दफ़्तरों तक जा पहुँची, तो बहुत सारे पुराने ख़याल के लोगों ने सिर हिला कर अपनी नाखुशी ज़ाहिर की। उनके चेहरे पर मुर्दनी छा गई और उन्होंने इसके भयानक परिणामों की घोषणा कर दी। बहरहाल, भय और आशंका के ये भाव जाते रहे हैं; किसी कोने-अंतरे में अगर ये आज भी मौजूद है—उसी तरह जैसे रेलवे, जहाज़ या टेलीग्राफ़ का ख़ौफ़—तो महज़ अपवादस्वरूप। आमतौर पर जहाँ-जहाँ भी गैसलाइट को वाजिब मौक़ा दिया गया, वहाँ तोष और आत्मविश्वास ही झलकता है।

गैस लाइटिंग की प्रगति में एक ग़ौरतलब बात ये रही कि जिन हज़ारों लोगों ने इसका इस्तेमाल किया उन्हें अपने कारोबार में उपादेयता पर रत्ती भर भी शक नहीं था लेकिन हाल-हाल तक भी गिने-चुने लोग ही इसे अपने परिवारों की सुविधा के लिए मुफ़ीद मानते थे।[6]

शिलिंग के *हाण्डबूख़ डेयर श्टाइनकोलनगास-बेलॉयष्टुंग* के दूसरे संस्करण (1866) में कहा गया था कि गैसलाइट 'आवासीय इमारतों से अभी भी पूरी तरह बेदख़ल थी... और उसे अभी भी गलियारों और बावर्चीख़ाने तक ही बर्दाश्त किया जाता था'[7]—पर इस तथ्य को गैसलाइट के नएपन के परिणाम के रूप में समझना ग़लत होगा। तकनीकी रूप से परिष्कृत होने और युरोपीय भौतिकतावादी संस्कृति के तौर पर मज़बूती से पैठ जमा चुकने के बावजूद गैसलाइट बुर्जुआ घरों के हाशिए तक ही रहने को अभिशप्त थी। 'यदि गैसलाइट को बरामदों, प्रतीक्षा कक्ष, बावर्चीख़ाने और सार्वजनिक प्रकाश के स्रोत तक ही सीमित रखा जाए तो इसके सबसे बड़े नुकसान साफ़ नहीं दिखाई देते और इसके फ़ायदे आप बेरोक-टोक उठा सकते हैं।'[8] यदि नज़दीक से देखा जाए तो गैसलाइट को बैठक में आने से रोकने के लिए दी जाने वाली दलील में ख़ास दम नहीं हैं। मिसाल के तौर पर, यदि एक बार घर को मुख्य पाइपों से जोड़ा जा चुका है तो उन्हें बैठकख़ानों के दरवाज़े पर ही रोक देने से घर के भीतर ज़हर फैलने या विस्फोट का ख़तरा[9] कम नहीं हो जाता। ये दलील भी उतनी ही निराधार थी कि गैसलाइट हवा का इस्तेमाल कर लेती है और उसके ज्वलन अवशेषों से कमरों की भीतरी साज-सज्जा ख़राब होती है।[10] आख़िर ऑक्सीजन तो मोमबत्तियों और तेल के दियों में भी जलती थी और उनसे निकलने वाले ज्वलन

ड्रॉइंग रूम में प्रकाश

उन्नीसवीं सदी के अंत तक रोशनी घर के बीचों-बीच पहुँच गई थी। इन दो चित्रों में अभी भी मोमबत्तियों, तेल और पैराफ़िन लैम्पों से रोशनी की जा रही है, यहाँ तक कि झूमर में भी।

अवशेष तो और भी ज़्यादा थे। इन दुष्प्रभावों को ज़्यादा जल्दी इसलिए महसूस किया जाने लगा क्योंकि गैसबत्ती की लौ इतनी ज़्यादा बड़ी थी। और आख़िरकार गैसलाइट की चौंधियाने वाली चमक भी सिर्फ़ अकेले उसी की ख़ासियत नहीं थी। सन् 1800 के आस-पास तेल की जगह इस्तेमाल में आया पैराफ़िन भी तक़रीबन इतनी ही सघनता वाली रोशनी देता था।

प्रसंगवश, उन्नीसवीं सदी में प्रकाश के मनोविज्ञान को समझने के लिए पैराफ़िन लैम्प एक बढ़िया दृष्टांत है। जिन बैठकों और सोने के कमरों में गैसलाइट निषिद्ध थी वहाँ पैराफ़िन लैम्प का बिना किसी हील-हुज्जत के स्वागत किया गया। उन्नीसवीं सदी के उत्तरार्द्ध में पैराफ़िन लैम्प 'शयनकक्ष की बेजोड़ रोशनी'[11] बन गया। इसकी कामयाबी वाक़ई हैरत-अंगेज़ है क्योंकि तकनीकी नज़रिए से देखा जाए तो गैसलाइट के मुक़ाबले ये एक क़दम पीछे ही था। (पैराफ़िन लैम्प कुल मिलकार महज़ एक अरगाँ लैम्प ही तो था जिसको जैविक तेल की जगह खनिज तेल का प्रयोग करने के लिए थोड़ा संशोधित कर दिया

लौ में ताकना

गया था।) ये वाक़ई कुतूहलपूर्ण बात है कि जिस गैसबत्ती पर नज़र रखने की कोई ज़रूरत नहीं पड़ती थी और जो ख़ूब तेज़ भी थी उसके मुक़ाबले एक ऐसे लैम्प को तरजीह दी गई जिस पर नज़र रखने के लिए एक आदमी को लगातार (काँच के सिलेंडर को साफ़ करने, बत्ती कतरने और कभी-कभी उसे बदलने, तेल की डिब्बी भरने के लिए) मुस्तैद रहना पड़ता था।

संभवतः यह प्रकाश के औद्योगीकरण की प्रतिक्रिया थी। असल में अपनी अलहदा रोशनी रखकर लोग प्रतीकात्मक रूप से खुद को एक केंद्रीकृत आपूर्ति व्यवस्था से दूर रखना चाहते थे। बैठने के कमरों में पारंपरिक दीयों या मोमबत्तियों के इस्तेमाल में गैस के मुख्य पाइपों से जुड़ने के प्रति हिचकिचाहट और किसी साफ़-साफ़ दिखने वाले ईंधन से जलती रोशनी की चाह, दोनों अभिव्यक्त होते थे। ज़ाहिरा तौर पर दावे का यही बिन्दु था जिसके सहारे उपरोक्त फ्रांसीसी पुस्तिका ने गैसलाइट पर अपने फ़ैसले को खड़ा किया थाः 'तेल से जलने वाले दीये और मोमबत्तियाँ रोशनी का एकमात्र ऐसा स्रोत हैं जिनका हम ऐसे कमरे में इस्तेमाल कर सकते हैं जहाँ हम अपने बाल-बच्चों के साथ सहज ढंग से बैठ सकें।'[12] दीये में तेल की अहमियत के बारे में बाशेलार का कथन इस सिलसिले में टीका जैसा लगता हैः 'एक अच्छा दीया, एक अच्छी बत्ती, और बढ़िया तेल—दिल को हरारत पहुँचाने वाली रोशनी के लिए यह सबसे लाज़िमी चीज़ें हैं। जो शख़्स ख़ूबसूरत लौ की अहमियत जानता है उसे अच्छे तेल को भी अहमियत देनी चाहिए....। नोवालिस के लिए तेल की क़ीमत लौ के सत्व से किसी दर्जे कम नहीं है; ख़ूबसूरत, ज़र्द तेल ऐसे ही है जैसे फैलने को बेताब संकुचित प्रकाश हो। बस एक छोटी सी लौ के ज़रिए हम इस भौतिक रूप में क़ैद उजाले को आज़ाद कर देते हैं।'[13] अपने ईंधन को प्रत्यक्ष रूप से उदरस्थ करती मोमबत्ती या तेल का दिया हक़ीक़त में एक छोटी सी आग ही था। उसको देखने पर भी वैसे ही सपनीले ख़्याल आते थे जैसे बाशेलार द्वारा बयान की गई खुले अलाव में जलती आग को देखकर आते थे। और वस्तुतः खुली रोशनी ने वही जगह हथिया ली जो कभी प्राचीन अलाव की आग को हासिल हुआ

रोशनी और परिवार

'यहाँ शाम के भोजन के बाद पूरा परिवार स्टोव और प्रकाश के इर्द-गिर्द इकट्ठा हो जाता है.... मद्धम रोशनी से आलोकित हलके गर्म कमरे में आराम और एक-दूसरे के क़रीब होने की भावना झलकती है' (जे. फ़िएज)

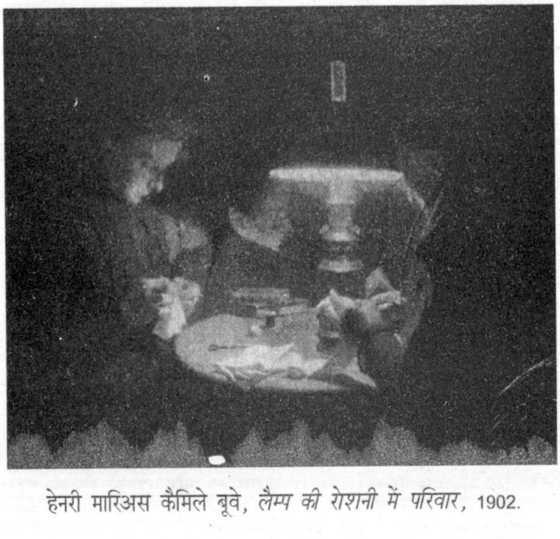

हेनरी मारिअस कैमिले बूवे, *लैम्प की रोशनी में परिवार*, 1902.

एडॉल्फ़ वॉन मेन्ज़ेल, *सोइरी एट जुस्तिज़रात मेरकर्स*, बर्लिन

करती थी। उन्नीसवीं सदी के अंत तक किसानों के परिवार दिन का काम ख़त्म कर चुकने के बाद हर शाम बैठने के कमरे में आग की रोशनी के इर्द-गिर्द इकट्ठा हो जाते थे। इस रोशनी को ज़्यादातर चूल्हे के बग़ल में या मेज़ के ऊपर रखा जाता था। ये दोनों ही स्थान आदिकालीन गृहस्थ अलाव से जुड़े हुए हैं।[14] चूल्हे में ओझल हो चुकी आग ने इस तरह खुली रोशनी के रूप में ज़ोरदार वापसी की। ये रोशनी दरअसल आग की हमशक्ल थी आँखों को जिसकी ज़रूरत अभी भी महसूस होती थी। शिलर ने *डी ग्लॉक* में लिखा 'रोशनी की कौटुंबिक लौ के गिर्द पूरा घर आ जुटता है।' इस नज़ारे को लोक कथाओं और कविताओं में भी बयान किया गया हैः 'रात के खाने के बाद पूरा परिवार चूल्हे के इर्द-गिर्द यहाँ इकट्ठा हो जाता है। उन पर और उनकी मधुर याददाश्त पर जो क़ाबिज़ है, वह 'शाम की बैठक' की सघनता ही है। इसमें गर्म, नीमरोशन कमरे का आराम और निढाल हो जाने की आज़ादी और रोशनी व चूल्हे के इर्द-गिर्द बैठे लोगों को एक-दूसरे से जोड़ने वाली संग-साथ की भावना शामिल रहती है।'[15]

सामुदायिक संध्या जीवन के कुछ आत्मकथात्मक विवरणों से इस बात की तस्दीक़ होती है कि उस समय रोशनी लोगों के जीवन में केंद्रीय भूमिका निभाती थी। एक किसान की आत्मकथा में लिखा मिलता है, 'रात के खाने के समय मेज़ के बीचोंबीच औंधे रखे एक बर्तन के ऊपर टिन का तेल से जलने वाला दिया रखा जाता था और धीरे-धीरे परिवार के सारे जने इसके इर्द-गिर्द इकट्ठा होने लगते थे।'[16] पूंजीपति (या बल्कि अर्धपूंजीपति) घर में भी कुछ-कुछ ऐसी ही स्थिति थी। 'शाम के समय हमारे मां-बाप और थोड़ी बड़ी उम्र के बच्चे बैठक में पड़ी गोल मेज़ के चारों तरफ़ बैठ जाते। दो तेज़ दीये कमरे के बीचोंबीच जलते रहते थे। मां तो हमेशा की तरह काम में लगी रहती थी मगर हम लोग पढ़ते रहते थे।'[17] 'शाम के वक़्त जब दीया गोल मेज़ के ऊपर जल रहा होता और पूरा कुनबा बतियाते, पढ़ते, काम करते या क़हक़हे लगाते उसके चारों ओर जुटता था तो ये हमेशा एक ख़ास मौक़ा होता था।'[18] खुली रोशनी इस मायने में भी छोटी सी आग जैसी थी कि उस पर लगातार नज़र रखनी पड़ती थी, ख़ास तौर से बत्ती को कतरने के लिए। सन् 1800 के आस-पास एक औसत मोमबत्ती की बत्ती को तक़रीबन पैंतालीस दफ़े

सिग्मंड फ़्रायडेबर्ग, *ए विन्टर्स ईवनिंग*, 1774

काटना पड़ता था।[19] एक और आत्मकथात्मक विवरण में हम पढ़ते हैं, 'मैं अभी भी अपने पिता को देख सकता हूँ। वह मेज़ पर बैठे हैं और हमारी बात सुन रहे हैं। साथ ही वह स्थिर दृष्टि के साथ तेल के दीये को घूर रहे हैं और अपने में खोए हुए ही बत्ती कतरने वाली कैंची से बार-बार उसे कतर रहे हैं।'[20]

अलाव की आग को बैठक की रोशनी के आद्य स्वरूप की तरह देखने से न केवल एक खुली रोशनी की निरंतरता समझ में आती है बल्कि इससे उन्नीसवीं सदी में रोशनी की अलग-अलग छवियों के बारे में भी काफ़ी कुछ पता चलता है। लकड़ी की आग और दूसरे जैविक ईंधनों से निकलने वाली ललौंही आभा को सामान्य और कुदरती क़िस्म की रोशनी माना जाता था। उन्नीसवीं सदी के अंत तक तमाम क़िस्म की रोशनी, चाहे वह वर्कशॉप, बैठक या वर्साय के शीशभवनों में रही हो, मोटे तौर पर इसी तरह की कोमलता लिये होती थी। अगर कुछ बदलता था तो वह थी रोशनियों की संख्या और ईंधन की गुणवत्ता। और तो और, मोमबत्तियों की बेहिसाब तादाद भी आँखों को चौंधिया नहीं सकती थी क्योंकि इसमें भी दरअसल छोटी-छोटी अलग-अलग टिमटिमाती रौशनियाँ ही होती थीं। वर्साय में उत्सवी आतिशबाज़ी में इस्तेमाल होने वाली हज़ारों मोमबत्तियाँ भी कभी रोशनी का एक असंरचित उजाला पैदा नहीं कर सकी। उनसे एक कोमल आभामंडल पैदा होता था जिसे देह और आत्मा, दोनों, इन छोटी-छोटी

रोशनियों से ही मिलती थी। रोशनी की इस पुरानी संस्कृति की ख़ासियत यह भी थी कि इसका प्रभाव प्रत्यक्ष दिखाई देता था और जिसे खुद लौ से ही हासिल किया जाता था।

अरगाँ लैम्प में लौ ने अपनी ये ख़ासियत गँवा दी। इस लैम्प में तक़रीबन शायराना गुणों वाली पुरानी लौ को रोशनी के एक तीखे केंद्रक में रूपांतरित कर दिया। अरगाँ लैम्प की लौ की तरफ़ सीधे देखना न केवल कष्टदायक बल्कि नामुमकिन था। रसायनज्ञ और आविष्कारक काउंट रम्फ़ोर्ड (1753-1814) ने सन् 1800 के आस-पास कहा था 'जैसा कि सब जानते हैं अरगाँ लैम्प की नंगी लौ को पीछे से देखना वाक़ई असह्य अनुभव है।'[21] यहाँ उन्होंने लगे हाथ ख़ूबसूरती के मुताल्लिक़ कुछ सलाह भी दे डालीः जो महिलाएँ अपनी शक्लो-सूरत का ख़ास ख़्याल रखना चाहती हैं उन्हें चाहिए कि वे किसी अरगाँ लैम्प की बेरहम किरणों में खुद को नुमायाँ न किया करें।[22] रम्फ़ोर्ड इस नए क़िस्म की रोशनी से निपटने का व्यवस्थित तरीक़ा ढूंढने वाले पहले व्यक्ति थे। उन्होंने उसे ढँक दियाः

> 'रोशनी को नष्ट करने का ख़तरा उठाए बिना लैम्पों और मोमबत्तियों की लौ पर आवरण डालने का एकमात्र तरीक़ा यह है कि उन्हें ऐसे पदार्थों से बनी झिल्ली से ढँक दिया जाए जो उसे नष्ट किए बिना छितरा देते हैं। इस मक़सद के लिए कुटे हुए काँच, सिल्क की सफ़ेद चीज़ों, जैसे जालीदार पट्टी, बारीक सफ़ेद काग़ज़, सींग, और विभिन्न दूसरे पदार्थ इस्तेमाल किए जा सकते हैं—और उन्हें अकसर इस्तेमाल किया भी जाता है।'[23]

जैसा कि रम्फ़ोर्ड बताते हैं, संभवतः जापानी लालटेनों से प्रेरित यह पद्धति उन्नीसवीं सदी की शुरुआत तक काफ़ी व्यापक रूप से फैल चुकी थी।[24] इन नए शेड्स (आवरणों) और मौजूदा शेड्स के बीच कोई समानता नहीं थी। उस समय जिन लैम्पों को ढँका जाता था वह सिर्फ़ अध्ययन के लिए इस्तेमाल होते थे और ऐसे लैम्प सत्रहवीं सदी से इस्तेमाल में चले आ रहे थे। इन लैम्पों के आवरण का मक़सद रोशनी को छितराना और धीमा करना नहीं बल्कि इसके विपरीत मोमबत्ती की रोशनी को किताब या किसी दूसरे पदार्थ पर केंद्रित कर देना था।

नए क़िस्म का दीपावरण (लैम्प शेड) दरअसल रोशनी पर उसी सिद्धांत को लागू करने का परिणाम था जिस पर चूल्हा आधारित था। जिस तरह खुली आग चूल्हे में ग़ायब हो जाती थी और गरमाहट के रूप में उसका 'अमूर्त' गुण ही बाहर आता था उसी तरह दीपावरण भी लौ की 'अमूर्त' रोशनी को छान देता था। (प्रकाश की पद्धतियों में आग की पुरानी तकनीकों को समाहित करने में इतना लंबा समय लगा इस तथ्य से पता चलता है कि अठारवीं सदी की युरोपीय संस्कृति में लाइटिंग को कितनी मामूली अहमियत दी जाती थी। आख़िरकार अरगाँ लैम्प में लगा काँच का सिलिंडर 'चिमनी' के अलावा और क्या था?)

क्योंकि उन्होंने लौ को छिपा दिया लिहाज़ा दीपावरणों के विकास को एक नकारात्मक बदलाव माना जा सकता है। परन्तु इसी तरह उन्हें प्रकाश के सकारात्मक रूपांतरण के नज़रिए से भी देखा जा सकता है जिसमें लौ की जगह उजले दीपावरण ने ले ली। रम्फ़ोर्ड ने लिखाः

'प्रकाश की किरणें उससे गोलाकार आवरण से, गुज़रते हुए इतनी छितरा जाएँगी कि उसकी बाहरी सतह के हर दृश्यमान बिंदु से हर दिशा में किरणें निकलेंगी और गोले की सतह *आलोकित* हो जाएगी। इसके आरपार मोमबत्ती की लौ को नहीं देखा जा सकेगा परन्तु ऐसा नहीं है कि आस-पास की चीज़ें कोई कम प्रकाशित हो पाएँगी। *यह गोला ही एकमात्र ऐसी चीज़ होगा जो दिखाई देगा*।[25]

समकालीन विवरणों में ढँके हुए लैम्प से निकलने वाली रोशनी की समरूपता पर ज़ोर दिया गया है। रम्फ़ोर्ड ने उसे 'कोमल तथा एकसमान रूप से वितरित' कहा। ज़्यादातर दूसरे ब्यौरों में भी कमोबेश इन्हीं शब्दों का इस्तेमाल दिखाई देता है। मिसाल के तौर पर, *अन्नालन डेयर फ़्यूज़ीक* के 1817 के अंक में इसे 'मोमबत्ती की रोशनी के मुक़ाबले ज़्यादा स्थिर, कोमल और स्थायी'[26] कहा गया है। लौ की सीधी पड़ने वाली रोशनी को छितरा कर शेड ने चीज़ों की परछाइयों की शक्ल बदल दी और इससे वे पहले से अलग दिखाई देने लगीं। इमारतों, कमरों और सड़कों को रोशन करने की कला के बारे में 1835 में प्रकाशित हुई एक किताब में हमें पढ़ने को मिलता है, 'क्योंकि असली लौ का स्वरूप धुंधला हो जाता है, लिहाज़ा प्रकाश की सभी किरणें गोले की सतह से निकलती प्रतीत होती हैं जो कि स्वयं भी आभासित प्रतीत होने लगता है। इस वजह से, और क्योंकि उससे निकलने वाली किरणें हर दिशा में एक-दूसरे को काटती हैं, इसलिए, उसके आस-पास रखी चीज़ों की परछाईं बहुत छोटी और धूमिल हो जाती हैं।'[27]

लगभग उसी समय कमरों में थोड़ा अलग क़िस्म की प्राकृतिक रोशनी की भी ज़रूरत महसूस होने लगी। तक़रीबन सन् 1800 तक खुद मोमबत्ती की लौ की तरह 'नंगी' दिखाई पड़ने वाली खिड़कियों को भी उन्नीसवीं सदी के शुरू में 'लिबास' पहना दिए गए। शुरुआत में खिड़की के सिर्फ़ ऊपरी हिस्से को ढँका जाता था ताकि तेज़ धूप की चौंध से बचा जा सके। मगर जल्दी ही खिड़की की पूरी सतह परदानशीन हो गई। जो काम लैम्प में पारदर्शी सफ़ेद पदार्थ करता था वही काम खिड़की में मलमल के परदे करने लगे। दोनों का मक़सद भी एक ही थाः बेहद तीखी, सघन और आक्रामक मानी जाने वाली रोशनी को क्षीण करना और छितराना। कला लेखक कॉर्नेलिउस गुर्लिट ने 1888 की नज़र से परदे की शुरुआत का विवरण दिया है (जिसमें निस्संदेह उनके अपने काल का नज़रिया भी दिखाई देता है)। उनके ब्यौरे से इस बात का कुछ-कुछ पता चलता है कि इस बेहद तेज़ रोशनी के प्रति अचानक नापसंदगी का क्या कारण रहा होगा। उन्होंने बेहद भोलेपन के साथ रोशनी और सार्वजनिक दृष्टि में उसकी मौजूदगी का जो समीकरण बनाया है उससे रोशनी के बारे में उन्नीसवीं सदी के नज़रियों का एक अहम सुराग़ मिलता है। गुर्लिट के मुताबिक़, उन्नीसवीं सदी की शुरुआत में परदों के आगमन का उद्देश्य 'कमरे को बाहरी नज़रों, और उजाले का आनंद त्यागे बिना धूप की शीतल सौम्यता से छिपाना था। इसके लिए विचार आया कि खिड़की पर एक हल्की, पारदर्शी चीज़ टांग दी जाए। इसकी मोटी सिलवटों में पड़ने वाली गहरी परछाइयाँ खिड़की की तीखी वास्तुशिल्पीय रेखाओं को रोशनी को पूरी तरह रोके बिना मृदुल बना देंगी। सफ़ेद रंग के चुनाव की वजह यह थी कि उस समय सफ़ेद को सुरुचि की श्रेष्ठतम अभिव्यक्ति

एडॉल्फ़ वॉन मेन्ज़ेल, *रूम विद बाल् कनी*, 1845, बर्लिन

जिऑर्ग फ़्रीडरिख कर्स्टिंग, *इन फ़्रंट ऑफ़ द मिरर*

माना जाता था।'[28] उन्नीसवीं सदी के शुरू में मलमल और जालीदार पट्टी जैसी पारदर्शी सफ़ेद सामग्री का प्रयोग न केवल लैम्पों और खिड़कियों को ढँकने के लिए किया जाता था बल्कि उन्हें पहनावे में भी इस्तेमाल किया जाता था। साम्राज्य में महिलाओं के फ़ैशन में मलमल की दीवानावार माँग थी। पारदर्शी कपड़ों से बदन उसी तरह बाहर झांक उठता था जैसे परदों के पार खिड़की की चौखट उभर आती थी। मगर ऐसे परिधानों से अकसर सर्दी-ज़ुकाम का प्रकोप भी फैल जाता था जिसे उस वक़्त 'मलमल की बीमारी' कहा जाता था।[29] मलमल के फ़ैशन की शायद सबसे अजीबोग़रीब देन 'मलमल की अलमारी' था जिसे मलमल के 380 ऐल्स (मससे या थान) का इस्तेमाल करके 1829 में शिंकेल ने बर्लिन के शार्लटनबर्ग पैलेस के लिए बनाया था।[30]

छितरायी हुई श्वेत रोशनी और झिल्लीदार सफ़ेद कपड़ों की पसंद को रंगों के बारे में उस वक़्त हावी नवशास्त्रीय सुरुचि के ज़रिए समझा जा सकता है जिसमें उस समय रंगहीन श्वेत को सबसे ज़्यादा महत्त्व दिया जाता था। मगर हमारे मक़सद के लिए इस सामान्य विवरण के मुक़ाबले उस ज़माने की पेंटिंगें, विशेष रूप से सी.डी. फ्रिडरिख़, गेन्सबोरो और रूंज की कलाकृतियाँ ज़्याद सूचनाप्रद हैं। उस दौर की पेंटिंगों में प्रकाश का प्रस्तुतिकरण उसी क़िस्म की रोशनी से संबंधित है जो दीपावरणों और परदों के इस्तेमाल से पैदा होती थी। वॉल्फ़गाँग शेओन बताते हैं कि अठारहवीं सदी के चित्रकार छितरायी हुई रोशनी के प्रभाव को प्राप्त करने की आकांक्षा पहले से ही पाले हुए थे। शेओन इस परिघटना का विवरण इस प्रकार देते हैं: 'प्रकाश और अंधकार के दोहरेपन को काफ़ी हद तक समाप्त कर दिया गया था: परछाइयाँ अपनी ठोसता खो सकती हैं और प्रकाश की शक्ति बढ़ जाती है।'[31] शेओन के मुताबिक़ प्रारंभिक मुक्ताकाश कला यानी उन्नीसवीं सदी की प्रारंभिक लैंडस्केप पेंटिंगों में प्रकाश पूरी तरह मुक्त था। उसमें वर्चस्व था 'एक उन्मुक्त प्रकाश का, जो कुदरती तौर पर ही पेंटिंगों की संपूर्ण दृश्यमान दुनिया में पैठ जाता है। इस प्रकार, देखने वाला उसके स्रोत को अपरिमित दूरी पर मानने लगता है....। इसके विपरीत, पंद्रहवीं से अठारहवीं सदी की हर पेंटिंग एक ऐसे कटोरे जैसी दिखाई देती है जो भले ही अलग-अलग आकार के हों परन्तु हमेशा एक बंद रोशनी से कोन-कोने तक भरे और घिरे दिखाई देते हैं'।[33]

कहने का आशय यह नहीं है कि पेंटिंग का प्रकाश-संयोजन दीपावरण या खिड़कियों के परदों से पैदा की गई प्रकाश-व्याप्ति को प्रभावित कर रहा था। न ही दूसरी प्रक्रिया पहली को प्रभावित कर रही थी। परन्तु इतना ज़रूर है कि तेज़, फैली हुई रोशनी के लिए यह नई पसंद पेंटिंगों और घरेलू प्रकाश दोनों में अभिव्यक्त होने लगी। उन्नीसवीं सदी के प्रारंभिक काल की पेंटिंगों में प्रकाश उतना ही दूर दिखाई देता था जैसे वह दीपावरण से निकलने पर प्रतीत होता था। बंद रोशनी से यह दूरी इन नए स्वरूपों को पुरानी पेंटिंग व पुरानी प्रकाश प्रौद्योगिकियों से अलगाती थी।

सीधे-सीधे प्रकाश फेंकने की बजाय महज़ भीतर से चमकने वाली एक पारदर्शी सफ़ेद गेंद के रूप में काम करने वाली लौ को प्रकाश पैदा करने वाले यंत्र के रूप में सीमित कर दिया गया। उससे निकलने वाली रोशनी एक 'कच्चा माल' थी जिसे बैठक में दाखिल होने से पहले लैम्पशेड के ज़रिए 'परिमार्जित'

होकर आना था। इसके अलावा अब ख़ुद लैम्प की काया भी एक छद्म वेष में प्रकट हो गई। अरगाँ लैम्प दरअसल प्रकाश पैदा करने वाली एक छोटी-सी मशीन ही था। उसमें मोमबत्ती की बारीक लकीरें और सरल सौम्यता नहीं थी और इस बात को पहली बार इसलिए और भी ज़्यादा महसूस किया गया कि पारंपरिक रूप से तेल की ढिबरी वर्कशॉप और ग़रीब घरों में ही इस्तेमाल होती थी। अठारहवीं सदी के अंत तक उच्च वर्ग के घरों में केवल मोमबत्तियाँ ही इस्तेमाल हो रही थीं। अरगाँ लैम्प ने इस एकाधिकार को तोड़ दिया।[34] परन्तु इसकी जटिल बनावट ने उसे सौंदर्य की दृष्टि से अप्रीतिकर बना दिया और इसलिए कुछ हिस्सों को ढँकना एक लाज़िमी और फ़ौरी ज़रूरत बन गया। जैसा कि रम्फ़ोर्ड ने बताया 'लैम्प की वो सारी चीज़ें जो कुरूप और उबाऊ हैं उन्हें छुपाया जा सकता है।'[35] रम्फ़ोर्ड ने जो लैम्प

छिपी हुई गैस की लौ

प्रकाश का नग्न केंद्र कुरूप माना जाता है। इसलिए वह कपड़े से बने, चित्रों से युक्त या काँच के लैंपशेडों में छिप जाता है ताकि सुंदर छनी हुई रोशनी दे सके।

तैयार किए उन्हें 'सपाट गुम्बदों या विदीर्ण शंकु के रूप में सफ़ेद जालीदार विशाल पट्टियों से इस तरह ढँका जाता था कि लैम्प पूरी तरह ही नज़र से ओझल हो जाए।'[36] दीपावरण कुछ ऐसे था जैसे किसी घोड़ागाड़ी का ऊपरी हिस्सा, जो गाड़ी की ज़रूरी मगर 'भद्दी' मशीनरी को बख़ूबी छुपा लेता है। पैराफ़िन लैम्प के आगमन से लैम्प को तकनीकी और सजावटी हिस्सों में बाँटने की प्रक्रिया को और बढ़ावा मिला। जर्मन पत्रिका *त्साइटश्रृफ़्ट फ़्यूर बेलॉयष्टुंग्सवेज़न* के 1897 के अंक में लिखा गयाः

> केवल लैम्प का पाया, तेल की धानी और हद से हद मध्य भाग ही कलाकार के हाथ आज़माने की जगह हो सकते हैं। बाक़ी चीज़ें, यानी बर्नर और सिलिंडर जैसे मशीनी कल-पुर्ज़े, तो फ़ैक्ट्री में बनती हैं। इस द्वैध के चलते लैम्प का स्वरूप संकर हो जाता है। उसका आधा हिस्सा तो कलाकारों के जीते-जागते हाथों से आकार लेता है और उनकी शख़्सियत का अक्स बन जाता है... जबकि बाक़ी आधे हिस्से में मशीन से बनी चीज़ों की मुर्दा ठंडक और कठोरता रहती है। कलाकृति की आत्मा मशीन की मृत देह के साथ जकड़ दी जाती है। इसी वजह से यह लैम्प—जो आधी मशीन और आधी कलाकृति है—कभी भी वैसा संतोषप्रजनक रूप प्राप्त नहीं कर पाएगा जैसा, मिसाल के तौर पर, एक सजावटी गुलदान का होता है। सिलिंडर के ऐलिमेंट का उभार या बत्ती को संचालित करने वाली प्रणाली कलाकृति के विशुद्ध सौंदर्यात्मक आनंद को हमेशा नष्ट करती रहेगी।[37]

घर के भीतर यत्किंचित इस्तेमाल होने वाली गैसलाइट ने सजावट के लिहाज़ से एक अलग ही समस्या खड़ी कर दी। जैसा कि शिलिंग कहते हैं, ये (गैसबत्ती) हक़ीक़त में लैम्प था ही नहीं बल्कि यह तो मात्र 'एक पाइप था जिसे थोड़ा सजा-सँवार दिया गया था और जिसमें एक टोंटी लगा दी गई।'[38] इस पाइप या बर्नर की सजावट में पुरानी शैलियों की नक़ल करके उत्पादकों ने अमूर्त औद्योगिक उत्पाद को उपभोक्ताओं की सुरुचि के अनुरूप ढालने का प्रयास किया था। (किसी अन्य स्थान पर शिलिंग गैस के मुख्य पाइपों को 'एक तरफ़ गैसोमीटर और दूसरे तरफ़.... लैम्प के साथ जुड़ा हुआ, और इस प्रकार उत्पादक व उपभोक्ता को जोड़ने वाला'[39] बताया है। यह गैसलाइट के औद्योगिक स्वरूप का सबसे बेजोड़ ब्यौरा है।)

आकर्षक गैसबत्ती पैदा करने की चाह ने सजावटी लैम्पों के युग का सूत्रपात कर दिया। नई प्रौद्योगिकी को पुरानी शैली का लिबास पहनाने की इन कोशिशों की नुक्ताचीनी करने वाले शुरुआती व्यक्तियों में एक गॉटफ़्रीड सेम्पर थे। उन्होंने विस्मय के साथ कहा 'गैस लाइटिंग कितनी बेजोड़ ईजाद है। हमारे त्यौहारों... को रंगीन बनाने का कैसा साधन मिल गया है हमें! इसके बावजूद लोग गैस पाइप की टोंटी को छुपाने या इस तरह पेश करने की चेष्टा करते हैं जिससे वह मोमबत्ती या तेल के दियों जैसी ही दिखाई देने लगे।'[40] लगभग पचास साल बाद यूलियूस लैस्सिंग ने भी यही शिकायत कीः 'एक तने, शाखाओं और मोमबत्तियों से लैस वही पुराने क़िस्म के झाड़-फ़ानूस इस्तेमाल किए जा रहे हैं। इस हक़ीक़त पर पर्दा डाल दिया गया है कि हवा जल रही है और झाड़ को पाइपों से ख़ुराक मिलती है... और मोमबत्तियों—वो भी दिखावटी पोर्सलीन मोमबत्तियों—को वैसे ही क़ायम रखा गया है।'[41] जैसा कि हम जानते हैं औद्योगिक उत्पादों के बाहरी ढांचे को ऐतिहासिक शैली में पेश करना उन्नीसवीं सदी का एक

गैसबत्तियाँ (1814)

आम चलन था। इस चलन को रेलवे स्टेशनों के बाहरी वस्तु-विन्यास में और लैम्प में, हर कहीं देखा जा सकता है। औद्योगिक 'कच्चे माल' के लिए शेड्स वैसा ही सजावट का काम करते थे। दीये या मोमबत्ती के ऊपर आवरण रख देने से उसका वह स्वरूप वापस आ गया जो औद्योगीकरण के कारण नष्ट हो गया था।

उन्नीसवीं सदी के दौरान दीपावरणों का रंग धीरे-धीरे गहरा होने लगा। एक तरफ़ तो इसे रुचियों में बदलाव की देन माना जा सकता है क्योंकि इस बीच पेंटिंग, घरों की भीतरी साज-सज्जा और कपड़ों में थोड़ा गहरे रंगों को ज़्यादा पसंद किया जाने लगा था। परन्तु रुचियों में बदलाव से ही जुड़ी इसकी एक और प्रत्यक्ष व्याख्या भी है। दीपावरणों के रंग का गहरा होते जाना कृत्रिम रोशनी की सघनता में वृद्धि की एक स्वाभाविक प्रतिक्रिया था। जैसे-जैसे रोशनी तेज़ होती गई वैसे-वैसे दीपावरणों का रंग गहरा होता गया।

यह एक धीमी प्रक्रिया थी। गैसबत्ती या पैराफ़िन लैम्प के दीपावरणों में आम तौर पर अरगाँ लैम्प में इस्तेमाल होने वाले सफ़ेद रंग को तो क़ायम रखा गया मगर थोड़ा-बहुत अलंकरण के ज़रिए उसकी एकरसता तोड़ दी गई। दीपावरण किस चीज़ का बना है इस बात को देखते हुए सजावट को या तो उस सामग्री पर रंग या सिल दिया जाता था या उसमें जड़ दिया जाता था। ये बात महत्त्वपूर्ण है कि वह सजावट बहुत ज़्यादा रोशनी जज़्ब नहीं करती थी क्योंकि भले ही गैस और पैराफ़िन के लैम्प अरगाँ के लैम्प से ज़्यादा तेज़ थे पर अभी भी वह इतने शक्तिशाली नहीं थे कि उनमें रोशनी को अपने भीतर सोख लेने वाले शेड्स का इस्तेमाल किया जाए। अभी भी शेड को मोटे तौर पर लौ के सघन केंद्रक को चारों तरफ़ छितराने के लिए ही इस्तेमाल किया जाता था। इसका मक़सद प्रकाश की मात्रा में कमी लाए बिना उसे ऐसा स्वरूप प्रदान करना था जो आँखों में कम चुभे।[42]

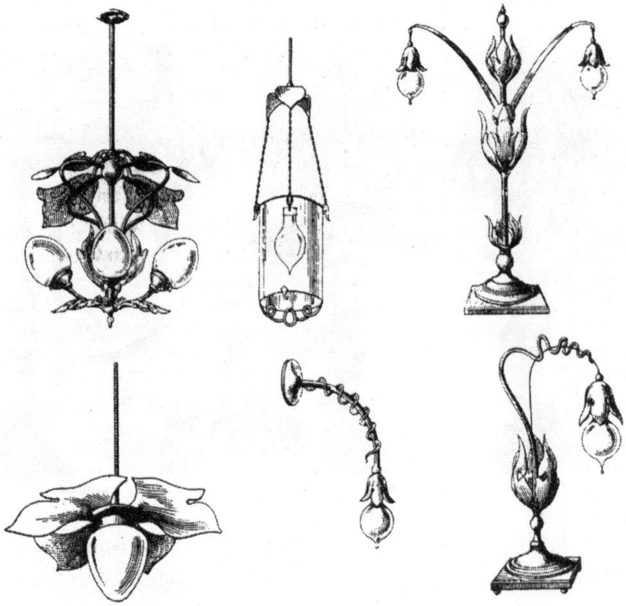

बिजली की बत्तियाँ (1887)

विद्युत प्रकाश बिल्कुल अलग बरताव की माँग करता था। इसकी वजह ये नहीं थी कि यह बहुत तेज़ था (कार्बन फ़िलामेंट वाले लैम्प की रोशनी भी लगभग उतनी ही तेज़ थी जितनी गैस की लौ हुआ करती थी और उसकी प्रकाश सघनता में टंग्स्टन फ़िलामेंट वाले बल्ब के विकसित होने तक कोई नाटकीय वृद्धि भी नहीं हुई), बल्कि इसकी वजह असल में ये थी कि यह एक तापदीप्त प्रकाश था जिसमें कड़ेपन, निराकारता और अमूर्तता के गुण क़ायम थे। गैसलाइट की खुली लौ ने इसे आग और रोशनी की पुरानी संपृक्ति प्रदान कर दी—भले ही थोड़ी दूरी के साथ—लेकिन इस एकता की याद तापदीप्त विद्युत प्रकाश के बाद जाती रही। बाशेलार के मुताबिक़ तापदीप्त बल्ब की रोशनी में 'हमें वैसे सपने मुमकिन नहीं हैं जो हम ढिबरी के ज़माने में सहज ही देखा करते थे। अब हम अनुशासित प्रकाश के युग में रहते हैं।'[43]

कला इतिहासकार विल्हेल्म हाउज़ेन्स्टाइन ने प्रकाश के पुराने स्वरूपों की तुलना में विद्युत प्रकाश के सौम्यकारी प्रभाव का वर्णन किया है। उन्होंने खुद इस बात को तब अनुभव किया जब द्वितीय विश्व युद्ध के दौरान पड़ने वाले हवाई हमलों में उन्हें मोमबत्ती की रोशनी का सहारा लेने के लिए विवश होना पड़ा। 16 सितंबर 1944 को उन्होंने अपनी डायरी में लिखाः

कुछ दिनों से बिजली धोखा देने लगी है। ऐसे समय में हम उन चंद मोमबत्तियों पर निर्भर होकर रह जाते हैं जो हमने बचाकर रखी हुई थीं। क्योंकि हम एक ऐसी अवस्था में पहुँच गए हैं जहाँ हम हर सकारात्मक चीज़ को दो या तीन बार अनुभव करते हैं इसलिए हमने देखा कि मोमबत्ती की 'क्षीण' रोशनी में पदार्थ एक भिन्न, एक ज़्यादा अहम गुण से लैस दिखाई देते हैं। यह उनमें 'वास्तविकता' का गुण पैदा कर देती है, जो विद्युत प्रकाश में नहीं होताः उसमें चीज़ें (ऐसा

लगता है कि) ज़्यादा साफ़ दिखाई देती हैं मगर हक़ीक़त में यह उन्हें सपाट बना देता है। विद्युतीय प्रकाश बहुत अधिक उजाला फेंकता है और इसलिए चीज़ें अपनी देह, बाहरी आकार, पदार्थ यानी सब कुछ—संक्षेप में, अपना सत्व—खो देती हैं। मोमबत्ती की रोशनी में चीज़ों की परछाई ज़्यादा ठोस होती है, और ये परछाइयाँ ऐसी होती हैं जिनमें आकार निर्मित करने की शक्ति होती है। मोमबत्तियाँ उतनी ही रोशनी देती हैं जितनी किसी चीज़ को यथारूप दिखाने के लिए पर्याप्त है। वह चीज़ों के भीतर मौजूद काव्यात्मक तत्त्व को भी अक्षुण्ण रहने देती हैं।[44]

उन्नीसवीं सदी के अंतिम सोपान पर बुर्जुआ घरों के आन्तरिक परिवेश और उनके निवासियों ने इस नीरस, अनाकार प्रकाश के प्रति कैसी प्रतिक्रिया दिखाई? सबसे पहली बात तो ये कि मोमबत्तियों और पैराफ़िन लैम्प के ग़ायब होने के साथ घर का केंद्र बिंदु, जहाँ अब तक पूरा परिवार इकट्ठा होता था, ग़ायब हो गया। बिजली के बल्ब में शमा वाला जादुई आकर्षण नहीं था। मगर जल्दी ही इसका भी एक विद्युतीय स्थानापन्न विकसित कर लिया गया। ग्रामोफ़ोन, और बाद में रेडियो ने ऐसा एक नया केंद्रक मुहैया करा दिया जिसके इर्द-गिर्द शाम को पूरा परिवार उसी तरह इकट्ठा हो सकता था जैसे कभी रोशनी की आग के इर्द-गिर्द इकट्ठा हुआ करता था।[45] मगर ये नई स्थिति थोड़ी अलौकिक और रहस्यमयी सी थी। अब पूरा परिवार एक सुनने वाली चीज़, यानी लाउडस्पीकर, की ओर ऐसे टकटकी लगाता था मानो वह देखने की ही चीज़ हो। टेलीविजन के आगमन ने कुछ देखने की इस ऐंद्रिक इच्छा, जो हज़ारों साल तक अलाव की आग को विचारमग्न होकर देखते रहने की आदत से पैदा हुई थी, को एक बार फिर संतुष्ट कर दिया।

विद्युत प्रकाश ने न केवल उस केंद्र को समाप्त कर दिया जिसके इर्द-गिर्द परिवार इकट्ठा हुआ करता था बल्कि उसने उन कमरों की पूरी छवि को ही इस तरह बदल दिया कि वहाँ रोशनी की बाढ़ आ गई। सबसे पहली बात तो यह कि कमरों को सजाने के लिए इस्तेमाल होने वाले जिन रंगों को प्रकाश के मौजूदा स्तर के अनुसार ढाल लिया गया था वह अब भिन्न दिखने लगे। जैसा कि प्रैक्टिकल हाउस डेकोरेशन (1886) नामक ब्रिटिश पत्रिका में कहा गया थाः

> जहाँ वह (अपार्टमेंट का मालिक) एडिसन के बल्ब या ब्रश-तापदीप्त लैम्प के असर को नाकाम करने के लिए नाज़ुक या स्पष्टतः गरमाहट लिये रंगों का इस्तेमाल करता, वहाँ अब वह पाता है कि उसने शीतल वर्णों का प्रयोग कर डाला है जो इन लैम्पों की बेधने वाले तीखेपन से और भी बेजान होकर रह जाते हैं; और उसे वह संतोष भी नहीं मिलता जो उसे इस अहसास से मिला करता था कि उसने सही जगह पर सही वर्ण का ही प्रयोग किया है।[46]

लंबे दौर में ऐसे अप्रीतिकर प्रभाव से बचने का एकमात्र रास्ता यह था कि घर के भीतरी हिस्सों में इस्तेमाल होने वाले रंगों को विद्युतीय प्रकाश के गुणों के अनुरूप समायोजित कर दिया जाए। वस्तुतः हेनरी हावर्ड ने उस समय फ़ैशनेबल रंगों में पैदा हो रही रुचि के पीछे विद्युतीय प्रकाश को मुख्य कारक के रूप में चिन्हित कियाः 'हमारे दौर की ख़ासियत बन चुके ज़र्द वॉल पेपर और रंगहीन पदार्थों व पुरानी लटकनों को स्वीकृति मिलने के मूल में यही है। हमारे घरों के जीवंत और तेज़ प्रकाश में नई चीज़ों के शोख़ रंगों की बजाय दबे हुए रंग ज़्यादा आसानी से घुल-मिल जाते हैं।'[47]

दीपावरण पर वापस लौटते हुए प्रश्न यह उठता है कि उसे विद्युतीय प्रकाश ने किस तरह बदल दिया या किस तरह वह नए माध्यम को 'परिष्कृत' करने में मददगार साबित हुआ? सन् 1900 के आस-पास (कार्बन फ़िलामेंट लैम्प के विपरीत) टंग्स्टन फ़िलामेंट बल्ब ने विद्युतीय प्रकाश का एक ऐसा कुशल और सस्ता रूप मुहैया करा दिया जो कमरे के एक-एक कोने को एकसमान रूप से, और परछाइयों के बिना रोशन कर देता था। ऐसे में प्रकाश को आवरण के एक बिल्कुल नए तरीक़े की दरकार थी। जैसा कि, उदाहरण के तौर पर, सन् 1900 के बाद स्थापित की गई पत्र-पत्रिकाओं और सभाओं से पता चलता है, प्रकाश की प्रौद्योगिकी बदल चुकी थी। अब लोग प्रकाश के पहले ही हासिल किए जा चुके स्तरों के नए-नए प्रयोगों में ज़्यादा रुचि ले रहे थे बजाय इसके कि उन्हें और बढ़ाने पर ज़ोर देते। जैसा कि सन् 1906 में अमेरिकन इल्युमिनेटिंग इंजीनियरिंग सोसायटी के उद्घाटन वक्तव्य में कहा गया था, लोग 'प्रकाश के उत्पादन के विपरीत उसके प्रयोग में'[48] ज़्यादा रुचि ले रहे थे। इस बदलाव के कारणों को इस प्रकार बयान किया गयाः

> हालाँकि गोलकों, दीपावरणों और परावर्तकों पर पिछले समय में काफ़ी ध्यान दिया गया है परन्तु यह तथ्य अभी भी अपनी जगह क़ायम है कि आज भी बिना शेड वाले या अपर्याप्त शेड वाले लैम्पों का ही साम्राज्य क़ायम है। विज्ञान और प्रकाश कला की मौजूदा स्थिति पर विचार करते हुए संभवतः इसके अलावा और कोई मसला ऐसा नहीं है जिस पर इतना फ़ौरी ध्यान देना पड़े। अतितीव्र रोशनी को नज़र के दायरे के भीतर रखने का रिवाज इतना आम है कि शरीरवैज्ञानिक नज़रिया रखने वालों को आँखों को स्थायी नुक़सान पहुँचने की आशंका होने लगती है...। यदि प्रकाश स्रोत को किसी तरह ढँक दिया जाए या किसी चीज़ से छुपा दिया जाए और उनकी दीप्तिकारी शक्ति सीधे न आकर परावर्तित किरणों से आए तो यह परेशानी काफ़ी हद तक दूर हो जाएगी। खुशी की बात यह है कि आधुनिक प्रकाश प्रौद्योगिकी का रुझान इसी दिशा में है।[49]

हालाँकि अरगाँ बर्नर और पैराफ़िन लैम्प के सफ़ेद आवरण अभी भी प्रत्यक्ष, भले ही छितराई हुई रोशनी दे रहे थे परन्तु फिर भी अब तक अप्रत्यक्ष, परावर्तित और संकेंद्रित प्रकाश पर आधारित रोशनी की एक पूरी नई संस्कृति विकसित हो गई थी। पारंपरिक रूप से प्रकाश के दायरे की बनावट अलग-अलग दीयों या मोमबत्तियों से पड़ने वाली रोशनी की परिधि से निर्धारित होती थी। किंतु अब जबकि पूरा कमरा समान रूप से प्रकाशमान था, यह आवश्यक हो गया कि एक कृत्रिम ढाँचा निर्मित किया जाए। दीपावरण का नया काम प्रकाश के समरस कच्चे माल में से एक ख़ास वातावरण गढ़ने का था। सन् 1900 के बाद आलोकन के वैज्ञानिक रूप से लगभग सटीक कला विकसित कर ली गई। जिसे अब तक संपूर्ण प्रकाश कहा जाता था उसे विभिन्न आधारभूत रूपों में विभाजित कर दिया गयाः प्रत्यक्ष और परोक्ष, विकीर्ण और केंद्रित, स्थानीय और विस्तृत। जैसा कि निम्नलिखित विवरण से पता चलता है, सुरुचिपूर्वक सुसज्जित और संतुलित दीवानख़ानों की रोशनी में यह विभिन्न तत्त्व मौजूद रहते थेः

> एक सीधा सा नियम ये है कि कमरे में छितराया हुआ पर्याप्त प्रकाश हो जो दीवारों और छतों को समान रूप से रोशन करे ताकि कमरे के सारे हिस्सों को साफ़-साफ़ देखा जा सके। इसमें प्रकाश को वांछित बिन्दुओं पर केंद्रित करने का इंतज़ाम भी किया जाना चाहिए। यह रोशनी, मेज़, पियानो या आपके सामने रखी किताब पर केंद्रित हो सकती है। इस लक्ष्य

केंद्रित प्रकाश की मात्रा कमरे की क़िस्म के अनुसार काफ़ी कम-ज़्यादा रहेगी। खाने के कमरे में मेज़ पर अच्छी ख़ासी रोशनी हो सकती है और होनी चाहिए। छोटी बैठकों या पुस्तकालयों में ख़ास बिंदुओं पर पड़ने वाली तेज़ रोशनी से ज़्यादा सुकून देगी।[50]

ऊपर हमने 'बंद' (यानी पारंपरिक) और 'दूरस्थ' (यानी आधुनिक) प्रकाश के बीच भेद किया था। दीपावरण ने इसमें एक नया रूपांतरण ला दियाः दूरस्थ, निराकार विद्युत प्रकाश एक बंद, पुरसुकून प्रकाश में तब्दील हो गया। इसकी कार्यप्रणाली अरगाँ दीपावरण के विपरीत थीः इसने लौ को छिपाते हुए 'बंद' प्रकाश को 'दूरस्थ' प्रकाश में रूपांतरित कर दिया। विद्युत प्रकाश से लोहा लेने के लिए नाना प्रकार के पदार्थों और रंगों की दरकार थीः दीपावरण भी अब सफ़ेद नहीं रहे बल्कि उन्हें गहरे और प्रकाश को सोखने वाले रंगों में रंगा जाने लगा। उजाला करने की कला पर लिखी गई पहली पुस्तक (1902) के लेखक लुई बेल ने दावा कियाः 'कलात्मक कारणों से कभी-कभी यह वांछनीय हो जाता है कि उजाले को किफ़ायतशारी का ख़याल किए बिना गहरी मृदुल आभा में सीमित कर दिया जाए। ऐसे मामलों में दीपावरणों को किसी भी हद तक सजावटी और किसी भी हद तक सघनता देने वाला बनाया जा सकता है।'[51] क्योंकि अब तेज़ रोशनी उतनी महंगी नहीं रही जितनी कार्बन फ़िलामेंट वाले लैम्प के ज़माने में हुआ करती थी चुनाँचे इसको मनचाहे ढंग से छानकर गहरे गर्मतर रंगों की रचना की जा सकती थी। 1913 में वास्तुशिल्प की एक पत्रिका में कहा गया कि 'पिछले दिनों बाज़ार में पुरानी सिलखड़ी से मिलते-जुलते काँच के असामान्य रूप से सुंदर गोलक ख़ूब दिखाई देने लगे हैं',

> जिनमें से कुछ में अत्यंत मृदुल भूरापन होता है। यह भूरापन उजाला करने पर ऐसी रोशनी पैदा करता है जो सामान्य रूप से हल्की और आरामदेह होती है और क्योंकि यह शेड अपने आप में बहुत सघन होते हैं लिहाज़ा बढ़िया परावर्तक का काम करते हैं और हमें अप्रत्यक्ष उजाला ही प्राप्त होता है। यह भूरा वर्ण जब कोमल और आँखों को भाने वाले रंग का तो होता है साथ ही रंगों के तालमेल के मामले में वह तटस्थ ही रहता है और उसे कमरे की सजावट में किसी भी दूसरे रंग के साथ इस्तेमाल किया जा सकता है।[52]

इस क़िस्म की लाइटिंग 1890 के दशक में टिफ़नी लैम्प शेड्स के आगमन के साथ अपने शिखर पर जा पहुँची। इस नए दीपावरण से निकलने वाली बहुरंगी रौशनियाँ गॉथिक शैली के गिरजाघरों की खिड़कियों की याद दिलाती थीं। यूलियूस लैस्सिंग ने 1894 में लिखाः 'इस तरीक़े से रंगों की असंख्य क़िस्में और मिश्रण पैदा हो जाते हैं। सबसे मृदुल से लेकर रमणीय आभाओं तक बेहद दिलकश रंग पैदा हो जाते हैं।'[53] टिफ़नी लैम्प शेड्स में जो एक अनूठे क़िस्म की जीवंतता होती थी उसके पीछे दीपावरण के रंग और काँच की बनावट में सोची-समझी अनियमितता, दोनों का हाथ था, जिससे विद्युतीय प्रकाश की एकरसता टूट जाती थी। लाइटिंग से संबंधित एक जर्मन पत्रिका के 1898 के अंक से पता चलता है कि इस क़िस्म का काँच कैसे बनाया जाता थाः

> इंद्रधनुष के तमाम रंगों में झिलमिलाते और चित्ताकर्षक वर्णभेद उत्पन्न करते सतरंगे काँच को ठंडा होने से पहले संपीड़ित कर देने पर उसकी सतह लहरदार और ऊबड़-खाबड़ हो जाती है। कुछ गाढ़े और कुछ हल्के हिस्से होते हैं

इसलिए उसमें प्रकाश की पारगम्यता अलग-अलग रहती है। काँच के बड़े-बड़े टुकड़ों में से छोटे टुकड़े काटकर अलग-अलग क़िस्म के प्रभाव उत्पन्न किए जाते हैं। ऊबड़-खाबड़ दरारों से रोशनी की नई-नई आकृतियाँ उभरती हैं।[54]

टिफ़नी काँच को दीपावरण और खिड़कियों, दोनों के लिए इस्तेमाल किया जाता था। फलस्वरूप, प्राकृतिक और कृत्रिम प्रकाश को नियंत्रित करने के लिए उन्नीसवीं सदी के प्रारंभिक वर्षों में खिड़की और लैम्प में मलमल के इस्तेमाल की जो समांतरता दिखाई देती थी वह सदी के अंत में भी क़ायम थी। अब लैम्पों और खिड़कियों को हल्के, सफ़ेद पदार्थों का 'लिबास पहनाना' ही काफ़ी नहीं था। खिड़की के ज़रिए कमरे में दाखिल होने वाली प्राकृतिक धूप बहुत तीखी, आक्रामक और निर्मम श्वेत प्रतीत होने लगी मानो वह 'कच्चा' विद्युतीय प्रकाश हो। जिस मुहाने से यह घुसपैठ होती थी उसकी तरह खिड़की को भी ख़तरनाक माना जाने लगा। जैसा कि कला लेखक याकोब फ़ॉन फ़ाल्क ने 1882 में लिखा था, इसे एक विशालकाय सूराख़, 'रोशनी के एक विशाल, एकल, तीखे संकेंद्रित पुंज' की तरह देखा जाता था। 'तकनीकी दृष्टि से निश्चय ही यह एक विजय है परन्तु इसके सौंदर्य बढ़ाने की आज़ादी की अपेक्षा हमें है ही...। रोशनी की यह कौंधियाने वाली मात्रा हमारी आँखों को दुखाती है। हमें ऐसा लगता है ...जैसे किसी पेंटिंग के अंदर से कोई शून्य हमें घूर रहा हो।'[55] अंग्रेज लेखिका श्रीमती ऑरिनस्मिथ के लिए खिड़कियाँ 'आम तौर पर इतनी कुरूप होती हैं कि उन्हें देखने में देखने जैसी कोई बात नहीं होती...। काँच की इन विशाल चादरों में भला किसको ख़ूबसूरती नज़र आएगी।'[56]

कोई चीज़ तो चाहिए ही थी जो इस कोरे शून्य को वैसे ही भरे और सजाए जिस तरह गैस के बनैर और लौ को सजाया गया था। विलियम मॉरिस की प्रेरणा से सन् 1870 के आस-पास मध्यकालीन काँच की पेंटिंगों के एक पुनर्जागरण की शुरुआत हुई जो अंततः टिफ़नी काँच के उत्पादन के साथ संपन्न हुआ। काँच की आकारहीन, सपाट सतह में कई लक्ष्यवृत्त (Bull's Eye) जैसे आकार गढ़ दिए गए जिससे इन आकृतियों में निर्मित काँच से गुज़रने वाली रोशनी को एक नया स्वरूप मिल गया। फ़ाल्क के मुताबिक़, 'खिड़कियों पर चित्रकारी का मक़सद वहाँ से आने वाली तेज़ अनाकार रोशनी को तोड़ देना और कमरे के शेष भाग की सजावट में उसे एक कलात्मक तत्त्व की तरह समाहित कर लेना था।'[57] रँगी हुई खिड़की से कमरे में आने वाली रोशनी 'ख़ाली जगह को एक तस्वीर में बदल देती है; वह कमरे में काव्यात्मक गरिमा पैदा कर देती है, जीवंतता और गरमाहट भर देती है, और इस तरह उसकी नीरसता, उसकी दैनिकता को समाप्त कर देती है। यह चित्रकारी अपने आप में ख़ूबसूरत है; परिवेश के अनुरूप है; और कमरे के अति-रोशन ऐश्वर्य को छिपाकर उसका मृदुल अवतार प्रकट करती है।'[58] हावर्ड ने इस बात पर ज़ोर दिया कि रंगी हुई खिड़की कमरे की आंतरिक परिधि को बाहर के उजाड़ माहौल से अलग कर देती है। उन्हें खिड़की में एक रंगीन छलनी दिखाई देती थी जो धूसर यथार्थ को दूर रखती थीः 'इसकी जीवंत और समन्वित आभाएँ एक नीरस, धूसर दिन को भी यादगार तजुर्बा बना देती हैं।'[59] इसी प्रकार कॉर्नेलिउस गुर्लिट के लिए भी रंगीन खिड़की बाहरी दुनिया के विपरीत कमरे के भीतर गरमाहट की गारंटी थीः

पूरा कमरा धुंधला दिखाई देता है, मानो छुपा हुआ हो। चाहे अपने ख़यालों में खोए हों या अपने दोस्तों के साथ हों, हम उसमें तन्हा ही महसूस करते हैं । बाहर जो कुछ हो रहा है वह बहुत दूर दिखाई देता है। हरी सी रोशनी में हम गुज़रते हुए बादलों को भी नहीं देख सकते। हम एक ख़ास रोशनी में घिरे रहते हैं। लैम्प जैसी कृत्रिम, परन्तु ऐसी रोशनी नहीं जो कमरे के सिर्फ़ एक हिस्से को रोशन करे और बाक़ी को अँधेरा छोड़ दे। बल्कि इसकी अपवर्तित आभा परछाइयों को अपने में जज़्ब कर लेती है और रोशनी में ज़्यादा सौम्य, ज़्यादा कोमल चमक तथा अत्यंत कलात्मक वर्ण आ जाता है।60

खिड़कियों के ज़रिए आने वाली रोशनी को नियंत्रित करने के लिए परदों का भी इस्तेमाल किया गया। जहाँ एक तरफ़ रंगी हुई खिड़कियाँ रंगीन छलनी का काम करती थीं वहीं परदों ने बाहर से आने वाली अविभाज्य रोशनी को प्रतिबंधित किए जा सकने वाले छोटे-छोटे हिस्सों में विभाजित कर दिया। हावर्ड लिखते हैंः 'कमरे में हम जितनी रोशनी रखना चाहते हैं और जैसा हरित-धुंधला प्रभाव प्राप्त करना चाहते हैं वह परदों की गुणवत्ता और मोटाई पर निर्भर करता है।'61 रोशनी को इस तरह नियंत्रित और एक ख़ास आकार में क़ैद करने के लिए इस्तेमाल किए जा सकने वाले परदों को उन्नीसवीं सदी के परदों से भिन्न पदार्थों के ज़रिए ही बनाया जा सकता था क्योंकि पुराने परदे प्रकाश की सघनता पर कोई प्रभाव नहीं डालते थे। वस्तुतः परदों और दीपावरणों का विकास समांतर रूप से होता रहा और दोनों पहले से ज़्यादा गहरे और मोटे होते चले गए। जब लाइट का बल्ब गहरे रंग के शेड्स के पीछे ओझल हो गया तो केवल एक हल्की सी टिमटिमाहट ही बाक़ी बची जिससे बल्ब की मौजूदगी का पता चल जाए। इसी प्रकार खिड़कियों पर भी परदे डाल दिए गए जो कई बार कई-कई परतों के बने होते थे। नतीजतन, बुर्जुआ घरों की चारदीवारी के भीतर गोधूलि वेला जैसा वातावरण पैदा हो गया। यह कैसा था इसके बारे में हिर्थ के विवरण से हमें कुछ अंदाज़ा हो सकता है। वह एक ऐसे नाज़ुक दौर में लिख रहे थे जब बदलाव तेज़ी से दस्तक दे रहा थाः

भारी, गहरे रंग के पदार्थ से बने विशाल, कई तहों वाले परदे बेहतरीन रोशनी को खिड़की के ऊपरी भाग से होकर भीतर आने से रोक देते हैं। रोशनी के लिए भीतर आने का मुहाना एक त्रिभुज बन कर रह गया जिसका शीर्ष खिड़की के ऊपरी एक तिहाई हिस्से तक भी मुश्किल से पहुँचता था। इसके बाद पहले से ही लेशमात्र रह गई यह रोशनी सफ़ेद, महीन रेशमी परदों से छनकर गुज़रती थी। हमारे विशाल शहरों के बेहद फ़ैशनपरस्त ज़िलों में भी हमें खिड़कियों पर रोशनी को कोंचने वाला यह पहलू साफ़ दिखाई देता है जबकि कपास के इन बादलों के पीछे बैठे ऊंघते 'बातहज़ीब' साहेबान सोचते हैं कि यह 'स्टाइलिश' और 'स्मार्ट' है। ऐसे कमरों में किसी भी चीज़ को देखने के लिए आपको बिल्ली जैसी तेज़ आँखों की ज़रूरत पड़ेगी।62

चाहे उसे रंगदार शीशों के ज़रिए हासिल किया जाए या गहरे परदों से मगर धूप के मुक़ाबले बिल्कुल भिन्न प्रकार के, दबे हुए से आंतरिक प्रकाश की इच्छा गृह सज्जा के मामले में बुर्जुआ सुरुचि के लिए एक नई चीज़ थी। आख़िरकार, सोलहवीं सदी में जब ये रुचियाँ विकसित हो रही थीं तब वहाँ रोशनी के लिए ज़बर्दस्त भूख भी तो थी। फ़ाल्क ने लिखाः

पुनर्जागरण ने आधे-अधूरे तालों वाले रंगीन काँच की तंग, अनगढ़ खिड़कियों के बल पर छायी रंगीन, खुफ़िया स्याही से बनते गोधूलि-वेला के माहौल को विदा कर दिया। उसने संकरी, बेतरतीब खिड़कियों, अपर्याप्त तालों और रंगीन काँच से पैदा हुए गोपनीय प्रतीत होने वाले अंधियारे को ग़ायब कर दिया। अब जबकि खिड़कियों के काँच में भी ताले लगने लगे तो कोई परेशानी नहीं रही और ऐसे ताले आसानी से उपलब्ध होने लगे। तो, लोगों का मस्तिष्क नई शताब्दी के प्रकाश—उसके मानवतावाद, कला एवं विज्ञान तथा चेतना एवं विचार की स्वतंत्रता—के लिए खुलता जा रहा था, ठीक उसी प्रकार अब घरों को भी प्रकाश के लिए सचमुच खोल दिया गया। घिचपिच बने शहरी घरों में सड़कों की तरफ़ वाली दीवार लगभग पूरी तरह खिड़कियों की ही बनी होती थी और उनमें खिड़कियों के अलावा शायद ही कुछ होता था। इन खिड़कियों के बीच अगर कुछ होता था तो सिर्फ़ बीच की दीवार और शहतीर जिनके ज़रिए ऊपर के वजन को संभाला जा सके।[63]

लगभग सन् 1800 तक बुर्जुआ घरों में आंतरिक और बाह्य प्रकाश के बीच कोई फ़र्क़ नहीं किया जाता था। अंदर और बाहर दोनों तरफ़ एक जैसी धूप होती थी। यह वही सामंजस्यपूर्ण सहअस्तित्व है जिसे सत्रहवीं शताब्दी की डच पेंटिंगों में बड़े शास्त्रीय अंदाज़ में अंकित किया जाता था। इन पेंटिंगों में दिखाई जाने वाली खिड़कियों के बारे में मायर-ओबरिस्ट ने एक बार टिप्पणी की थी कि: 'जगह की एकात्मता को छिन्न-भिन्न किए बिना वे कमरों के आंतरिक भाग को रोशन कर देते हैं और हमें परदों के अभाव का भान भी नहीं हो पाता।'[64] इन अर्थों में यह रोशनी न तो आक्रामक थी न भयावह, और न ही अंतरंग और आरामदेह, जो कि बाद में उन्नीसवीं सदी के नज़रिए में दीखने लगी है। बल्कि इसमें वही 'कुदरती' समरूपता थी जैसी औद्योगिक काल से पहले के कृत्रिम प्रकाश में हुआ करती थी।

समरस प्रकाश का दो अधिकाधिक रूप से भिन्न प्रजातियों, बाह्य प्रकाश और आंतरिक प्रकाश (अथवा दूरस्थ और निकटस्थ प्रकाश), में विकसित होना उस वृहत्तर सामाजिक प्रक्रिया से जुड़ता है जिसके ज़रिए बुर्जुआ जीवन में सार्वजनिक और निजी निरंतर एक-दूसरे से अलग होते जा रहे थे। इस प्रक्रिया की शुरुआत अठारहवीं सदी में हुई और औद्योगिक क्रांति के साथ उन्नीसवीं सदी में यह अपने चरम पर पहुँच गई। यह ऐसा दौर है जब सार्वजनिक के प्रति आशंका बढ़ती है, और जिस उद्विग्नता से हर निजी क्षेत्र—विशेषतः परिवार—को काटा गया वैसा ही अधैर्य हमें बाहर की रोशनी के अंदर प्रवेश पर प्रतिबंध में दीखता है। श्रीमती ऑरिनस्मिथ ने प्रकाश और हवा के बारे में कहा कि 'हमारे उठने-बैठने के कमरों में भी फ़ायदेमंद हो सकें इसके लिए उन्हें लाज़िमी तौर पर आंतरिक जीवन का अनुसरण करने के लिए शिक्षित किया जाना चाहिए।'[65] यदि रोशनी को, बकौल श्रीमती ऑरिनस्मिथ, 'बुद्धिमानी की खुराक' नहीं दी जा सकती तो उसे एक अप्रिय घुसपैठिया, बाहरी विश्व की एक ऐसी घुसपैठ के रूप में देखा गया जिसे सावधानीपूर्वक छानना ज़रूरी था। 'हम ऐसे कमरे में बैठकर अपना ध्यान एकाग्र करने में बड़ी कठिनाई महसूस करते हैं जो बाहरी रोशनी से रोशन हो। इसके अलावा, बाहर से आने वाली अनपेक्षित नज़रों के विचार भी परेशान करते ही हैं।'[66] यह बाह्य प्रकाश, यानी कमरे में सड़क से आने वाली रोशनी ही लोगों की बेचैनी का सबब थी। 1899 में कार्ल रॉज़्नर द्वारा की गई इस टिप्पणी से यह मनोदशा पूरी तरह स्पष्ट हो जाती है क्योंकि यह सार्वजनिक परिक्षेत्र द्वारा निजी परिक्षेत्र के अतिक्रमण को प्रतिबिम्बित

करती थी। रोशनी के साथ दाखिल होने वाली 'अवांछित बाहरी ताक-झांक' उसी सामाजिक नियंत्रण का एक उदाहरण है जिसकी मिशेल फ़ूको ने किसी दूसरे संदर्भ में चर्चा की है।[67] (इस संदर्भ में, सन् 1900 के आस-पास ग्रामीण घरों और हवेलियों के लिए जो जुनून जागा था, वह स्वाभाविक ही था, और उसके चलते भारी पर्दे दृष्टिपटल से ग़ायब हो गए, बाहर की रोशनी बेरोकटोक अंदर आने लगी। यह रोशनी सड़क से नहीं बल्कि प्रकृति से, या बल्कि आप कह सकते हैं कि व्यक्ति के अपने बग़ीचे से आती थी।)

यदि कृत्रिम आलोकन पर वापस लौटें तो गैस और विद्युत प्रकाश को लेकर उन्नीसवीं सदी में जो बेचैनी दिखाई देती थी उसे एक वृहत्तर संदर्भ प्रदान किया जा सकता है। दिन की रोशनी की तरह इस क़िस्म की रोशनी का भी बाहरी स्रोत था। कमरे के बीचों-बीच प्रत्यक्षतः जलते लैम्प की इस रोशनी का वास्तविक उद्गम गैस-घरों या केंद्रीय विद्युत आपूर्ति केंद्रों, यानी 'विशाल उद्योगों' में था। बुर्जुआ मानस इससे उसी प्रकार ख़ुद को अलग करना चाहता था जैसे वह सार्वजनिक परिक्षेत्र से ख़ुद को काटकर रखना चाहता था। जिस प्रकार धूप के साथ सार्वजनिक परिक्षेत्र ने घर के भीतर अपनी पहुँच बना ली उसी तर्ज़ पर गैस की लौ और विद्युत बल्ब की रोशनी के साथ विशाल उद्योग भी घर के भीतर दाख़िल हो गया। सार्वजनिक प्रकाश व्यवस्था के तहत औद्योगिक प्रकाश तकनीक के प्रयोग से ये दोनों चीज़ें अप्रत्याशित ढंग से परस्पर जुड़ गईं। गुर्लिट बताते हैं कि जब खिड़की के ज़रिए कुदरती रोशनी आनी बंद हो गई और उसकी जगह कठोर विद्युतीय चाप प्रकाश ने ले ली तो कैसे हालात पैदा हुएः 'विद्युतीय प्रकाश से लैस गलियों में रहने वाले बहुत सारे लोगों में इसके असर से घबराहट पैदा हुई। नीले विद्युत प्रकाश और गैस लैम्प की पीली रोशनी के बीच फ़र्क़ का जो अहसास उनमें आया वह वाक़ई अप्रीतिकर था। इन दोनों रोशनियों में कोई संगति नहीं है। सड़कों पर लगे नए लैम्पों की तीखी रोशनी घरों के भीतर घुसी चली आती है और हम खिड़कियों में मोटे-मोटे परदे लटकाने को विवश हो जाते हैं।'[68]

मंच

> यदि रंगशाला में बिजली की रोशनी लगानी है तो अब तक रंगमंच को आम तौर पर जिस तरह से बनाया जाता था उस पूरे ढर्रे को बदल देना पड़ेगा। पारंपरिक मोटी लकीरों और काले धब्बों की जगह ज़्यादा बारीक, सुघड़ छवियाँ अंकित करनी होंगी और मंच पर गैस की अंतरंग रोशनी में, रंगरोग़न के ज़रिए जो जादुई असर पैदा किया जाता था वह विद्युतीय प्रकाश की मौजूदगी में तो ग़ायब हो ही जाएगा।
>
> (डॉयचऽ बाउत्साइटुंग, 1882)
>
> एक दीवार और एक कुर्सी। बस!
>
> (बेर्टोल्ट ब्रेष्ट)

सत्रहवीं सदी की डच पेंटिंगों की भूमिका के बाद अठारहवीं सदी के दूसरे उत्तरार्द्ध में बुर्जुआ यथार्थवाद ने रंगमंच पर अपनी विजय पताका फहरा दी। पारंपरिक बारोक़ थिएटर में प्रयुक्त वैभव-प्रदर्शन, ज्यामितीय ढाँचे, रूपक व दैवीकरण की प्रथाएँ नयी संवेदना में पगे लोगों को नाहक फ़िज़ूलख़र्ची, अराजक व असह्य लगने लगीं। अठारहवीं सदी ने 'प्रकृति', 'प्रकृति का अनुकरण', 'प्राकृतिकता', और 'भ्रम' जैसे नारे लगाते हुए बारोक़ थिएटर की अपनी विरासत को हाशिए पर सरका दिया।

यह नया रुझान संभवतः रंगमंच के केंद्रीय परिप्रेक्ष्य में सबसे साफ़ तौर पर सामने आया। बारोक़ थिएटर के मंच को सिर्फ़ और सिर्फ़ शासक की नज़र को दिमाग़ में रखकर बनाया जाता था; रंगमंच के बारे में उसका दृष्टिकोण ही एकमात्र ऐसा दृष्टिकोण था जो 'चल सकता' था। 'कमरे में बैठे बाक़ी दर्शक ऊपर से देखने व शिरकत करने को विवश थे—उनके नीचे शासक होता था—जैसे गर्भगृह में कोई दिव्य अधिष्ठाता महंत विराजमान हो!' अठारहवीं सदी के दर्शकों को अधिनायकवादी दृष्टि से शासित रंगमंच की यह छवि बर्दाश्त नहीं थी। जैसा कि ज्याँ बैपटिस्ट प्यूज़ॉक्स ने अपनी पुस्तक *पेरिस आ ला फ़िन द्यू 18ई* सिएक्ल में लिखा है कि अब तक की स्पष्ट, सर्वमान्य सामाजिक व्यवस्था उलट-पुलट कर अचानक मटमैली व धुंधली दिखायी देने लगीः

> मंच के सेट को रंगने वाला रंगसाज़ जिस परिप्रेक्ष्य से सेट को तैयार करता है उसमें केवल एक दर्शक की दृष्टि से ही अर्थ दिखायी देता है। नतीजतन, जहाँ एक साथ 2,000 दर्शक बैठे हों वहाँ बाक़ी 1,999 दर्शक उसी सीट पर नहीं बैठ सकते और वे खुद को या तो मंच से बहुत दूर या बहुत पास, या बहुत ऊँचे, या बहुत नीचे या बग़ल में बहुत दूर बैठा पाते हैं। ऐसी स्थिति में एक केंद्रीय धुरी को ध्यान में रखकर बनाए गए सेट आपस में गड्ड-मड्ड और विच्छिख रेखाओं का गुंझलक बनकर रह जाते हैं। इन रेखाओं से एक निहायत वीभत्स संरचना उभरकर आती है; बल्कि ऐसा लगता है मानो किसी ने ड्रॉइंग रूम को उलट कर रख दिया हो।

बारोक़ रंगमंच की प्रकाश व्यवस्था—जो सबसे अहम तौर पर एक केंद्रीय परिप्रेक्ष्य के लिए बनायी गयी रोशनी थी—भी अठारहवीं सदी में हमले की ज़द में आ गयी। मंच पर होने वाली हर चीज़ लाज़िमी तौर पर प्रकृति को ही निरूपित करने वाली होनी चाहिए थी। न केवल अभिनय, वेश-सज्जा और

दृश्य-सज्जा, बल्कि हर चीज़ को एक-दूसरे से अलग करने वाली रोशनी भी प्रकृति के अनुरूप होनी चाहिए थी। अचानक लोगों ने महसूस किया कि रोशनी के मामले में रंगमंच पेंटिंग से कहीं बहुत पीछे छूट गया है क्योंकि पेंटिंग में सौ साल से भी ज़्यादा समय से प्रकाश-छाया-चित्रण की तकनीक प्रयोग में थी। मंच के सिद्धांतकारों में फ्रांसिस्को अल्गारोत्ती उन शुरुआती लोगों में से एक थे जिन्होंने पेंटिंग में होने वाले प्रकाश के इस्तेमाल को मंचीय रोशनी के मॉडल के रूप में देखा। समकालीन रंगशालाओं की प्रकाश व्यवस्था के बारे में शिकायत भरे लहज़े के साथ 1750 में उन्होंने कहा, 'इसको (यानी रोशनी को) समरूप और किफ़ायती ढंग से कैसे फैलाया जाए इसके बारे में कोई कुछ नहीं जानता':

> मंच पर के विभिन्न तत्त्वों पर बीमार-सी रोशनी पड़ती है, उसकी आभा बेजान होती है, जिसकी वजह से वे ठीक से उभर नहीं पाते। इसके बावजूद यदि मंच प्रकाश व्यवस्थापक रोशनी को फैलाने की कला सीख लें, यदि उसे मंच के कुछ ख़ास हिस्सों पर संकेंद्रित किया जा सके और बाक़ी को अँधेरे में रखा जा सके तो क्या मंच में अंधेरे-उजाले की वह शक्ति और जीवंतता नहीं आ जाएगी जो रेम्ब्रान्ड्ट अपनी पेंटिंगों में सफलतापूर्वक पैदा कर चुका है। बल्कि ये भी हो सकता है कि आप दृश्य-सज्जा में भी प्रकाश और छायाओं की वह मनमोहक अंतःक्रिया पैदा कर दें जो आपको जॉर्जियोनी और टिशियन की चित्रकला में दिखायी देती है।

1760 में बैले मास्टर और नृत्य निर्देशक ज्याँ जॉर्जेस नोवेरे ने भी इसी प्रकार बारोक़ मंच की सममिती (symmetry) की निंदा की और उनकी जगह एक बेतरतीब, ज़्यादा प्राकृतिक प्रकाश व्यवस्था के हक़ में दलील दी:

> यह लैम्पों की भारी तादाद का मामला नहीं है जिन्हें यहाँ-वहाँ या सममितीय ढंग से सजा देने भर से रंगमंच बढ़िया दिखने लगते। मुश्किल चीज़ ये है कि रोशनी को असमान ढंग से ऐसे फैलाया जाए जिससे वे हिस्से अलग दिखने लगें जहाँ ज़्यादा रोशनी होनी चाहिए जबकि जहाँ रोशनी की ज़रूरत न हो वो हिस्से पूरी तरह अँधेरे में रहें। जिस प्रकार पर्स्पेक्टिव (चित्र को देखने या बनाने का ख़ास कोण) के हिसाब से चित्रकार अपनी तस्वीरों में वर्ण और वर्णाभास पैदा करता है, उसी प्रकार लाइटों को सजाने वाले व्यक्ति को भी पेंटर से सलाह लेनी चाहिए ताकि वैसे ही वर्ण और वर्णाभास लाइटिंग में भी दिखायी देने लगें।

बारोक़ थिएटर में जिस क़िस्म की स्टेज लाइटिंग विकसित हुई वह अठारहवीं सदी का अच्छा-ख़ासा वक़्फ़ा गुज़र जाने के बाद भी कुल मिलाकर वैसी की वैसी ही बनी रही। अपनी ठोस ज्यामितीय संरचना के अलावा शक्ति के अभाव ने भी इसे नाट्यशास्त्रीय अपेक्षाओं के सामने कमज़ोर साबित कर दिया। सत्रहवीं और अठारहवीं शताब्दी के रंगमंच को 'रोशनी का फ्रेम' नामक पद सबसे अच्छी तरह बयान करता है। यह इस मायने में कुछ-कुछ सैरबीन (बायस्कोप) जैसा लगता था कि इसके किनारों पर उजाला न होकर वहाँ सिर्फ़ रोशनी की हल्की लकीरें दिखायी देती थीं। इस लिहाज़ से यह समकालीन सड़क प्रकाश व्यवस्था जैसा था। फ्रेम आफ़ लाइट या रोशनी का ख़ाका तीन जगह स्थित रोशनियों से वजूद में आता था: बाज़ू या पार्श्व की रौशनियाँ जो मंच के अगली तरफ़ की गोलाई और बाज़ू में स्थित होती थीं, फ़ुटलाइट्स जो अभिनेताओं पर उनके ठीक आगे और नीचे से रोशनी डालती थीं, और (हेड) शीर्ष

लाइट्स जो प्रोसीनियम मंच की छत पर और किनारों पर स्थित होती थीं और परावर्तकों के ज़रिए नीचे की दिशा में केंद्रित रहती थीं। बहरहाल, उन्नीसवीं सदी तक शीर्ष लाइटिंग एक अपवाद बनी रही क्योंकि अभी तक प्रकाश के जो स्रोत उपलब्ध थे वह इतने कमज़ोर थे कि आवश्यक दूरी तक पर्याप्त रोशनी फेंक ही नहीं सकते थे। इसी समस्या ने बाज़ू की रोशनियों या पार्श्व प्रकाश पर भी असर डाला हालाँकि यहाँ इसका उतना असर नहीं था। इसका परिणाम यह हुआ कि मंच का केंद्रीय भाग लगातार रोशनी की कमी से जूझता रहा। पार्श्व प्रकाश मंच के मध्य भाग तक पहुँचता ही नहीं था जबकि क़ायदे में वहाँ सबसे ज़्यादा उजाला होना चाहिए था। बल्कि होता ये था कि परदे से लेकर मंच के पिछले हिस्से तक नीम अँधेरे की एक चौड़ी पट्टी फैली रहती थी।

इन हालात में यवनिका (पर्दों) के ऐन नीचे लगी फ़ुटलाइट्स या फ़र्शी बत्तियाँ ही एकमात्र विकल्प थीं। यहाँ उनके और अभिनेताओं तथा बोर्ड्स के बीच दूरी सबसे कम होती थी। परन्तु यह भी सच है कि फ़र्शी बत्तियाँ भी पूरे मंच को रोशन नहीं कर पाती थीं बल्कि मंच के अगले हिस्से की एक छोटी सी पट्टी पर ही उजाला फेंककर रह जाती थीं। यही वह जगह थी जहाँ सबसे ज़्यादा सरगर्मियाँ होती थीं – या यूँ कह लें कि – यही वह जगह थी जहाँ अभिनेता उजाले और जगह के लिए जद्दोजहद करते हुए गुत्थमगुत्था रहते थे। नैसर्गिकता को बेहद उच्च मूल्य देने वाली अठारहवीं सदी के सौंदर्यबोध के लिए यह पाबंदी भी लगभग उतनी ही बड़ी थी जितनी बड़ी एक और समस्या थी, यथा, कि यह रोशनी प्राकृतिक प्रकाश की तरह ऊपर से नहीं बल्कि नीचे से आती थी। प्यूज़ॉक्स पूछते हैं, 'अगर हम प्रकाश के स्रोत को अभिनेताओं के पैरों में पड़ा देखें तो क्या हमें ऐसा नहीं लगेगा मानो यह सीधे पाताल

मंच पर ज़मीन से की गई रोशनी

से आ रही है?' वह आगे कहते हैंः 'आख़िर कुदरत में तो यही होता है कि रोशनी हमेशा ऊपर से नीचे आती है, जबकि रंगशाला में हम पाताल से आती रोशनी को देखने के लिए ही अभिशप्त हैं!' क्योंकि रोशनी नीचे से आती थी इसलिए ई.टी.ए. हॉफ़मैन के शब्दों में, अभिनेताओं के चेहरे 'कुरूप मुखौटों' जैसे विकृत दिखायी देते थे और 'हमारे समूह (कलाकारों के समूह) चीनी पेंटिंगों जैसे मालूम पड़ते हैं जिनमें न तो कोई वर्ण-विन्यास है और न कोई पर्स्पेक्टिव – और ये सब इस बेहूदा लाइटिंग की वजह से है।' इस प्रभाव ने लैवेटर द्वारा पढ़ायी गयी आकृति विज्ञान संबंधी अभिव्यक्तियों की अठारहवीं सदी की कला का मज़ाक बना कर रख दिया। फ़ुटलाइटिंग उस समय एकमात्र व्यावहारिक साधन थी परन्तु विकृति तो उसमें अंतर्निहित थी। रंगशाला को लेकर अठारहवीं सदी में चलने वाली सार्वजनिक बहसों की यह सबसे बड़ा मुद्दा था। मिसाल के तौर पर, अभिनेत्री मादाम रिकोबॉनी ने अपने आलोचक दिदेरो को अभिनेताओं की दुविधा के बारे में सफ़ाई देने की कोशिश की क्योंकि दिदेरो की शिकायत थी कि सारे अभिनेता मंच के अगले हिस्से में रहने की जो कोशिश करते रहते हैं वह स्वाभाविक नहीं प्रतीत होता। रिकोबॉनी ने लिखा, 'किसी महत्त्वपूर्ण दृश्य में कुल अभिव्यक्ति चेहरे पर ही निर्भर करती है। कई ऐसे क्षण होते हैं जब एक हल्की सी नज़र या सिर का धीरे से झटकना भी बहुत अर्थप्रवण हो उठता है। एक छोटी सी मुस्कराहट इस बात का इशारा हो सकती है कि व्यक्ति बोलने वाले का मज़ाक उड़ा रहा है, या जिससे बात कर रहा है उसको बेवकूफ़ बनाने की कोशिश में है। नाक की सीध में देखने या नज़रें झुकाने के हज़ार अलग-अलग मतलब हो सकते हैं। मगर यदि अभिनेता सामने रखी रोशनियों से तीन क़दम से ज़्यादा दूर हो तो कोई उसका चेहरा देख भी नहीं सकता।'

जब तक और ज़्यादा शक्तिशाली रोशनी उपलब्ध नहीं हुई थी तब तक फ़ुटलाइट्स ही रंगमंच के लिए रोशनी का एकमात्र असरदार ज़रिया बनी रही। रंगशाला वास्तुशिल्पी लुई कातेल ने 1802 में स्थिति को इन शब्दों में बयान कियाः

> दुर्भाग्यवश, मौजूदा रोशनी से बेहतर किसी चीज़ की ईजाद करना लगभग असंभव प्रतीत होता है। मौजूदा रोशनी अभिनेताओं पर नीचे से बेहद अप्राकृतिक, बल्कि अप्रीतिकर ढंग से उजाला फेंकती है। हालाँकि रंगशाला की दीवारों पर लगी पार्श्व रोशनियों के ज़रिए इस स्थिति से बचने की कोशिश तो की गयी परन्तु क्योंकि प्रोसीनियम मंच काफ़ी बड़ा होता है इसलिए उसके मध्य भाग तक फिर भी पर्याप्त रोशनी नहीं पहुँच पाती। यदि हम ऊपर से रोशनी डालने की कोशिश करते तो भी यह फ़ासला इतना लंबा था कि पर्याप्त रोशनी अभिनेताओं तक नहीं पहुँच पाती थी।

सन् 1800 तक फ़ुटलाइटिंग की जगह ऊपर से पड़ने वाली रोशनी को स्थापित करना तकनीकी रूप से नामुमकिन था लेकिन इसके बाद भी लोगों ने इस विषय में अपने-अपने सिद्धांत देना बंद नहीं किया। शीर्ष लाइटिंग के विषय में बहुत सारे विचार सुझाए गए पर उन्हें तब तक व्यवहार में लागू नहीं किया जा सका जब तक उन्नीसवीं सदी के उत्तरार्द्ध में नयी तकनीकें नहीं विकसित कर ली गयीं। मिसाल के तौर पर, कातेल, जिन्होंने ज़ाहिरा तौर पर फ़ुटलाइटिंग के साथ जीने का समझौता कर लिया था, ने पार्श्व एवं शीर्ष लाइटिंग से युक्त एक नाटकीय परियोजना भी तैयार की। 'मंच को परावर्त्तिका की छः लंबवत,

खड़ी क़तारों के ज़रिए बग़लों से और परावर्त्तिका की ही दो क्षैतिज, लटकी हुई क़तारों के ज़रिए ऊपर से प्रकाशित किया जाएगा। इस व्यवस्था का उद्देश्य रोशनी को अधिकतम संभव सीमा तक सेट के मध्य में संकेंद्रित करना है क्योंकि वहाँ सबसे ज़्यादा उजाला होना चाहिए, जैसा कि खुद प्रकृति में भी होता है। प्रकृति में क्षितिज और उससे ऊपर की हवा सबसे अधिक प्रकाशमान होती है।' इसी प्रकार संशोधित रंगशाला के लिए तैयार की गयी एक परियोजना (1813) में, शिंकेल ने एक ऐसे सेट का प्रस्ताव रखा जिसमें बाजुओं और किनारों की बजाय एकल, पैनोरमा (रंगपटल) जैसी पृष्ठभूमि हो। कैस्पर डेविड फ्रेडरिक की तरह उनके विचारों में भी ताज़गी का आभास होता था। स्वाभाविक ही था कि इसमें रोशनी ऊपर से आतीः 'ऊपर से आने वाली रोशनी का इस्तेमाल करके... पूरे मंच को काफ़ी हल्का बनाना मुमकिन है, वह भी उन निचले हिस्सों पर बहुत ज़्यादा अहमियत दिए बिना जहाँ कि अभिनेता चलते हैं। इसके अलावा ऊपर से जो रोशनी गिरती है उसमें नीचे से उठने वाली रोशनी के मुक़ाबले ज़्यादा प्राकृतिक प्रभाव होता है।'

हालाँकि यह सही है कि शीर्ष लाइटिंग की सचमुच पर्याप्त मात्रा गैस और विद्युत प्रकाश के आगमन के साथ ही संभव हो पायी परन्तु जब कातेल और शिंकेल अपने इरादों को अमली जामा पहना रहे थे तब तक 1783 में विकसित किए गए अरगाँ लैम्प को ही इतना विकसित कर लिया गया था कि उससे अच्छे-ख़ासे फ़ासले तक रोशनी प्राप्त की जा सकती थी।

असरदार होने के लिए शीर्ष लाइटिंग का ज़्यादा उज्ज्वल होना तो ज़रूरी था ही परन्तु साथ ही यह

स्पॉटलाइट.
इसमें '... एक अवतल धातुई दर्पण एक ऐसी जगह लगाया जाता है जहाँ इधर-उधर बिखरने वाली रोशनी को मंच या किसी अन्य चीज़ की ओर मोड़ा जाता है। इस तरह सारी रोशनी को आलोकित वस्तु के लिए उपलब्ध कराया जाता है; रोशनी बिल्कुल बर्बाद नहीं होती' (ए. एल. लेवॉज़िए). स्रोत. *एकेदेमी दे सायन्सेज़ मेमौयर, मशीन ए इन्वेंशंस*, पेरिस, 1739.

भी ज़रूरी था कि वह ज़्यादा सटीक ढंग से एक ख़ास बिंदु पर केंद्रित हो। लौ की रोशनी क़ुदरती तौर पर ही ऊपर की तरफ़ और बग़ल में फैलती है। शायद ही कोई हिस्सा नीचे की तरफ़ जाता है। प्रकाश को इस भौतिक रूप से 'अप्राकृतिक' दिशा में केंद्रित करने के लिए परावर्तक का कृत्रिम हस्तक्षेप लाज़िमी था। शिंकेल और कातेल की ही तरह थिएटर की दुनिया की एक और प्रख्यात फ्रांसीसी शख़्सियत ग्रोबेएर का विचार था कि शीर्ष लाइटिंग ही लाइटिंग का एकमात्र प्राकृतिक स्वरूप था और यह एक ऐसा उद्देश्य था जिसको हर संभव साधन के ज़रिए साधने की कोशिश की जानी चाहिए थी। वह ऐसी रोशनी पैदा करना चाहते थे 'जिसकी चकाचौंध में अभिनेता हर क्षण दृश्यमान रहें' और इसके लिए उन्होंने निम्नलिखित तरीक़ा सुझायाः 'विशाल आईनों और सही जगह रखे गए परावर्तकों के ज़रिए यह प्रभाव प्राप्त किया जा सकता है। इस काम के लिए विस्तृत अध्ययन और काफ़ी प्रयोग किए जाने चाहिएँ।'

अठारहवीं सदी के उत्तरार्द्ध में परावर्तक न केवल रंगशाला में बल्कि सड़कों पर भी प्रकाश प्रौद्योगिकी का एक महत्त्वपूर्ण हिस्सा बन गए।

अठारहवीं सदी के परावर्तक की ख़ास बात उसकी अवतल बनावट थी जिससे वह स्वच्छंद रूप से बिखरी रोशनी को संग्रहित, केंद्रित और संकेंद्रित—दूसरे शब्दों में 'अनुशासित'—कर सकता था। लाव्आज़ियेर ने सड़क प्रकाश और रंगशाला की रंग-प्रकाश व्यवस्था के सिलसिले में प्रकाश के सिद्धांत पर जो दो प्रयोग किए थे, परावर्तक उन दोनों के केंद्र में था। सड़क प्रकाश से संबंधित प्रयोग में उन्होंने परावर्तक को इस प्रकार परिभाषित किया थाः 'धातु का एक ऐसा अवतल आइना जो ऐसी जगह स्थित हो जहाँ से वह अन्यथा नष्ट हो जाने वाली रोशनी को संग्रहित कर ले और जो उसे मंच या किसी अन्य वस्तु पर केंद्रित कर दे। इस प्रकार पूरी उत्सर्जित रोशनी को उस वस्तु के लिए उपलब्ध कराया जा सकता है जिसको रोशन किया जाना है और प्रकाश का लेशमात्र भी भाग नहीं पाएगा'। रंगशाला के भीतर लाइटिंग को सुधारने के सिलसिले में उन्होंने जो प्रस्ताव रखा था उसमें वह लिखते हैंः 'परावर्तक सामान्य रूप से वृथा बिखर जाने वाली रोशनी को वस्तु विशेष पर केंद्रित करने वाले एक धात्विक आईने के अलावा कुछ नहीं है।' पहचान में आने वाली पहली स्पॉटलाइट वस्तुतः तेल के दिए के इर्द-गिर्द अवतल परावर्तक के द्वारा संकेंद्रित व निर्देशित रोशनी ही था। विद्युत प्रकाश के आने के साथ यह स्टेज लाइटिंग का एक महत्त्वपूर्ण अंग बन गयी। परन्तु विद्युत स्पॉट लाइट के पूरी तरह विकसित होने से भी पहले लोगबाग पेंटिंगों की तरह मंच पर भी प्रकाश और छाया के वातावरणीय वितरण की कल्पना करने लगे थे। अठारहवीं सदी में अवतल परावर्तकों के हिमायतियों ने स्पष्ट रूप से कहा कि उनका उद्देश्य केंद्रित और निर्देशित प्रकाश को बेहद विविध प्रभाव पैदा करने के लिए एक कूची की तरह इस्तेमाल करना है। मिसाल के तौर पर लाव्आज़ियेर ने लिखा कि : 'आप वाक़ई दिन की अलग-अलग दशाओं और क्षणों को प्रतिबिंबित कर सकते हैं। आप तेज़ धूप, धूल भरी आँधी के अंधियारे, सूर्योदय या सूर्यास्त, रात्रिकाल, और पूरे खिले चांद इन सबको आभास करा सकते हैं। यह सब कुछ मंच के अगले हिस्से के ऊपरी छोर पर स्थित परवलयिक या सरल गोलाकार परावर्तकों की सहायता से बड़ी आसानी से प्राप्त

किया जा सकता है।' लाव्आज़ियेर के एक समकालीन, वास्तुशिल्पी पिएरे पात्त की भी कुछ ऐसी ही सोच थी। (संदर्भवश, उन्होंने सड़क प्रकाश में सुधार के लिए भी एक सुझाव पेश किया था।) परावर्तकों के बारे में उन्होंने कहा कि 'इस तरीक़े से हमारी लाइटिंग इतनी बढ़िया हो जाएगी' किः

> दृश्य के कुछ ख़ास हिस्सों पर रोशनी फेंक कर कई बार आप दर्शक की आँखों को मोहने वाली कोमलता और लय पैदा करने के लिए रंगों की चमक को कम कर देंगे, कई बार आप मंच पर उजाले और छायाओं के ऐसे विलोम रचेंगे जो महान चित्रकारों की पेंटिंगों में दिखायी देते हैं और सजावट में स्पष्टता और धुंधलेपन के चटकीले प्रभाव पैदा कर लेंगे।

पात परावर्तकों की निहित संभावनाओं को चिन्हित करने के मामले में पात्त अपने समय से कोसों आगे थे। उन्होंने न केवल ऊपर और पार्श्व से मंच पर पड़ने वाली रोशनी का पूर्वाभास कर लिया बल्कि उन्होंने अग्रभाग से पड़ने वाली रोशनी को भी चिन्हित कर डाला। यह एक ऐसी चीज़ थी जो विद्युतीय स्पॉटलाइट के साथ ही वजूद में आ पायी।

हद से हद सन् 1800 तक क़ुदरती प्रकाश ने मंच पर विजय प्राप्त कर ली। यह कई अर्थों में 'क़ुदरती' थीः सबसे पहली बात तो यह कि ये वाक़ई रोशनी थी न कि रंगे-पुते सेटों द्वारा पैदा किया गया कोई कृत्रिम प्रभाव : दूसरे, यह नीचे की बजाय ऊपर से आने वाली रोशनी थी और अंत में उस सामान्य अर्थ में भी, जिसका इस्तेमाल उस समय चित्रकारों का बुर्जुआ भ्रांतिवादी आंदोलन कर रहा था। ये चित्रकार नैसर्गिक रोशनी से उत्पन्न भाव पैदा करने के पक्ष में थे न कि ज्यामितीय पर्स्पेक्टिव को आलोकित करने के।

अठारहवीं सदी के अंतिम और उन्नीसवीं सदी के शुरुआती दशकों में थिएटर सुधारकों ने जो सुझाव

बिजली की रोशनी से भरा एक मंच
(सायंस म्यूज़ियम, लंदन)

पेश किए वे अल्गारोत्ती और नोवेरे के मतानुसार रोशनी के ज़्यादा रंगीन इस्तेमाल जैसी माँगों से इस अर्थ में बहुत परे तक जाते थे कि उन्हें महज़ सौंदर्यबोध के लिहाज़ से ही नहीं बल्कि बेहद सटीक तकनीकी शब्दों में भी अभिव्यक्त किया जा रहा था। पात्त, शिंकेल, कातेल और लाव्आज़ियेर के विचार इतने तफ़सील में थे कि उन्हें अमल में लाने के लिए ज़रूरत थी तो सिर्फ़ रोशनी के एक बढ़िया स्रोत की। जब प्रकाश प्रौद्योगिकी गैस और बिजली की सहायता से उन्नीसवीं सदी में काफ़ी लंबा सफ़र तय कर चुकी तो इन विचारों को बिना किसी हील-हुज्जत के साकार कर लिया गया। अब पूरे मंच को रोशन कर दिया गया और वे हिस्से भी उजाले में आ गए जो अब तक नीम-रोशन दिखायी देते थे। फ़ुटलाइटिंग कोई सौंदर्यात्मक समस्या नहीं रही। 1817 में लंदन के एक थिएटर में शीर्ष लाइटिंग के लिए गैस के पहले-पहल इस्तेमाल के बारे में लिखी गयी एक रिपोर्ट में उल्लेख मिलता है, 'मंच पर एक बेहद दोस्ताना और असरदार रोशनी ... एक भयानक शैतान यानी, फ़ुटलाइटों से पैदा होने वाली अप्राकृतिक और उल्टी रोशनी को ठिकाने लगाती प्रतीत होती है।' सन् 1800 के आस-पास सैद्धांतिक दृष्टि से नयी लाइटिंग का पूर्वाभास करना तो एक बात थी परन्तु तकनीकी लिहाज़ से उसे लागू करना एक बिल्कुल अलग बात थी। जब मंच पर तेज़ रोशनी की और सघन मात्र पड़ने लगी तो मंच इस हमले की मार से मानो चरमरा गया। नयी रोशनी ने भ्रम पैदा करने के तमाम पुराने तरीक़ों को बेरहमी से उजागर कर दिया। 1880 के दशक में पॉल लिंडाऊ ने विद्युतीय चाप प्रकाश से पैदा होने वाली छवि के बारे में जो कुछ कहा था वह प्रारंभिक गैस लाइटिंग के बारे में भी उतना ही सही थाः 'अप्रत्याशित रूप से तेज़ और सघन रोशनी ... आस-पास के तमाम रंगों को धो डालती है और क्योंकि नाट्य उपकरण तेज़ रोशनी में निर्मम रूप से प्रत्यक्ष दिखायी देने लगते हैं चुनाँचे यह तमाम भ्रम को नष्ट कर देती है। देखने वाले को पेड़ की जगह एक रंगी हुई कैनवस और आसमान की जगह पाल का कपड़ा दिखायी देता है।' मई 1883 में जब विएना कोर्ट ऑपेरा ने विद्युतीय प्रकाश को प्रयोगात्मक रूप से इस्तेमाल किया तो न्यू *फ़्रीये प्रेसे* के संवाददाता ने टिप्पणी की कि 'तकनीकी दृष्टि से उच्च स्तर पर निर्मित किए गए' सेट्स को अभी भी प्रयोग में रखा जा सकता था

> जबकि महज़ रंगे-पुते या प्रभावहीन सेट्स विद्युतीय प्रकाश की कसौटी पर खरे नहीं उतर सकते ...। तेज़ रोशनी में तमाम दुर्गुण और त्रुटियाँ साफ़ दिखायी पड़ जाती हैं ...। मिसाल के तौर पर, आज पृष्ठभूमि में लटका वह कपड़ा बेहद मामूली दिखायी दे रहा था जिससे तमाम डालियाँ, तोरण और गहने लटके हुए थे क्योंकि विद्युतीय प्रकाश ने उसकी बनावट, उसकी निर्जीव भौतिकता और तमाम ज़रूरी तकनीकी साज़-ओ-सामान को एकदम उघाड़ कर रख दिया।

क्योंकि नयी रोशनी ने रंगे हुए सेट्स से पैदा होने वाले भ्रम को समाप्त कर दिया इसलिए अब नए नुस्खों की तलाश ज़रूरी थी। उन्हें विद्युतीय प्रकाश के असर को भी झेलना था और इससे भी बढ़कर, उसके उजाले में ख़ास तौर से यथार्थ जैसा दिखायी देना था। रंगे हुए सेट की जगह क़ुदरती दिखने वाली त्रिआयामी संरचनाओं ने ले ली जो विद्युतीय स्पॉटलाइट की 'प्राकृतिकता' से मेल खाती थीं। गैस और विद्युतीय प्रकाश में रंग भी मोमबत्ती या तेल के दियों की रोशनी में दिखने वाले रंगों से अलग दिखने

लगे और अब उन्हें आमूल-चूल रूप से बदला जाना था। विद्युतीय प्रकाश के साथ विएना ऑपेरा के प्रयोग में गायकों के चेहरे पारंपरिक ढंग से – यानी गैसबत्ती को ध्यान में रखकर – बनाए गए थे चुनाँचे बेहद ज़र्द दिखायी देने लगे। निष्कर्ष ये निकला कि 'विद्युतीय प्रकाश के अंदर गैसबत्ती वाला ही प्रभाव प्राप्त करने के लिए लाल रंग का और ज़्यादा इस्तेमाल करना पड़ेगा'। मगर विद्युतीय प्रकाश में रंग सिर्फ़ हल्के ही नहीं पड़े। 'कुछ ज़्यादा स्निग्ध, समृद्ध रंग, जैसे हल्का हरा, बैंगनी और लाल, बहुत ज़्यादा चटक दिखायी देने लगे ...। गैसबत्ती के मुक़ाबले केवल शांत, लयात्मक रूप से समंजित रंग ही बेहतर दिखायी पड़ते थे।' परेशान करने वाले प्रभावों से बचने के लिए रंगों को नए प्रकाश की सघनता के अनुरूप ढालना ज़रूरी था। यानी ज़रूरत के हिसाब से ज़्यादा शोख़, या गहरा या ज़्यादा शांत बनाना ज़रूरी था। आम रुझान 'गहरे, स्याह, ज़्यादा संपृक्त' वर्णों की तरफ़ केंद्रित था। बहुत पहले, 1827 की एक टिप्पणी में कहा गया कि 'चूँकि हमारे थिएटरों में गैस देर से आयी इसलिए अब पहले की तुलना में ज़्यादा शक्तिशाली वर्ण-विन्यास ज़रूरी हो गया।'

गहरे वर्ण सौंदर्यात्मक भ्रम को संपूर्णता देने में मदद देते थे। पहली बार मंच पर इस्तेमाल होने वाले रंगों को लाइटिंग में मदद देने वाले साधन की उनकी पुरानी भूमिका से आज़ाद कर दिया गया क्योंकि पहले उसमें और ज़्यादा चमक की ज़रूरत रहती थी। क्योंकि गहरे रंग बहुत सारी बेशक़ीमती रोशनी को जज़्ब कर लेते थे इसलिए मंच को रंगने वाले उन्हें इस्तेमाल नहीं कर पाते थे, यहाँ तक कि जब सौंदर्यात्मक और यथार्थपरक दृश्य विन्यास को देखते हुए उनकी ज़रूरत होती थी, तब भी। इसमें अभिनेताओं के वेशभूषा के रंग एक बढ़िया मिसाल हैं। अठारहवीं सदी में स्टेज सेट्स की तरह वेशभूषा भी हल्के और चमकदार रंगों से बनाए जाते थे। यदि एक उदाहरण लें तो, इससे दिदेरो के सौंदर्यबोध को चोट पहुँची थी। वह चाहते थे कि बुर्जुआ ड्रामा बुर्जुआ रंगों, यानी एकरूप गहरे रंगों में ही खेला जाए जो उन्हें अभिजात्य वर्ग के रंग-बिरंगे, मोरनुमा प्रदर्शन से स्पष्ट रूप से अलग खड़ा कर देते थे। दिदेरो की शिकायत थी कि 'वैभव हर चीज़ को ग़र्क़ कर देता है, वैभव का ड्रामा ख़ूबसूरत नहीं होता। वैभव ... आँखों को चौंधिया तो सकता है मगर हृदय को नहीं छू सकता ...। नाटक जितना ही गंभीर होगा उसकी वेश-सज्जा उतनी ही आडम्बरहीन होनी चाहिए...। हमें दुस्साहसी रंगों में रंगे ख़ूबसूरत, सादा कपड़ों की ज़रूरत है।' जिस तरह अल्गारोत्ती और नोवेरे ने स्टेज लाइटिंग के लिए डच पेंटिंग को एक मॉडल के तौर पर सामने रखा उसी तरह दिदेरो ने सुझाव दिया कि वेश-सज्जा के मामले में भी अभिनेता पेंटिंगों से प्रेरणा लें। संभवतः वह पेंटिंगों में गहरे रंग के सूटों में सजे-धजे डच निवासियों के बारे में सोच रहे थे। 'अभिनेताओं! झूठे वैभव को एक तरफ़ रख कर यदि तुम कपड़े पहनने का सही सलीका सीखना चाहते हो और वह सादगी पाना चाहते हो जो तुम्हें सबसे प्रभावी छवि प्रदान कर दे तो हमारी कला दीर्घाओं में आओ।' जैसे उन्होंने मंच के अगले भाग में जगह के लिए गुत्थमगुत्था होते अभिनेताओं की आलोचना की थी उसी प्रकार यहाँ भी दिदेरो ने प्रकाश प्रौद्योगिकी द्वारा अनिवार्य बना दी गयी एक पद्धति को अप्राकृतिक और अस्वाभाविक कहकर ख़ारिज कर दिया। जब पूरे मंच को रोशन किया जा सकता था उस उन्नीसवीं सदी से पहले तक कॉस्ट्यूम और स्टेज सेट्स का रंग उतना ही गहरा

होता चला गया जितना रंगों की बुर्जुआ अभिरुचि की माँग थी। तब तक कोई भी अभिनेता नीम अँधेरे में ओझल हो जाने का जोखिम उठाए बिना न तो मंच के अगले हिस्से को छोड़कर कहीं जा सकता था और न पूरे मंच पर स्वच्छंद रूप से घूम सकता था।

उन्नीसवीं सदी में नए क़िस्म की रोशनी के साथ मंच धीरे-धीरे रूपांतरित होता चला गया। उसने नयी चुनौतियाँ उठाते हुए सामने मौजूद नयी संभावनाओं का सदुपयोग किया। सचमुच की रोशनी ने पुराने क़िस्म की भ्रम पैदा करने वाली मंच रंगसाज़ी को समाप्त कर दिया।

मंच रंग सज्जा पर सबसे भारी हमला उसी जगह हुआ जहाँ वह सबसे कमज़ोर थी, यानी रोशनी के प्रस्तुतीकरण में। सत्रहवीं और अठारहवीं सदियों में रोशनी के रंगदार शहतीर, रंगी हुई परछाइयाँ और रंगे हुए सूर्योदय और सूर्यास्त वास्तविक रोशनी के अभाव की पूर्ति करते थे। उन्हें इसलिए स्वाभाविक मान लिया गया था क्योंकि इन छटाओं को साकार करने का और कोई भौतिक साधन नहीं था। बाउमन के मुताबिक़ः 'लैंडस्केप का माहौल और इसकी ख़ास आउटडोर रोशनी सिर्फ़ और सिर्फ़ पेंटिंग के ज़रिए हासिल की जा सकती थी।' जैसे ही अरगाँ लैम्प ने मंच पर प्रकाश का पहला सक्षम स्रोत उपलब्ध करा दिया वह रंगी हुई रोशनी के लिए एक भयानक शत्रु साबित हुआ। प्यूजॉक्स ने इन दो क़िस्म की रोशनियों के बीच होने वाले टकराव का बड़ा आकर्षक विवरण दिया है : यदि दृश्य सज्जा रंगसाज़ ने सेट्स पर छायाएँ और अर्धछायाएँ अंकित की हैं और बाजुओं में अरगाँ लैम्प को स्थापित करने वाला रोशनीसाज़ उन्हें छायाओं के साथ सटीक ढंग से नहीं मिला पाता है तो इसका मतलब है कि लाइटिंग करने वाले और पेंटिंग करने वाले दोनों व्यक्तियों की सोच में टकराव है।'

रोशनी को चित्रांकित करने के अधिकार को खो देना मंच चित्रकार की पहली हार थी। नयी प्रकाश व्यवस्था के सामने भ्रम पैदा करने वाले दूसरे तरीक़े भी नहीं टिक पाए। साधारण शब्दों में कहें तो रंगे हुए सेट्स के स्थान पर उन्नीसवीं सदी में त्रिआयामी सेट्स के धीरे-धीरे पैर जमा लेने को कलाओं में अधिकाधिक प्रकृतिवाद की तरफ़ बढ़ते रुझान से समझा जा सकता है। परन्तु यहाँ बदलाव की बागडोर लाइटिंग ने संभाली हुई थी और वह इस प्रक्रिया में एक यथार्थ और संभवतः निर्णायक भूमिका निभा रही थी। मंच पर सचमुच की रोशनी के लिए महज़ रंगे पुते की बजाय सचमुच के स्थान की ज़रूरत थी। अंत में विद्युतीय प्रकाश की सहायता से एडोल्फ़ एपिया ने थिएटर लाइटिंग के सिलसिले में अल्गारोत्ती, लाव्आज़ियेर और पात्त द्वारा उठायी गयी शताधिक माँगों को पूरा करने में कामयाबी पा ली। एपिया और उनके महज़ रंगे हुए नहीं बल्कि सजीव प्रकाश के साथ स्टेज लाइटिंग अपने आप में एक स्वतंत्र रचनात्मक माध्यम बन गया।

एपिया की अहमियत ... उनकी इस समझ में निहित थी कि वह एक ऐसा 'स्पेस' या स्थान रच रहे थे जो प्रकाश से सक्रिय हो उठता था। प्रदर्शन परिधि और प्रकाश, निर्माण के नए तत्त्वों के रूप में एक-दूसरे से स्वतंत्र हैं, क्योंकि (सक्रिय) प्रकाश केवल एक ऐसी मुक्त परिधि में ही विकसित हो सकता है जो कि रंगे हुए सेट्स के द्वारा 'नष्ट' और गड्ड-मड्ड

न हो। परन्तु स्थान केवल तभी 'स्थानिक' बन पाता है जब उसमें प्रकाश (और वर्ण) 'सक्रिय' होते हैं। अभिनेताओं की त्रिआयामिकता, जिनका प्रभाव रंगे हुए सेट्स के असर से भी कम नहीं हुआ था और जिन्होंने आगे चलकर रंगाई के प्रभाव को भी नष्ट कर दिया, अब उस मुक्त क्षेत्र और परिधि के कंट्रास्ट में नहीं रही जिसे वह आकार दे रही थी; प्रकाश और छाया अभिनेता को उसकी 'मंचन परिधि' के साथ जोड़ देते हैं।'

अंधकारमय प्रेक्षागृह

मुझे फ़ौरन ही एक बहुत स्पष्ट नुक़्स दिखायी दे गया। स्टेज लाइटिंग और प्रेक्षागृह की लाइटिंग बिल्कुल बेमेल थी। मंच की लाइट बहुत ज़्यादा कमज़ोर थी और प्रेक्षागृह की लाइट बहुत तेज़। अगर स्थिति इसके विपरीत होती तो चीज़ें ज़्यादा बेहतर और सही दिखायी देतीं। यह बेमेलपन इस तथ्य से उपजा है कि प्रेक्षागृह की रोशनी के लिए तो दरबार से पैसा आता है जबकि मंच की रोशनी के लिए रंगशाला के प्रबंधकों को खुद इंतज़ाम करना पड़ता है।

(आउगुस्ट क्लिंगऽमन, कुंस्ट उण्ड नाटुअर, 1823)

जहाँ एक तरफ़ नयी समझ और नयी प्रकाश प्रौद्योगिकी स्टेज को रूपांतरित करती जा रही थी वहीं दूसरी तरफ़ रंगशाला के बाक़ी आधे हिस्से में भी उतना ही महत्त्वपूर्ण कायांतरण चल रहा था। अठारहवीं सदी को बारोक़ थिएटर से जो प्रेक्षागृह विरासत में मिला था वह एक सामाजिक, उत्सवपूर्ण केंद्र ज़्यादा था और सही मायने में प्रेक्षागृह कम। वहाँ जो दर्शक इकट्ठा होते थे वह इस बात पर ध्यान देने के लिए नहीं आते थे कि मंच पर क्या होता है बल्कि वे दो स्तर पर हिस्सेदारी करने आते थे। मंच की टक्कर का प्रदर्शन दर्शकों के बीच भी चलता रहता था। सत्रहवीं सदी की सोच में ज़िन्दगी खुद भी एक सर्वव्याप्त रंगमंच थी। इसलिए यह तर्कसंगत ही है कि थिएटर में एकसमान महत्त्व के दो अलग-अलग प्रदर्शन क्षेत्र थेः मंच और प्रेक्षागृह। बारोक़ कालीन दरबारी त्यौहारों — जलसों, बैले नृत्य, आतिशबाज़ियों और रोशनियों — की तरह यहाँ भी अभिनेताओं और दर्शकों के बीच कोई स्पष्ट विभाजक रेखा नहीं थी। सब कुछ उलझने-सुलझने का खेल था। भूमिकाएँ बदल गयी थीं और आपस में गुथ गयी थीं तथा यथार्थ की सँकरी सीमाएँ समकालीन शीशमहल के आईनों की मानिंद टूट चुकी थीं। रोशनी ने मंच और प्रेक्षागृह दोनों को समान रूप से प्रकाशमान बनाकर अपना योगदान दे दिया। इसमें मंच रोशनी की एक लकीर के ज़रिए ही एक प्रदर्शन परिधि के रूप में अलग प्रतीत होता था। बारोक़ में लाइटिंग के समरस स्वरूप को सबसे स्पष्ट रूप से इस तथ्य से समझा जा सकता है कि झाड़-फ़ानूस से प्रेक्षागृह और मंच दोनों जगह सजावट और रोशनी की जाती थी। सत्रहवीं सदी के दर्शकों को मंच पर लगे झाड़-फ़ानूसों से उसी तरह कोई परेशानी नहीं थी जैसे किसी नाटक के मंचन के दौरान बत्ती को कतरने वाले लोग बेझिझक अपना काम करते रहते थे। जो चीज़ें कुछ ही समय बाद भ्रम को नष्ट करने वाली और इसलिए अस्वीकार्य मानी जाने लगीं वे उस समय बारॉक़ थिएटर में मंचन का एक सामान्य हिस्सा थीं। 'फ़्रांस में मूषर ऐसे लोकप्रिय व्यक्ति थे जिनकी मौजूदगी का स्वागत किया जाता था। यदि वे अपने काम को

एहतियात और नफ़ासत के साथ अंजाम देते थे तो दर्शक तालियों की गड़गड़ाहट या तारीफ़ के शब्दों से उनकी हौसलाअफ़ज़ाई भी किया करते थे।'

अठारहवीं सदी के मध्य के आस-पास दर्शकों को ऐसा लगने लगा कि मंच और प्रेक्षागृह के बीच यह संचार सौंदर्यात्मक और नैतिक दृष्टि से खिन्न करने वाला है। दोनों के बीच एक स्पष्ट रेखा खींच दी गयी। बारोक़ थिएटर में सीढ़ियाँ ही मंच को प्रेक्षागृह के साथ जोड़ती थीं और अभिनेता भी अक्सर वहीं से मंच पर दाखिल होते थे। अब वे सीढ़ियाँ ग़ायब हो गयीं, और दर्शकों की सीटें, जो अब तक मंच पर ही होती थीं, को भी हटा कर दूर कर दिया गया। मंच पर मौजूद झाड़-फ़ानूसों की भी गद्दी छीन ली गयी क्योंकि अब इसे सौंदर्यात्मक भ्रम पैदा करने के लिए एक स्वायत्त परिधि के रूप में देखा जाने लगा जिसे सख़्ती से दर्शकों से अलग रखा जाना था। कॉमेदी फ़्रॉंसेज़ थिएटर में, सीटों और झाड़-फ़ानूसों को 1757 में मंच से बेदख़ल कर दिया गया। इसके बाद उनका इस्तेमाल केवल मंच सामग्री के रूप में ही होने लगा।

झाड़-फ़ानूस के न होने का मतलब यह नहीं था कि अब मंच पर कम उजाला रह गया। इसके विपरीत पूरी अठारहवीं सदी के दौरान मुख्य रुझान ज़्यादा रोशन मंच और अँधेरे में डूबे प्रेक्षागृह की तरफ़ ही रहा। अठारहवीं सदी की शुरुआत में कॉमेदी फ़्रॉंसेज़ थिएटर का प्रेक्षागृह 136 मोमबत्तियों वाले 12 झाड़-फ़ानूसों से रोशन होता था। पचास साल बाद, मंच से झाड़-फ़ानूसों के ग़ायब हो जाने से ठीक पहले वहाँ केवल चार झाड़-फ़ानूस बचे थे और उनमें अड़तालीस मोमबत्तियाँ थीं। यानी अब पहले के मुक़ाबले मात्र एक तिहाई रोशनी से काम चल रहा था। मंच के पार्श्व भाग में लगी मोमबत्तियों की संख्या जो सन्

पुरातन राजव्यवस्था में मंच और हॉल, रोम में ऑपेरा का मंचन, 1729.

1719 में अड़तालीस थी वह सन् 1757 में बढ़ कर 116 हो गयी। इसके अलावा परावर्तक लैम्प होते थे जो अठारहवीं सदी के शुरू में कहीं थे ही नही। 1750 के दशक तक पहुँचते-पहुँचते वह प्रकाश का सबसे महत्त्वपूर्ण स्रोत बन चुके थे।

यह बात लंबे समय से ज्ञात थी कि किसी तस्वीर की रोशनी जितनी चटक होगी और जहाँ से उसे देखा जा रहा है वह जगह जितनी अँधेरे में होगी तस्वीर उतनी ही विशिष्ट दिखायी देगी। थिएटर के पुनर्जागरणकालीन सिद्धांतकार इस अंतर्दृष्टि का पहले ही प्रयोग कर चुके थे। मसलन, डि सॉमी ने सुझाव दिया था कि दर्शक को छाया में बिठाया जाए 'क्योंकि ऐसे में दृष्टि ज़्यादा सीधी जाती है और उसकी आँखें लक्ष्य से नहीं भटकतीं, या परिभ्रामी सिद्धांत के अनुसार लक्ष्य खुद उसकी नज़रों में गड़ जाता है।' और इंगेग्नेरी ने तो यह सामान्य नियम ही ईजाद कर दियाः 'प्रेक्षागृह में जितना अँधेरा होगा, मंच उतना ही रोशन दिखायी देगा।'

परंतु इस समझ ने पुनर्जागरण और बारोक़ थिएटर पर कोई बहुत व्यावहारिक असर नहीं डाला। रंगशाला की सामाजिक भूमिका एक तेज़ रोशन प्रेक्षागृह का तक़ाज़ा करती थी। संपूर्ण अठारहवीं सदी के दौरान प्रेक्षागृह शनैः शनैः अँधेरे में डूबता गया और मंच पर रोशनी बढ़ती गयी। यह तथ्य इस बात की ओर संकेत करता है कि थिएटर की सामाजिक, सौंदर्यात्मक एवं नैतिक भूमिका में बदलाव आ रहा था। प्रेक्षागृह में इकट्ठा होने वाले दर्शक अब अपना पूरा ध्यान मंच पर केंद्रित करने लगे थे। सारतः अब कोई 'एक दर्शक समूह' नहीं बल्कि बहुत सारे व्यक्ति थे जिनमें से हर व्यक्ति ड्रामे को अपनी अपनी नज़र से सिर्फ़ अपने लिए देखता था। नया आदर्श यह था कि दर्शक, और जो चीज़ उसके सामने पेश की जा रही थी, उन दोनों के बीच एक प्रत्यक्ष संचार स्थापित किया जाए और उसमें से तमाम भटकाने वाले और बाहरी कारकों को बेदख़ल कर दिया जाए। प्रेक्षागृह में अँधेरा करने की यह सोच दर्शकों और नाटक के बीच सामुदायिकता की इस भावना को और मज़बूत करने की थी। ब्रेष्त के मुताबिक़ यह पिछले दो सौ वर्षों के दौरान थिएटर के विकास का सार-संक्षेप है। परन्तु पास से देखने पर पता चलता है कि कहानी दरअसल इतनी सरल और सीधी नहीं है जितनी इस उक्ति में प्रतीत होती है। प्रेक्षागृह को तमसोगमय यानी अँधेरा करने की प्रक्रिया धीमी थी। यह रुक-रुक कर आगे बढ़ी। सबसे महत्त्वपूर्ण बात यह रही कि ये प्रक्रिया कभी पूरी नहीं हुई। बहरहाल, जो भी हो, जैसा कि इतालवी रंगमंच की सबसे बेजोड़ उपलब्धि, ऑपेरा, को देखने पर पता चलता है – बतौर संस्था थिएटर अपनी ख़ुद की ही आभा से दीपित है।

ऑपेरा को देखकर पता चलता है कि अंधियारे में डूबा प्रेक्षागृह लाज़िमी तौर पर यथार्थवाद और भ्रम के सौंदर्यबोध के अनुरूप हो ऐसा ज़रूरी नहीं है। इतालवी ऑपेरा में प्रेक्षागृह में अँधेरा रखने का चलन सत्रहवीं शताब्दी से क़ायम था जबकि बाक़ी युरोपीय रंगशालाओं में इसे काफ़ी बाद में अपनाया गया। इसके बावजूद इतालवी दर्शक चाहे जैसे भी रहे हों परन्तु अनुशासित कलाप्रेमी तो क़तई नहीं थे। वे भी ऑपेरा को उसी तरह बेमन से देखते थे जैसे पेरिस, लंदन और विएना के लोग देखा करते थे क्योंकि

उनकी तरह इतालवी दर्शक भी खुद को प्रदर्शन का हिस्सा बना देते थे। अंधकारमय प्रेक्षागृह में भी वह ऐसा कर लेते थे इसकी वजह यह है कि इतालवी ऑपेरा में प्रेक्षागृह दरअसल वैसा नहीं था जैसा वह दिखायी देता था यानी वह एक संक्रमणकारी दायरा था। असली प्रेक्षागृह तो अनगिनत ख़ानों में बँटा होता था – जोकि मूलरूप से इतालवी यानी वेनिस की पैदाइश थीः

> प्रेक्षागृह ठोस बग़ली दीवारों से बँटे हुए ख़ानों का समूह होता था। एक तरह से ये तीन दीवारों वाले कमरे थे और अगर प्रेक्षागृह वाले चाहें तो चौथी तरफ़ भी एक शटर होता था जिसे प्रेक्षागृह की तरफ़ बंद किया जा सकता था। ये ख़ाने दरअसल एक के ऊपर एक रखे हुए अलगाए जाने लायक घरनुमा थे। प्रत्येक परिवार को अपना एक अलग कक्ष मिल जाता था जो शृंगार कक्ष की तरह उसमें बैठने वालों की सुरुचि के अनुसार वॉलपेपर, पेंटिंग, आईनों, छोटी मेज़-कुर्सियों, दीवान, और संभवतः द्यूत टेबलों से भी लैस होता था। लोग बातें करते थे, खाना-पीना करते थे, ताश खेलते थे और एक-दूसरे से मिलते-जुलते थे।

इतालवी दर्शक भी मंच पर हो रही सरगर्मियों से उतने ही बेलौस रहते थे जितना दूसरे युरोपीय दर्शक रहते थे। फ़र्क़ अगर था तो सिर्फ़ इस बात का कि समाज के बारे में इतालवी दर्शकों का नज़रिया छोटे-छोटे अनगिनत कमरों में साकार होता था। इटली में मंच के सामने की जगह में कोई ऐसा ऑडिटोरियम नहीं होता था जिसे सौंदर्यात्मक पसंद के चलते अँधेरा किया जाता था बल्कि यह तेज़ उजाले में डूबे मंच और उतने ही रोशन खानों के बीच फैली अपरिभाषित सी स्याह मध्यभूमि था। परन्तु इस तथ्य से मामला और जटिल हो जाता है कि यह जगह भी थी प्रेक्षागृह ही क्योंकि निम्न वर्ग के लोग इसी जगह तो बैठा करते थे। परन्तु वह 'समाज' का हिस्सा नहीं थे और उनके अपने तौर-तरीक़े और व्यवहार थे। यहाँ अँधेरे से एकाग्रता या ख़ामोशी को बढ़ाने में कोई मदद नहीं मिलती थी। इसके विपरीत, 'प्रेक्षागृह के नीम अँधेरे ने बीच की गर्त में व्यवस्था स्थापित करने में कोई योगदान नहीं दिया। जैसा कि स्वाभाविक ही है इस गर्त के दर्शकों में वेनिस के मछुआरे और दूसरे लोग बैठते थे ...। विदेशी सैलानी इस गर्त के भीतर की ज़िन्दगी को देखकर अचंभे में पड़ जाते थेः कैसी आज़ादी थी वहाँ, लोग ज़ोर-ज़ोर से बातें और हुल्लड़-हंगामा करते थे और वहीं पर फल, आदि, खाने पीने की चीज़ें भी बिकती रहती थीं।'

यह सही है कि फ़्रांसीसी, इंग्लिश और मध्य युरोपीय रंगशालाओं में जैसे प्रेक्षागृह शनैः शनैः अँधेरे में डूबते गए वैसे-वैसे दर्शकों की एकाग्रता में भी वृद्धि हुई। प्रेक्षागृह का अंधकार भ्रमवाद के स्तर का एक विश्वसनीय पैमाना तो था परन्तु प्रेक्षागृह में अँधेरा करने का चलन बेहद धीरे-धीरे और भारी विरोध से जूझते हुए आगे बढ़ा। 1793 में वैटेलेट-लेवेक़ ने टिप्पणी की कि दर्शक 'मंच को देखना चाहते थे, अभिनेताओं को देखना चाहते थे; परन्तु सबसे बढ़कर, वे एक-दूसरे को देखना चाहते थे और, हम कह सकते हैं कि वे एक-दूसरे को जी भरकर देखना चाहते थे।' और 1809 में ग्रोबेएर ने लिखाः 'मुझे नहीं लगता कि यदि मंच की बजाय प्रेक्षागृह में रोशनी करने वाले झाड़-फ़ानूसों को हटा दिया जाए तो एक भी कलाकार को इससे ऐतराज़ होगा। मगर हर शख़्स इस उपयोगी सुधार का यह कहकर विरोध करता है कि औरतें चाहती हैं कि लोग उन्हें देखें और जनता उन्हें देखना चाहती है।'

थिएटर सुधारकों ने प्रेक्षागृह के लिए एक नयी प्रकाश व्यवस्था की भी वकालत की। इस सिलसिले में तीन प्रस्ताव पेश किए गए। पहली तजवीज़ तो ये थी कि प्रेक्षागृह की लाइटों को एक महीन स्क्रीन के पीछे ढँक दिया जाए। यह ऐसी तकनीक थी जिसका विशेष लाइटिंग प्रभाव पैदा करने के लिए बारोक़ थिएटर में पहले ही इस्तेमाल किया जा चुका था। प्यूजॉक्स का सुझाव इन पंक्तियों का अनुसरण करता है: 'प्रेक्षागृह की रोशनियों और मंच की ज़रूरतों से जो कठिनाई पैदा होती है उसे हल करने के लिए ये किया जा सकता है कि मंचन के दौरान झाड़-फ़ानूस को ढँक दिया जाए ताकि उससे केवल हल्की-सी रोशनी ही निकले। इस प्रकार मंच को उतनी रोशनी मिल जाएगी जितनी की उसे आवश्यकता है। मध्यांतर के दौरान झाड़-फ़ानूसों पर लगे परदों को एक बार फिर हटाया जा सकता है।' ग्रोबेएर का सुझाव था कि प्रेक्षागृह में चारों तरफ़ बिखरी लाइटों को ढँक दिया जाए और इसके लिए 'धातु के बने हुड का इस्तेमाल किया जाए ताकि वह उस लाइट को आंशिक रूप से या पूरी तरह ढँक ले। उन्हें इस तरह से लगाया जाए ताकि उनको ऊपर उठाने से रोशनी बढ़ जाए और नीचे करने से रोशनी घटने लगे।' प्रेक्षागृह की लाइटों को नियंत्रित करने का दूसरा तरीक़ा अठारहवीं सदी के आख़िरी सालों से ही आम इस्तेमाल में था। तरीक़ा यह था कि पूरे प्रेक्षागृह में केवल एक केंद्रीय झाड़-फ़ानूस लगाया जाए। मंचन की शुरुआत में उसे ऊपर उठा दिया जाता था जिससे अकसर वह छत में ओझल सा हो जाता था और मध्यांतर के दौरान उसे दोबारा नीचे कर दिया जाता था। तीसरा और अंतिम तरीक़ा यह था कि छत में लगे परावर्तक लैम्पों का प्रयोग किया जाए। पात, लाव्आज़ियेर और कोचिन जैसे अठारहवीं सदी के थिएटर-सुधारक, जो मंच के लिए शीर्ष लाइटिंग के भी हिमायती थे, ने इस तरह के लैम्पों के पक्ष में दलील दी। पर शीर्ष लाइटिंग की तरह ऐसे लैम्पों को भी तब तक क्रियान्वित नहीं किया जा सका जब तक उन्नीसवीं सदी में नयी प्रकाश प्रौद्योगिकी उपलब्ध नहीं हो गयी।

इन तमाम तरीक़ों का उद्देश्य प्रेक्षागृह में घुप्प अँधेरा कर देना नहीं था। सारी क़वायद अगर थी तो सिर्फ़ इसलिए कि रोशनी मद्धम हो जाए, बकौल पात्त, 'मृदुल और कोमल उजलापन' हासिल किया जा सके। बीच में लगे झाड़-फ़ानूस ने संभवतः ठीक वही संतुलन उपलब्ध करा दिया जिसकी ज़रूरत थी। एक तरफ़ तो इसने मंचन के दौरान आँखों से ओझल होकर और रोशनी की मात्र कम करके भ्रम की ज़रूरत पूरी कर दी। दूसरी तरफ़ इसमें रंगशाला का उत्सवी चरित्र भी समाहित था। भ्रमवाद, यथार्थवाद और प्रकृतिवाद के बावजूद, देखने और देखे जाने की सामाजिक चाह थिएटर में आज भी क़ायम है। यहाँ तक कि जब गैस और विद्युतीय प्रकाश के आने के बाद प्रेक्षागृह में पूर्ण अंधकार करना संभव हो गया तब भी युरोपीय प्रेक्षागृह अँधेरे में नहीं डूबे बल्कि वहाँ मद्धिम रोशनी बनी रही। बहुत सारी रंगशालाओं में विद्युतीय प्रकाश प्रणाली मुहैया कराने वाले वर्नर सीमंस का ख़याल था कि जब परदा उठे तो 'प्रेक्षागृह में हल्की और मंच की तरह ललौंही रोशनी होनी चाहिए। इस काम के लिए गैलरियों में रोशनी के एक या अधिक घेरे स्थापित कर दिए जाएँ और वहाँ वे लगातार जलते रहें।'

किसी प्रेक्षागृह की प्रकाश-व्यवस्था उसके सामाजिक चरित्र के बारे में बताने वाला सबसे विश्वस्त सूत्र होती है। बेरियॉथ में रिचर्ड वॉग्नर के मंचन लगभग पूरी तरह अंधकारमय प्रेक्षागृह के समक्ष होते थे। यह रंगशाला को एक सामाजिक स्थान की बजाय एक रहस्यात्मक स्थान में रूपांतरित कर देने की रैडिकल कोशिश थी। परन्तु दर्शकों की सामाजिक सहज प्रवृत्ति ने रंगशाला के एक प्राचीन उद्देश्य को दबाने वाली इस कोशिश का विरोध किया। यह विरोध लंदन जैसी पश्चिमी युरोपीय राजधानियों के मुक़ाबले जर्मनी में संभवतः कम था क्योंकि वहाँ सामाजिक अनुभवों के स्थान पर सौंदर्यात्मिक अनुभवों को स्थापित करने की एक पुरानी परम्परा रही थी। 'जब 1890 के दशक में कॉवेन्ट गार्डन में परदा उठने के बाद घरेलू लाइटें अंततः बुझा दी गयीं तो भी पुरानी आदतों से चिपके लोगों को मंच पर ध्यान केंद्रित करने वाले अंधकारमय प्रेक्षागृह के डेयर रिंग डेस नीबेलुंगन में बैठना मंज़ूर नहीं था।' मंच और प्रेक्षागृह के बीच वॉग्नर जो 'रहस्यात्मक गर्त' खोलना चाहते थे वह थिएटर के इतिहास में महज़ एक कड़ी बनकर रह गया। बीसवीं सदी में थिएटर के तमाम प्रगतिशील सिद्धांतों का उद्देश्य (यदि ब्रेष्ट के महाकाव्यात्मक थिएटर के बारे में वॉल्टर बेंयामिन को उद्धृत करें तो) 'ऑर्केस्ट्रा को दर्शनीय बनाना' ही रहा है।

ये सिद्धांत मंच और दर्शकों के बीच उसी खुली संप्रेषणीयता को पुनः स्थापित करने का प्रयास करते हैं जो भ्रमवाद की विजय से पहले सत्रहवीं और अठारहवीं शताब्दियों में मौजूद था। बीसवीं सदी की अधिकांश रंगशालाओं के अंधकारमय प्रेक्षागृह वॉग्नर जैसी किसी अतिउत्साही सौंदर्यात्मक दृष्टि का परिणाम नहीं हैं — बल्कि हद से हद वे ऐसी दृष्टि की मशीनी स्वतःक्रिया भर हैं। या और सरल शब्दों में कहें तो नागर रंगशाला का स्याह प्रेक्षागृह उसकी क्षीण होती सामाजिक भूमिका को प्रतिबिंबित करता है। वस्तुतः यह अँधेरा शायद रंगशाला से बिल्कुल जुदा एक अलग सौंदर्यबोध की विचारधारा का हासिल था। बताया जाता है कि 'सिनेमा के प्रेक्षागृहों में अनिवार्य रूप से किए जाने वाले अँधेरे ने इस चलन को बाक़ायदा स्थापित करने में मदद की'। रोशनी ने रंगशाला के प्रेक्षागृहों में जितने अड़ियल ढंग से

केन्द्रीय झूमर, एकेडेमी रोयाल द म्यूज़ीक, पेरिस (स्रोतः पुगीन और हीथ, *पेरिस एण्ड इट् स एनवायरंस*)

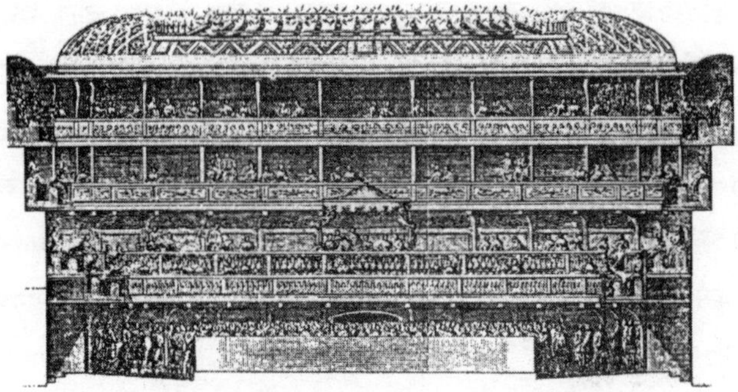

अठारहवीं सदी में मोमबत्तियों से छत का आलोकन

1883 ई. के आस-पास बिजली से की गई रोशनी

उन्नीसवीं सदी का सभागार. 1856 में रोशनी से सजा मॉस्को का ग्रैंड थिएटर

अपनी जगह बनाए रखी है वह इस दृष्टिकोण की मज़बूती का प्रमाण है। इसका अर्थ यह होगा कि आज जिस अँधेरे का साम्राज्य है वह एक आयातित, रंगशाला की दुनिया से बाहर की चीज़ था। स्याह सिनेमाघरों के उदय में भ्रांतिवाद ने विकास की एक बिल्कुल भिन्न रेखा का अनुसरण किया। विकास का यह क्रम रंगशाला से पूरी तरह स्वतंत्र था।

पैनोरमा, डायोरेमा और जादुई लालटेन

जिन तस्वीरों की अब तक हम बस सतह ही देख पाते थे,

दागेएर ने हमें उनके भीतर भी झांकने का सलीका सिखा दिया।

(ज़ूल जानें, 1839)

अठारहवीं और उन्नीसवीं सदी की रंगशालाओं ने पेंटिंग में होने वाले प्रकाश के प्रयोग का अनुकरण करने की कोशिश की और इससे स्टेज लाइटिंग और सेट पेंटिंग के बीच एक खींचतान शुरू हो गयी। आख़िरकार सेट पेंटिंग खेत रही और लाइटिंग ने स्थानिक अभिव्यक्ति के एक माध्यम के रूप में मंच पर क़ब्ज़ा जमा लिया। प्रेक्षागृह में काफ़ी हिचकिचाहट के बाद ही अँधेरा किया जा सका क्योंकि मंच और दर्शकों के बीच पुराना संवादपरक, सामाजिक संबंध इस बदलाव के काफ़ी विरुद्ध साबित हुआ। इस बात में कोई संदेह नहीं कि अठारहवीं सदी में रोशनी का नया परिप्रेक्ष्य और उन्नीसवीं सदी की नयी प्रकाश प्रौद्योगिकी ने रंगशाला में क्रांतिकारी बदलाव ला दिए। परन्तु जिस प्रतिरोध पर विजय पाना बाक़ी था उसे देखने पर पता चलता है कि भ्रम के एक माध्यम के रूप में नए प्रकाश की सबसे बड़ी विजय रंगशाला में नहीं हुई।

सच तो यह है कि सन् 1800 के आस-पास कई बिल्कुल नए मीडिया विकसित हुए जिनमें भ्रम पैदा करने के लिए प्रकाश एक सबसे महत्त्वपूर्ण तत्त्व था। उनमें, अठारहवीं और उन्नीसवीं सदी के दौरान रोशनी के नए परिप्रेक्ष्यों ने अपना खुद का संस्थागत स्वरूप विकसित कर लिया बजाय – जैसा कि थिएटर लाइटिंग के साथ हुआ – महज़ मौजूदा संस्थानों में घुसपैठ बनाकर भारी विरोध के बावजूद उन्हें बदलने के। उन्नीसवीं सदी के नए मीडिया—पैनोरमा, डायोरेमा, जादुई लालटेन, 'dissolving views' और अंततः, फ़िल्म – ये सब विशुद्ध रूप से सौंदर्यात्मक, तकनीकी रचनाएँ थी जिनका उदय रोशनी की आत्मा से हुआ था। उनके और रंगशाला के बीच मुख्य फ़र्क़ यह था कि इन माध्यमों ने स्थानिक की बजाय एक चित्रात्मक भ्रम पैदा किया। वे मंच की बजाय दरअसल पेंटिंग का ही विस्तार थे। रोशनी मंच के मुक़ाबले इन माध्यमों में ज़्यादा परिष्कृत प्रभाव प्राप्त कर सकती थी क्योंकि यहाँ उसे पेंटिंग के साथ प्रतिस्पर्धा नहीं करनी थी बल्कि उसके प्रभाव को और बढ़ाना था – द्विआयामी चित्रित भ्रम में जान डालने के लिए रोशनी के इस्तेमाल से भ्रमनाश की वह आशंका समाप्त हो जाती थी जो चित्रात्मक और स्थानिक तत्त्वों के मिश्रण से लैस रंगशालाओं में निहित थी। नए मीडिया के चित्र जगत ने भ्रम पैदा करने के

असीम अवसर मुहैया करा दिए और यह भ्रम दर्शक दीर्घा के ठोस परिवेश से लाज़िमी तौर पर भिख था। जिस रहस्यात्मक गर्त की संकल्पना को वॉग्नर भी साकार नहीं कर पाए वह मंच और उसके दर्शकों के बीच स्वतः ही स्थापित हो गया।

नए प्रकाश आधारित मीडिया में सबसे पहला पैनोरमा था जो सन् 1800 के आस-पास विकसित हुआ। इसमें प्रकाश का बड़े संयत ढंग से इस्तेमाल किया गया था। फ़्रेम को तोड़ना और तस्वीर को उसकी सीमाओं से आज़ाद करना अभी भी ख़ुद पेंटिंग का काम था– बेलनाकार रूप में ढले, बग़ैर किसी कोर-किनारे के ये चित्र शुरुआत और अंत का भेद मिटाते हुए अपने आप में संपूर्ण थे। हालाँकि पेंटिंग में इस समस्या का हल था परन्तु तस्वीर के शीर्ष और निचले कोनों को विलीन करने के दूसरे साधन अभी ढूँढे जाने थे। यहाँ पैनोरमा ने, दर्शकों को नीम अँधेरे में बिठाकर, बाद में आए प्रकाश आधारित माध्यमों के लिए एक पथप्रदर्शक की भूमिका निभायी, जहाँ से चित्र निरंतरता में दिखायी देता था। 'देखने वाले चित्र को कमरे के बीचों-बीच एक ऐसे प्लेटफ़ॉर्म पर बैठकर देखते थे जो चित्र की आधी ऊँचाई तक उठा हुआ होता था। कमरे में प्रकाश छत में बनी एक झिर्री से आता था जो प्लेटफ़ॉर्म के ऊपर बनी हुई दुछत्ती के ज़रिए दर्शक की आँखों से ओझल रहती थी। इस दुछत्ती ने कैनवास के ऊपरी सिरे को भी ओझल कर दिया। इसी प्रकार प्लेटफ़ॉर्म और कैनवस के बीच खींचे गए एक कपड़े के ज़रिए तस्वीर का निचला सिरा भी अदृश्य हो जाता था। दर्शक, अपने सिर पर स्थित छत की परछाईं में जहाँ भी देखता, उसे तेज़ चमकते कैनवास के अलावा और कुछ नज़र न आता।' दर्शक और तस्वीर के बीच स्थित फ़ासला एक ख़ाली गलियारे में ग़ायब हो गया, जो नीम-रोशन रहता था और नीचे ग़ालिबन एक काले कपड़े से ढँका रहता था। इसका उद्देश्य था इन जगहों को जोड़ना, बल्कि उनका रूपांतरण करना। इस जगह असर से तस्वीर को एक ऐसे दायरे में रूपांतरित होता था जो देखने वाले की दुनिया

पैनोरामा प्रभाव (1816)
(स्रोतः एस. ओटरमान, *पैनोरामा*)

का हिस्सा नहीं है; परन्तु इसके साथ ही दर्शक भी रहस्यात्मक ढंग से तस्वीर के पास बल्कि मनोवैज्ञानिक रूप से उसके भीतर खिंचा चला आता था। पैनोरमा को देखने वाले लोगों पर उसके प्रभावों की पड़ताल के बाद लिखी गयी सन् 1800 की एक रिपोर्ट में कहा गया है: 'क्योंकि हमारे पास ऐसी एक भी चीज़ नहीं है जिससे हम तुलना कर सकें इसलिए इसमें देखने वाले को मुकम्मल भ्रम का अनुभव होता है। यह कोई तस्वीर नहीं है जिसे वह देखता है बल्कि उसकी आँखों के सामने ख़ुद क़ुदरत ही अपने आप को नुमायाँ करती जाती है।' पैनोरमा के बारे में तमाम समकालीन विवरणों से पता चलता है कि देखने वालों पर इसका एक बहुत गहरा प्रभाव पड़ता था। यह मानो देखने वाले की आँखों को अपने क़ब्ज़े में ले लेती थी। वह लाचार हो जाता था और अपने होश खो देता था, उसके सामान्य संदर्भ बिंदु ग़ायब हो जाते थे। पैनोरमा के आलोचक भी इस प्रभाव का वर्णन करते हैं। जे.ए. ऐबरहार्ड को 'मितली और चक्कर आने' का अनुभव हुआ क्योंकि–

विभ्रम से बाहर निकलना असंभव था। मुझे ऐसा प्रतीत होता है मानो मैं लोहे की बेड़ियों के ज़रिए उसके साथ जकड़ दिया गया हूँ। मुझ पर भ्रम और यथार्थ का बेमेलपन हावी हो जाता है; मैं साज़िशी भ्रम को तहस-नहस करके ख़ुद को आज़ाद करना चाहता हूँ परन्तु मुझे लगता है कि मैं एक असंगत स्वप्न जगत के जाल में बहक चुका हूँ। न तो दूर उस प्लेटफ़ॉर्म से मेरी भावनाओं का आश्वासन, न ही तेज़ धूप, और न ही अपने आस-पास की वस्तुओं के साथ तुलना की संभावना मुझे बेचैनी के उस सपने से जगा पाती है जिसे मैं अपनी इच्छा के विरुद्ध भी निरंतर देखते रहने को विवश रहता हूँ। विभ्रमित किए गए किसी भी व्यक्ति को जैसे ही भ्रम अप्रीतिकर प्रतीत होने लगे वह उसे समाप्त करने के लिए इन साधनों का उपयोग कर सकता है। परन्तु पैनोरमा के दर्शक को ऐसे साधन उपलब्ध नहीं हैं।

डायोरेमा को पहली बार 1822 में दागेएर और बोल्टन ने सार्वजनिक रूप से पेश किया जिसे फ़ौरी कामयाबी मिली। इसमें रोशनी को पैनोरमा से भी ज़्यादा परिष्कृत ढंग से प्रयोग किया गया था और इसमें जो भ्रम पैदा होता था वह एक बिल्कुल भिख सिद्धांत पर आधारित था। जहाँ एक तरफ़ पैनोरमा में एक बेलनाकार तस्वीर होती थी वहीं दूसरी तरफ़ डायोरेमा में छेद में आँख लगाकर देखना पड़ता था। इसमें भ्रम तस्वीर के निरंतर स्वरूप से नहीं बल्कि रोशनी में उतार-चढ़ाव के निरंतर परिवर्तनशील दृश्य से पैदा होता था। 'द टाइम्स' ने दागेएर के डायोरेमा 'वैली ऑफ़ सार्नेन' के बारे में लिखा कि 'सबसे ज़बर्दस्त प्रभाव रोशनी के उतार-चढ़ाव का है।'

ग्रीष्म के एक शांत, मृदुल, मनोहारी, और सौम्य दिन के स्थान पर क्षितिज धीरे-धीरे बदलने लगता है। गहरे बादल छाने लगते हैं और आख़िर में एक अंधकार व्याप्त हो जाता है। यह अंधकार रात का नहीं है, यह आने वाले तूफ़ान का अँधेरा है – एक धुंधला, तूफ़ानी अँधेरा – यह हर चीज़ को बेरंग कर देता है और हम ऐसी मनोदशा में पहुँच जाते हैं मानो हमें दूर कहीं से बिजली कड़कने की आवाज़ का इंतज़ार-सा हो, या हमें लगता है कि बड़ी-बड़ी बूंदें, बरसात का आभास देने वाली बूंदें पड़ रही हैं। झील (जो तस्वीर के एक बड़े हिस्से को घेरे हुए है) पर रोशनी का यह उतार-चढ़ाव बड़े ख़ूबसूरत ढंग से गढ़ा गया है। खिली धूप में चमकते आसमान का गर्माहट भरा प्रतिबिंब धीरे-धीरे मंद पड़ता है और बढ़ती स्याह परछाइयाँ पूरे पानी पर पसर जाती हैं ...।

डायोरामा (1848)
(स्रोतः ओटरमान, *पैनोरामा*)

डायोरेमा के यथार्थवादी प्रभाव को बडेमायर ने इस प्रकार चित्रित किया:

> डायोरेमा में प्रदर्शित की जा रही प्रत्येक तस्वीर – हमेशा दो तस्वीरें प्रदर्शन पर रहती हैं – 22 मीटर ऊँची और 14 मीटर चौड़ी थी। दागेएर द्वारा विकसित की गयी एक तकनीक का इस्तेमाल करते हुए एक पारदर्शी स्क्रीन पर रंग भर दिया गया था जो अपेक्षित प्रभाव के अनुसार अपारदर्शी या शफ़्फ़ाफ़ पैदा कर सकता था। तस्वीर के आगे लगी शीर्ष लाइटिंग और इमारत के पिछली तरफ़ स्थित खिड़कियों के ज़रिए रोशनी आती थी। भीतर आने वाली रोशनी की मात्र को कम-ज़्यादा करने के लिए खिड़कियों में विभिन्न रंगों के कई स्क्रीन लगाए गए थे। दर्शक कमरे में ऐसे ही बैठते थे जैसे रंगशाला में बैठे हों। कुर्सियों की सीढ़ीनुमा क़तारों पर घुप अँधेरा था। सबसे आगे वाली क़तार तस्वीर से 13 मीटर दूर थी; इस दूरी को काले कपड़े की एक सुरंग में लपेट दिया जाता था जिससे वैसा ही प्रभाव पैदा होता था जो एक बिना फ़्रेम वाले बाइस्कोप या झाँक-तमाशा (peep show) देखने पर होता था।

हालाँकि पैनोरमा और डायोरेमा का काम करने का तरीक़ा अलग-अलग था परन्तु जगह दोनों के बीच समान थी, दर्शकों और तस्वीर के बीच स्थित काले कपड़े में लिपटी हुई। बडेमायर इसे एक सुरंग, एक दृश्य सुरंग कहते हैं। पैनोरमा में यह जगह भी उतनी ही गोलाकार थी जितनी की खुद तस्वीर थी और इसे केवल नीम अँधेरा किया गया था। परन्तु डायोरेमा में यह एक सचमुच की और स्याह काली सुरंग थी। दृश्य सुरंग एक चाक्षुष उपकरण था जो अनंत का भ्रम पैदा करता था। निश्चय ही यह झाँक-तमाशा और कैलाइडोस्कोप का ज़्यादा बड़े पैमाने पर विकास था। इन तमाम चाक्षुष उपकरणों और डायोरेमा की एक साझी ख़ासियत यह थी कि इनमें तस्वीर और दर्शक के बीच का फ़ासला समाप्त हो जाता था और दर्शक को आभास होता था मानो वह तस्वीर के ऐन भीतर बैठा हो। आउरबाख़ के मुताबिक़, इससे यह संभव हो गया कि

> दर्शक की नज़र में तस्वीर की सीमाओं को समाप्त कर दिया जाए जबकि वास्तव में वह सीमाओं में बंधी हुई होती है। यह प्रभाव प्राप्त करने के लिए तस्वीर से उसका चौखटा हटा दिया जाता है और उसे घटा या बढ़ा कर तस्वीर के

आगे रख दिया जाता है। इस तरह तस्वीर का चौखटा एक ऐसा छेद बन जाता है जिसके पार आपको देखना है और उसके पीछे फैली तस्वीर दर्शक को निस्सीम दिखायी देती है जबकि प्रभावतः उसकी 'दृश्यता' बढ़ जाती है।

प्रसंगवश, इसी प्रकार की तकनीकी कातेल और शिंकेल द्वारा डिज़ाइन की गयी नाट्य परियोजनाओं में भी इस्तेमाल की गयी थी। शिंकेल ने खुद भी पैनोरमा और डायोरेमा रंगने का काम किया था। कातेल द्वारा तैयार किए गए एक पृष्ठवस्त्र का आकार पैनोरमा जैसा ही थाः इसकी प्रस्तावित ऊँचाई 18 मीटर (60 फुट) और चौड़ाई 55 मीटर (180 फुट) थी और उसे इस तरह मढ़ा गया था 'कि प्रोसीनियम के सबसे पास बैठे दर्शक भी उसके शीर्ष या बग़ली किनारों को न देख सकें'। शिंकेल की एक और परियोजना तो डायोरेमा से और भी ज़्यादा मिलती-जुलती थी। वैन ऐल्स्ट लिखते हैं कि 'शिंकेल के सेट और डायोरेमा में रचना के उन्हीं सिद्धांतों का अनुसरण किया गया हैः (1) एक जगह स्थित अपर्चर या मुहाना, (2) एक जगह स्थित दीवारें, 'दृश्य सुरंग', (3) भ्रमवादी 'पेंटिंग', वास्तविक सेट।' मगर इन विचारों को सन् 1800 के आस-पास के मंच पर साकार नहीं किया गया। दागेएर के उदाहरण से पता चलता है कि रंगशाला का पुराना माध्यम मरीचिका पैदा करने वाली इन नयी तकनीकों को विकसित करने का सबसे बढ़िया स्थान नहीं था।

दागेएर ने अपना करियर मंच दृश्यावली चित्रकार के रूप में शुरू किया था। डॉगेरेटाइप द्वारा अमर होने से काफ़ी पहले ही वे अपने सेट और विशेष रूप से अपने लाइटिंग प्रभावों के लिए मशहूर हो चुके थे। समकालीन समीक्षाओं में संगीतकार या गीतकार की बजाय अगर तारीफ़ होती थी तो आम तौर पर सेट पेंटर की ही होती थी। दागेएर ने पुराने में नए माध्यम की बुनियाद डाल दी। 'दागेएर ने एल्वाद के लिए जो स्टेज सेट्स बनाए थे उनमें प्रयोग की गयी तकनीकी को बाद में डायोरेमा में परिष्कृत किया गया। इसमें हम डायोरेमा की तमाम ख़ासियतों को चिह्नित कर सकते हैंः दृश्य सुरंग, जो यहाँ पर एक सचमुच का मंच थी, की बाक़ायदा दीवारें थी और उसे इस्तेमाल किया जा सकता था। अंधकारमय अग्रभाग के कारण प्रकाशमान पृष्ठभाग उससे कहीं ज़्यादा भ्रामक प्रभाव डालता है जितना कि वह एक सामान्य मंच पर डालता।' बहरहाल, अंततः दागेएर ने मंच के लिए काम करना बंद कर दिया क्योंकि यह उस शक्तिशाली भ्रम को बनाए रखने के लिए बहुत छोटी थी जो वह प्रकाश के माध्यम से रचते थे। अभिनेता, भाषा और कथानक इस नए भ्रमवाद से संगति में नहीं थे। द्विआयामी डायोरेमा के साथ अपनी पहली कामयाबी के बाद दागेएर ने एक त्रिआयामी अग्रभाग के साथ एक नयी क़िस्म विकसित की। मगर यह इतनी कामयाब नहीं रही जो कि इस बात का सबूत है कि वास्तविक स्थान हमेशा ही स्थान के भ्रम को नष्ट कर देता है। पेंटिंग का यथार्थ के भ्रम में जादुई रूपांतरण दृश्य सुरंग के ज़रिए संपन्न होता था। (वाग्नर के 'रहस्यात्मक गर्त' का भी कुछ ऐसा ही उद्देश्य था।) जादुई लालटेन और 'दृश्यलोप' (dissolving views) को डायोरेमा और फ़िल्म के बीच एक संपर्क बिंदु की संज्ञा दी जा सकती है। इनमें भी उसी नियम का पालन किया जाता है जिस नियम पर फ़िल्म चलती है। फ़र्क़ था तो केवल इस बात का कि फ़िल्मों में तस्वीरों की जगह एक प्रोजेक्टर आधारित और गतिशील तस्वीर आ गयी। सबसे

जादुई लालटेन (1885)

महत्त्वपूर्ण चीज़ फिर भी यही रही कि दर्शक अँधेरे में बैठकर एक आलोकित दृश्य को देखता था। 'आप एक अँधेरे कमरे/डार्क रूम में हैं। अचानक एक विशाल खिड़की खुलती है। क्या नज़र आता है आपको? एक तस्वीर? जी नहीं, ख़ुद प्रकृति।' सेंट सिमॉनवादी पत्रिका *ग्लोब* में दागेएर के एक डायोरेमा का यह विवरण उन्नीसवीं और बीसवीं शताब्दियों में इसके बाद आए प्रत्येक प्रकाश आधारित माध्यम से पैदा हुई छवियों को उजागर कर देता है। इसी प्रकार, ज़ूल जानें की यह टिप्पणी कि दागेएर ने तस्वीर के भीतर जाने का रास्ता खोल दिया, की तुलना सौ साल बाद बेला बालास्ज़ द्वारा फ़िल्म छवि के बारे में दिए गए ब्यौरे से की जा सकती है: 'कैमरा मेरी आँखों को अपने में समा लेता है। तस्वीर के बीचों-बीच। मैं चीज़ों को फ़िल्म द्वारा रचे गए अंतराल की नज़र से देखता हूँ। मैं फ़िल्म के पात्रों से घिरा हुआ हूँ और उसकी उन गतिविधियों में शामिल हूँ जिन्हें मैं चारों तरफ़ से देख रहा हूँ।'

एक अंधकारमय प्रेक्षागृह और एक तेज़ रोशनी में नहाई तस्वीर डायोरेमा से लेकर सिनेमास्कोप स्क्रीन तक इन तमाम माध्यमों की एक साझा विशेषता थी। यह विशेषता पिछले 150 वर्षों के तमाम तकनीकी बदलावों के बावजूद यथावत् रही है। प्रकाश आधारित मीडिया में रोशनी केवल मौजूदा दृश्यों को प्रकाशमान ही नहीं करती, वह उन्हें रचती है। डायोरेमा और सिनेमा की दुनिया एक भ्रामक स्वप्न जगत है जो रोशनी के ज़रिए दर्शक के सामने उजागर हो जाता है। दर्शक इसमें ख़ुद को उसी तरह भुला सकता है जैसे वह अलाव या मोमबत्ती की लौ को एकटक निहारते हुए खो जाता है। इस मामले में रंगशाला के मुक़ाबले फ़िल्म आग के ज़्यादा निकट दीखती है। किसी नाटक का दिन के उजाले और खुले में मंचन करना बाक़ायदा मुमकिन है जबकि दिन की रोशनी में अलाव उतना ही बेतुका, बल्कि

अदृश्य होगा जितना दिन की रोशनी में दिखायी जाने वाली फ़िल्म अदृश्य होती है। अपना खुद का यथार्थ गढ़ लेने की कृत्रिम प्रकाश की शक्ति केवल अँधेरे में ही उजागर हो पाती है। अँधेरे में रोशनी ही जीवंत है। अँधेरे में बैठा और प्रकाशमान तस्वीर की तरफ़ देखता दर्शक अपना पूरा ध्यान उसी पर केंद्रित कर देता है – बल्कि कह सकते हैं कि अपनी ज़िन्दगी केंद्रित कर देता है। अँधेरे में प्रकाशमान दृश्य समुद्र में पड़े लंगर की तरह है। दागेएर के समय से ही प्रकाश आधारित मीडिया भ्रम की जो शक्ति प्रदर्शित करते आ रहे हैं यह उसका स्रोत है। अँधेरे में बैठा दर्शक अपने और प्रकाशमान तस्वीर के साथ तनहा है क्योंकि अँधेरे में सामाजिक संपर्क बेवजूद हो जाते हैं। अँधेरा निजी परिप्रेक्ष्यों को बढ़ा देता है, उन्हें कई गुना बड़ा कर देता है। अंधकारमय प्रेक्षागृह प्रकाशमान तस्वीर को एक ऐसी सघनता प्रदान कर देता है जो उसमें अन्यथा नहीं हो सकती थी। प्रत्येक प्रकाशमान तस्वीर, सुरंग – इस मामले में दृश्य सुरंग – के दूसरे छोर पर दिखने वाली रोशनी की किरण और अँधेरे से मुक्ति जैसी मालूम होती है।

संदर्भ और टिप्पणियाँ

लैम्प

1. एन.एस. नैग्स, *एडवेंचर्स इन मैन्स फ़र्स्ट प्लास्टिक* (न्यू यॉर्क, 1947), पृ. 107.

2. आर्थर लॉट्ज़, *डस फ़ॉयरवैर्क* (लिप्सिग, तारीख अज्ञात {1940}), पृ. 66.

3. वही, पृ. 18.

4. वॉल्फ़गाँग नार्षटैट, *डी एंट् ष्टेउंग डेयर फ़्राइत्साइट, दारगेष्टेल्ट अम बाइष्पील हाम्बुर्ग्स* (ग्योटिंगन, 1972), पृ. 117.

5. माइकेल श्रोडर, *दि अरगाँ बर्नरः इट् स ओरिजिन ऐण्ड डेवलेपमेंट इन फ़्रांस ऐण्ड इंग्लैंड 1780-1800* (ओडेन्से, 1969), पृ. 124-5.

6. वही, पृ. 123.

7. वही, पृ. 96. श्रोडर का तो यह भी सुझाव है कि बहुत संभव है अरगाँ बर्नर सीधे-सीधे अठारहवीं सदी के उन बर्नरों से विकसित हुआ हो जो प्रयोगशालाओं में इस्तेमाल होते थे (वही, पृ. 137).

8. श्रोडर, *दि अरगाँ बर्नर*, पृ. 62 से उद्धृत (मूल फ़्रांसीसी)। अध्याय के भीतर दिया गया अंग्रेजी संस्करण वॉल्फ़गाँग शिवेलबुश, *लिख़्ब्लिके. ज़ुर गैशिश्टे डेर कुंस्टलिचेन हैलिग्कीट इम 19 याहरहुंडर्ट* (म्यूनिख एवं विएना, 1983), पृ. 19 से अनूदित है.

9. इस संदर्भ में अरगाँ और उनके पुराने सहकर्मियों, क्विनक्वेट व लैंग द्वारा एक-दूसरे पर लगाए गए विचारों की चोरी के आरोपों का कोई सीधा महत्त्व नहीं है। 1783 में अरगाँ के इंग्लैंड रवाना होने से उत्साहित होकर इन दोनों सज्जनों ने भी ख़ुद को लैम्प का आविष्कारक घोषित कर दिया। श्रोडर के शब्दों में यह 'औद्योगिक सेंधमारी' का शुरुआती उदाहरण है। श्रोडर के अनुसार लैम्प के मूल आविष्कारक निश्चित रूप से अरगाँ ही थे परन्तु इस लैम्प में शीशे के सिलेंडर को जोड़ने का काम किसने किया इसका श्रेय इन तीनों व्यक्तियों में से किसी को भी आसानी से नहीं दिया जा सकता है। श्रोडर ने पूरे मामले का सार संक्षेप *दि अरगाँ बर्नर* के पृ. 87-8 पर दिया है.

10. मूल फ़्रांसीसी आलेख, श्रोडर, वही, पृ. 110 से उद्धृत किया गया है.

11. मूल फ़्रांसीसी, श्रोडर, *दि अरगाँ बर्नर*, पृ. 207 से उद्धृत किया गया है.

12. मूल फ़्रांसीसी, श्रोडर, दि अरगाँ बर्नर, से उद्धृत, पृ. 118 से.

13. सैमुएल स्माइल्स, *लाइव्ज़ आफ़ दि इंजीनियर्सः बूॅल्टन ऐण्ड वॅाट* (लंदन, 1874), पृ. 349.

14. सैमुएल क्लेग, जूनियर, *ए प्रैक्टिकल ट्रीटाइज़ ऑन द मैन्यूफ़ैक्चर ऐण्ड डिस्ट्रीब्यूशन ऑफ़ कोल-गैस*, प्रथम संस्करण (लंदन, 1841), पृ. 53-4.

15. एन.एच. शिलिंग, *हाण्डबूख फ़्यूर श्टाइनकोलनगास - बेलॉयष्टुंग*, द्वितीय संस्करण (म्यूनिख, 1866).

16. *फ़िलोसॉफ़िकल ट्रांज़ेक्शंस ऑफ़ द रॉयल सोसाइटी फ़ॉर दि ईयर 1739, खंड XLI*, टी.एस. पैक्स्टन, *द थ्योरी ऐण्ड प्रेक्टिस ऑफ़ गैस-लाइटिंग* (लंदन, 1819), से उद्धृत, पृ. 92.

17. जॉन यू. नेफ़., *राइज़ ऑफ़ द ब्रिटिश कोल इंडस्ट्री*, 2 खंड (लंदन, 1932).

18. जॉन आर. हैरिस, *'द राइज़ ऑफ़ कोल टेक्नोलॉजी'*, *साइंटिफ़िक अमेरिकन*, अगस्त 1974, पृ. 96. यहाँ हम मौरिस दोमा की राय का भी उल्लेख करना चाहते हैं। उनका सुझाव है कि किसी भी तकनीक के 'आंतरिक तर्क' पर ध्यान दिया जाना चाहिए और वह कोयले के इर्द-गिर्द केंद्रित समग्र प्रणाली को एक मॉडल की संज्ञा देते हैः 'खनन, भाप के इंजन और कोक के सहारे लोहे के उत्पादन के बीच स्थित घनिष्ठ संबंध इसका एक क्लासिक उदाहरण है। क्षैतिज और लंबवत् संबंधों का अध्ययन इस विषय में और साक्ष्य उपलब्ध

कराता है। मिसाल के तौर पर, कोक के आसवन और रोशनी देने वाली गैस के उत्पादन के बीच तथा इस पूरे समुच्चय व कृत्रिम डाई के निर्माण और आंतरिक ज्वलन इंजन के बीच भी एक प्रत्यक्ष संबंध है। इसी प्रकार जब हम शुरुआती गैस इंजिनों और फ़्रोमेंट के विद्युतचुम्बकीय मोटरों पर भाप के इंजन के असर की जाँच करते है तो वहाँ भी हमें एक संबंध दिखाई देता है' (एम. दोमा, 'लिस्त्वार दे तेक्नीक : सॉन ऑब्ज़े, से लिमीत, से मेथोद,' दॉक्यूमाँ पूर लिस्त्वार दे तेक्नीक, 7, 1969; यहाँ आर. रूरुप व के. हॉज़ेन (संपादित), *मॉडेर्नी टेश्नीकगेशिष्ट*, कोलोन, 1975, पृ. 41, में दिए गए जर्मन संस्करण से अनूदित)।

19. विलियम मैथ्यूज़, *एन हिस्टॉरिकल स्केच ऑफ़ दि ओरिजिन, प्रोग्रेस ऐण्ड प्रेज़ेंट स्टेट ऑफ़ गैस-लाइटिंग* (लंदन, 1827), पृ. 24.

20. पैक्स्टन, *थ्योरी ऐण्ड प्रैक्टिस ऑफ़ गैस-लाइटिंग*, से उद्धृत, पृ. 95.

21. *फ़िलोसॉफ़िकल ट्रांज़ेक्शंस ऑफ़ द रॉयल सोसाइटी* (1808), पृ. 125.

22. वही.

23. सी. फ़ोह्लेन, *'शार्बों ए सियाँस ह्यूमेन', कोलोक् ऐंतरनात्सियोनाल द ल्यूनिवेर्सिते द लील औं मे 1963* (लील, 1963) में, पृ. 148.

24. चार्ल्स हंट, *ए हिस्ट्री ऑफ़ दि इंट्रोडक्शन ऑफ़ गैस लाइटिंग* (लंदन, 1907), पृ. 52, से उद्धृत किया गया है।

25. अंग्रेजी पाठ अंग्रेजी, जर्मन और फ़्रांसीसी में एफ़. ए. डब्ल्यू. {विन्सर} की टिप्पणियों के साथ प्रकाशित *डेस्क्रिप्शन ऑफ़ द थर्मोलैम्प इनवेंटेड बाई लेबों ऑफ़ पेरिस*, (ब्रुन्सविक, 1802), पृ. 11-12 से उद्धृत किया गया है। (मूल फ़्रांसीसी उद्धरण *ऑनरी-रने द आल्येमान, इस्त्वार द्यू ल्यूमिनेयर* (पेरिस, 1891), पृ. 597-8 में उद्धृत है)।

26. मैथ्यूज़, *हिस्टॉरिकल स्केच*, पृ. 28.

27. शांडलेर एवं लेसी, *द राइज़ ऑफ़ द गैस इंडस्ट्री इन ब्रिटेन*, पृ. 130.

28. मैथ्यूज़, *हिस्टॉरिकल स्केच*, पृ. 30.

29. फ़्रेडरिक ऐकम, *ए प्रैक्टिकल ट्रीटाईज़ ऑन गैस-लाइट; एग्ज़िबिटिंग ए समरी डेस्क्रिप्शन ऑफ़ दि एपरेटस ऐण्ड मशीनरी बैस्ट कैलक्युलेटेड फ़ॉर इल्युमिनेटिंग स्ट्रीट् स, हाउसेज़, ऐण्ड मैन्युफ़ैक्टरीज़ ....* (लंदन, 1815), पृ. 111.

30. फ़्रेडरिक विलियम रॉबिंस, द स्टोरी ऑफ़ वॉटर सप्लाई (लंदन, न्यू यॉर्क व टोरंटो, 1946), से उद्धृत, पृ. 106.

31. ज़खारियास एंड्रियाज़ विंज़्लर, *डी थेर्मोलाम्पऽ इन डॉयचलांड* (ब्रुनो, 1803), पृ. 155.

32. देखें ओट्टो ब्रुनेर, *नॉयऽ वेगऽ त्सुअर ज़ोत्सिआलगेशिष्टऽ* (ग्योटिंगन, 1956), पृ. 33-61 में, 'दस 'गांज़्स हॉउज़' उण्ड डी आल्टऑयरोपेइशऽ 'इओकोनोमीक''। यहाँ उद्धृत वाक्यांश 'गांज़्स हॉउज़', जिसे यहाँ 'संपूर्ण घर' के रूप में लिखा गया है, उसे प्रचलन में लाने का श्रेय लोक कथाकार डब्ल्यू. एच. रील को जाता है।

33. गास्तों बाशेलार, *ला फ़्लाम द्यून शाँदेल* (पेरिस, 1961), पृ. 8.

34. जे.ओ.एन. रटर, *गैस-लाइटिंग: इट् स प्रोग्रेस ऐण्ड इट् स प्रॉस्पेक्ट* (लंदन, 1849), पृ. 54.

35. बाशेलार, *ला फ़्लाम*, पृ. 3.

36. जॉर्ज लिवेसे, शैंडलर एवं लेसी, *द राइज़ ऑफ़ द गैस इंडस्ट्री इन ब्रिटेन*, से उद्धृत, पृ. 74.

37. ऑनरी बेस्नार, *ल्युंद्यूस्त्री द्यू गा आ पारी दपुई से ओरिज़ीन* (पेरिस, 1942), पृ. 36.

38. वही, पृ. 42.

39. मैथ्यूज़, *हिस्टॉरिकल स्केच*, पृ. 145.

40. पैक्स्टन, *थ्योरी ऐण्ड प्रैक्टिस ऑफ़ गैस-लाइटिंग*, पृ. 294-5.

41. शैंडलर एवं लेसी, *द राइज़ ऑफ़ द गैस इंडस्ट्री इन ब्रिटेन*, पृ. 71.

42. डब्ल्यू. जे. लिबर्टी, *'द सेंटिनरी ऑफ़ गैस लाइटिंग', इल्युमिनेटिंग इंजीनियर, खंड 6*, 1913 (लंदन), पृ. 185. सटीक आँकड़े

इस प्रकार हैः 1823 में तिरपन इंग्लिश शहरों में गैस कंपनियाँ मौजूद थीं (जॉर्ज मॉरिट्ज़ सिगिस्मंड ब्लॉकमान, *बायत्रेगऽ त्सुअर गेशिष्टऽ डेयर गासबैलॉयष्टुंग*, ड्रेसडन, तारीख अज्ञात, {1871}, पृ. 99); लगभग 1850 के आस-पास बाज़ार में 700 से अधिक कंपनियाँ मौजूद थीं (रटर, *गैस-लाइटिंग*, पृ. 26; ब्लॉकमान, *बायत्रेगऽ;* 1868 तक कंपनियों की संख्या 1,134 हो चुकी थी (वही).

43. बेस्नार, *ल्युंध्यूस्त्री ध्यू गा आ पारी*, पृ. 24.

44. वही, पृ. 32.

45. द आल्येमान, *इस्त्वार ध्यू ल्युमिनेयर*, पृ. 576.

46. शिलिंग, *हांडबूख़ फ़्यूर श्टाइनकोलनगास-बैलॉयष्टुंग*, पृ. 13.

47. वही, पृ. 15.

48. वही, पृ. 16.

49. *कार्ल गुस्ताव कैरस, डैंकव्युर्डिशकाइटन आउस ऑयरोपा*, मैनफ्रेड स्कलॉसेर (हैमबर्ग, 1963) द्वारा संपादित, पृ. 575.

50. *यॉरनल फ़्यूर गासबैलॉयष्टुंग, 5* (1862), पृ. 54.

51. *जर्नल ऑफ़ गैस लाइटिंग, वॉटर सप्लाई, ऐण्ड सैनिटरी इम्प्रूवमेंट*, 14 नवंबर 1865, से उद्धृत, पृ. 807.

52. मैथ्यूज़, *हिस्टॉरिकल स्केच*, पृ. 132.

53. *जर्नल ऑफ़ गैस लाइटिंग, वॉटर सप्लाई, ऐण्ड सैनिटरी इम्प्रूवमेंट*, पृ. 808.

54. वही, पृ. 810.

55. मैथ्यूज़, *हिस्टॉरिकल स्केच*, से उद्धृत, पृ. 348-9.

56. वही, पृ. 135.

57. वही, पृ. 151.

58. वही, पृ. 154.

59. वही, पृ. 67-8.

60. ऐकम, *ए प्रैक्टिकल ट्रीटाइज़ ऑन गैसलाइट...*, पृ. 100.

61. शैंडलेर एवं लेसी, *द राइज़ ऑफ़ द गैस इंडस्ट्री इन ब्रिटेन*, से उद्धृत, पृ. 71.

62. जी.एम.एस. ब्लॉकमान, *फ़्यून्फ़ फ़ॉरत्रेगऽ इ्यूबर बैलॉयष्टुंग फ़्यूर गासकॉन्ज़ूमेंटन* (ड्रेस्डेन, 1873), पृ. 33-4. 'रात के समय मुख्य टोंटी को बंद कर देना एक समझदारी का काम है परन्तु यदि शयन कक्ष या नर्सरी में गैस की ज़रूरत है तो ऐसा करना निश्चय ही असंभव है। परन्तु इसके बाद भी एहतियात के तौर पर यह तो किया ही जा सकता है कि आप गैस के प्रवाह को इतना कम कर दें कि सिर्फ़ उतनी ही गैस टोंटी से आगे जाए जितनी एक या दो रोशनियों के लिए पर्याप्त हो' (जे.ओ.एन. रटर, *डस गांज़ऽ डेयर गासबैलॉयष्टुंग, नख़ इयरम येत्सिगन श्टांडपुंक्टऽ, क्वेडलिनबर्ग व लिप्सिग, 1835*, पृ. 432).

63. फ़्रेडरिक ऐकम, *डेस्क्रिप्शन ऑफ़ द प्रोसेस ऑफ़ मैन्युफ़ैक्चरिंग कोल गैस फ़ॉर द लाइटिंग ऑफ़ स्ट्रीट् स, हाउसेज़, ऐण्ड पब्लिक बिल्डिंग्स ...* (लंदन, 1819), पृ. 10.

64. शिलिंग, *हांडबूख़ फ़्यूर श्टाइनकोलनगास-बैलॉयष्टुंग*, तृतीय संस्करण (1879).

65. वही, द्वितीय संस्करण (1866).

66. लिबर्टी, *'द सेंटिनेरी ऑफ़ गैस लाइटिंग'*, पृ. 188.

67. ई. बेयरत्युलू, *मेम्ऑर दीजेयन प्यूब्लीक स्यूर सेत केस्तियाँ : रेषेर्शे लेन्फ़्ल्यूऑँस क प एक्ज़ेर्से लेक्लेराज़ ओ गा स्यूर ला सँते दे मास्स दाँ लेन्तेरियर दे वीलऽ* (मार्सेई, 1853), पृ. 63-4.

68. मैथ्यूज़, *हिस्टॉरिकल स्केच*, पृ. 280.

69. शिलिंग, *हांडबूख़ फ़्यूर श्टाइनकोलनगास-बैलॉयष्टुंग,* द्वितीय संस्करण (1866), पृ. 118.

70. लेबों, टिप्पणी 25 के अनुसार। हंट, *ए हिस्ट्री ऑफ़ दि इंट्रोडक्शन ऑफ़ गैस लाइटिंग,* से उद्धृत, पृ. 54.

71. एक अन्य विकल्प यह था कि दो अलग-अलग लौ एक-दूसरे के साथ ऐसे कोण पर स्थित हों कि दोनों एक-दूसरे में समा कर एक मोटी लौ बन जाएँ। परन्तु यह एक तकनीकी बारीकी है जिस पर हम यहाँ और ज़्यादा विचार नहीं कर सकते।

72. ए. एल. लाव्आज़ियेर, *अव्र* (पेरिस, 1865), खंड 3, पृ. 80.

73. गोस्टा बर्गमैन, *लाइटिंग इन द थिएटर* (स्टॉकहोम, 1977), पृ. 54.

74. 'श्प्रियूशऽ उण्ड राइमऽ', कोट्टा संस्करण (1855), खंड 3, पृ. 13 से (ऑट्टो हॉलोवर, 'बैलॉयष्टुंग उण्ड आउगऽ', 19 नवंबर 1908 को दिए गए बर्नोलिएनम व्याख्यान की अप्रकाशित पांडुलिपि, पृ. 13 से उद्धृत).

75. ऐकम, *ए प्रैक्टिकल ट्रीटाइज़ ऑन गैस-लाइट...* पृ. 104.

76. हंट, *ए हिस्ट्री ऑफ़ दि इंट्रोडक्शन ऑफ़ गैस लाइटिंग,* से उद्धृत, पृ. 57.

77. डीन शैंडलर, *आउटलाइन ऑफ़ हिस्ट्री ऑफ़ लाइटिंग बाय गैस* (लंदन, 1936), पृ. 142.

78. कार्ल-फ़्रेडरिक बॉमैन, 'एंट्विक्लुंग उण्ड अनवेंडुंग डेयर ब्यूननबैलॉयष्टुंग ज़ाइट डेयर मिट्टऽ डेस आख़्टत्सेंटन यारहुंदर्त्स' (अप्रकाशित शोधपत्र, कोलोन विश्वविद्यालय, 1956) पृ. 148-9.

79. उपरोक्त से उद्धृत, पृ. 150-1.

80. हाँस-जोआचिम ब्रॉन, 'गास ओडर एलैक्ट्रित्सिटेट? त्सूअर कोंकुरेंत्स त्स्वायर बैलॉयष्टुंग्सज़्यूस्टेमऽ, 1880-1914' *टैक्नीकगेशिष्टऽ,* खंड 47, संख्या 1 (1980).

81. *फ़ाइनेंशियल टाइम्स,* 21 मार्च 1887, शैंडलर, *आउटलाइन ऑफ़ हिस्ट्री ऑफ़ लाइटिंग बाय गैस,* पृ. 193.

82. कॉनरेड एडोल्फ़ वेबर-मार्टी द्वारा पेटेंट के लिए दी गई अर्ज़ी, ज़्यूरिख, 1889 (शैंडलर, *आउटलाइन ऑफ़ हिस्ट्री ऑफ़ लाइटिंग बाई गैस,* पृ. 229).

83. ब्रॉन, 'गास ओडर एलैक्ट्रित्सिटेट?' पृ. 1 (नाथन रोज़ेनबर्ग, 'फ़ैक्टर्स अफ़ैक्टिंग द डिफ़्यूज़न ऑफ़ टैक्नोलॉजी', *एक्सप्लोरेशंस इन इकॉनॉमिक हिस्ट्री,* पुराना नाम एक्सप्लोरेशंस इन एंटरप्रिन्योरियल हिस्ट्री, खंड 10, संख्या 1, शरद, 1972, पृ. 3-33, उद्धरण पृ. 23 पर).

84. आर.ई.बी. क्रॉम्प्टन, 'आर्टिफ़िशियल लाइटिंग इन रिलेशन टू हेल्थ', कॉन्फ्रेंस ऐट दि इंटरनेशनल हैल्थ एग्ज़ीबिशन, साउथ केंसिंग्टन (लंदन, तारीख़ अज्ञात {1881}) में पढ़ा गया पर्चा, पृ. 9.

85. वही, पृ. 7.

86. वही, पृ. 6.

87. *लेवेन्माँ,* 23 अक्टूबर 1881, *डस एडीसॉनलिष्ट. एलैक्ट्रिशस बेलॉयष्टुंगसज़्यूस्टेम* से उद्धृत (बर्लिन, 1882), पृ. 62-3.

88. आल्फ़्रेड फ़ॉन उर्बानित्स्की, *डी एलैक्ट्रिशन बैलॉयष्टुंगसअनलागन* (विएना/पैस्ट/लिप्त्सिग, 1883), पृ. 119.

89. हम्फ्री डेवी, *एलीमेंट् स ऑफ़ कैमिकल फ़िलॉसफ़ी* (लंदन, 1812), खंड 1, पृ. 152. संदर्भवश, डेवी उस समय 'चाप प्रकाश' पैदा करने वाले एकमात्र व्यक्ति नहीं थे। उन्नीसवीं सदी के पहले दस वर्षों के दौरान वाष्पशील ढेर को लेकर बहुत सारे शोधकर्ता अपने प्रयोग कर रहे थे, जिसके दौरान उन्होंने एक गोलाकार रोशनी उठते हुए देखी थी (वॉल्टर बीगॉन फ़ॉन त्सुनोचोव्स्की, *डस एलैक्ट्रिशऽ बोगनलिष्ट. ज़ाइनऽ एंटि् वक्लुंग उण्ड ज़ाइनऽ फ़्यूज़ीकालिशन ग्रुंडलागन,* लिप्त्सिग, 1904, पृ. 4)।

90. जे. लाकास्न एवं आर. थिएर, *नूवो सिस्तेम देक्लेयराज़ इलेक्त्रीक* (पेरिस एवं लियोन, 1857), पृ. 25.

91. 19 जून 1855, उपरोक्त से उद्धृत, पृ. 19.

92. आर्टुर फ़्यूर्स्ट, *डस एलैक्ट्रिशऽ लिष्ट* (म्यूनिख, 1926), पृ. 124.

93. जॉर्ज एस. ब्रायन, *एडीसनः द मैन ऐण्ड हिज़ वर्क* (लंदन एवं न्यूयॉर्क, 1926), पृ. 111.

94. *डस एडीसॉनलिष्ट*, पृ. 14.

95. ऑनरी द पार्वील, *लेलेक्त्रीसिते ए से आप्लीकासियाँ*, द्वितीय संस्करण, (पेरिस, 1883), पृ. 354-5.

96. *डस एडीसॉनलिष्ट* से उद्धृत, पृ. 71.

97. टेरेंस रीस, *थिएटर लाइटिंग इन दि एज ऑफ़ गैस* (लंदन, 1978), पृ. 171.

98. लॉसे, खंड 1 (1895), पृ. 52.

99. *इलेक्ट्रिकल इंजीनियर*, दिसंबर 1886, पृ. 261.

100. जे. ज़ाखारियास, *डी ग्ल्यूलाम्प, इयर हैर्ष्टेलुंग उण्ड अनवैंडुंग इन डेयर प्राक्सीस* (विएना, पैस्ट एवं लिप्सिग, 1890), पृ. 18-19.

101. फ़्यूर्स्ट, *डस एलैक्ट्रिशꣳ लिष्ट*, पृ. 95.

102. ब्रायन, *एडीसन*, पृ. 127.

103. वही, पृ. 133-4.

104. फ़्यूर्स्ट, *डस एलैक्ट्रिशꣳ लिष्ट*, पृ. 128.

105. एलेक्स बर्न्स्टीन, *डी एलैक्ट्रिशꣳ बैलॉयष्टुंग* (बर्लिन, 1880), पृ. 61.

106. द पार्वील, *लेलेक्त्रीसिते*, पृ. 375-6.

107. वही.

108. वही, पृ. 355.

109. वही.

110. वही, पृ. 355-6.

111. फ़्यूर्स्ट, *डस एलैक्ट्रिशꣳ लिष्ट*, पृ. 102.

112. *यॉरनल दे डेबेट् स*, *डस एडीसॉनलिष्ट* से उद्धृत, पृ. 59.

113. अंसन रबिनबैश, 'दि एज ऑफ़ एग्ज़ॉस्शनः एनर्जी ऐण्ड फ़ैटीग इन द लेट नाइन्टींथ सेंचुरी' (अप्रकाशित पांडुलिपि), पृ. 38.

114. आल्फ़्रेड रिटर फ़ॉन उर्बानित्स्की, *डी एलैक्ट्रित्सिटेट इम डीन्स्टꣳ डेयर मेंन्षहाइट* (विएना, पैस्ट एवं लिप्सिग, 1895), पृ. 353.

115. देखें, जॉर्ज बीयर्ड, *मेडिकल ऐण्ड सर्जिकल यूज़ेज़ ऑफ़ इलेक्ट्रिसिटी* (1874); इसे भी देखें रबिनबैश पांडुलिपि, पृ. 39.

116. *ल ल्युमियेर इलेक्त्रीक*, खंड 9 (1883), पृ. 252 से उद्धृत। इस क़िस्म की इलेक्ट्रोथेरेपी हमें मृत्युदंड के उपकरण के रूप में बिजली के प्रयोग की याद दिलाती है। जब 1890 में अमेरिका में मृत्युदंड के लिए पहली बार बिजली की कुर्सी का इस्तेमाल किया गया था तो लोगों ने उसे बिजली के झटकों से मृत्युदंड देने में वैज्ञानिक सटीकता, दर्दहीनता आदि से लैस बताते हुए सही ठहराया था.

117. *साइंटिफ़िक अमेरिकन*, 7 मार्च 1900 (सप्लीमेंट).

118. वर्नेर सोम्बार्ट, *डी डॉयचꣳ फ़ोल्क्सविर्टशाफ़्ट इम 19. यारहुंडर्ट उण्ड इम अन्फ़ांग डेस 20. यारहुंडर्ट् स* (स्टुटगार्ट, 1954; पुनर्प्रकाशित सातवाँ संस्करण), पृ. 200.

119. डेविड एफ़. नोबेल, *अमेरिका बाय डिज़ाइनः साइंस, टेक्नॉलजी, ऐण्ड द राइज़ ऑफ़ कॉर्पोरेट कैपिटलिज़्म* (न्यू यॉर्क, 1977), पृ. 19.

120. *जेनरल इलेक्ट्रिक रिव्यू*, खंड 18 (1915), पृ. 810, उपरोक्त से उद्धृत, पृ. 42.

121. द पार्वील, *लेलेक्त्रीसिते*, पृ. 375.

122. 'लेलेक्त्रीसिते', *रव्यू सियोंतिफ़ीक़ इल्यूस्त्रे*, 1 जनवरी 1887.

सड़क

1. जर्मनी के संभवतः सबसे प्रगतिशील शहर हैमबर्ग में अठारहवीं शताब्दी के अंत तक भी दरवाज़ों पर ताले लगाए जाते थे। वोल्फ़गाँग नार्ष्टेट लिखते हैं, 'दरवाज़े बंद कर देने से बाहरी दुनिया के साथ संपर्क टूट जाता था' (*डी एन्टष्टेउंग डेयर फ़्रायत्साइट-डारगेष्टेल्ट अम बायष्पील हाम्बुर्ग्स*, ग्योटिंगन, 1972, पृ. 88).

2. आ. त्रेबूशे, *रशेयर्शे स्युर लेक्लेराज़ प्यूब्लिक द पारी* (पेरिस, 1843) से उद्धृत, पृ. 4.

3. जी.टी. सालुस्बरी-जोन्स, *स्ट्रीट लाइफ़ इन मीडिएवल इंग्लैंड* (ब्राइटन, 1975), से उद्धृत, पृ. 139 (प्रथम संस्करण 1939).

4. एर्लो (कम्मान्दों), 'लेक्लेराज़ दे यू आ पारी आ ला फैं द्यू द सेतिएम ओ दीज़्वीतिएम पेरिस ए ला फ़िन द्यू 17ई ऑ 18ई सीएक्ल', *सोसिएते, देलिस्त्वार द पारी ए द लील द फ़्रॉन्स. मैम्ऑर*, खंड 43, पृ. 133.

5. उपरोक्त से उद्धृत, पृ. 131.

6. अल्बेय्र बाबो, *ला वील सू लॉन्सिएँ रेजीम* (पेरिस, 1884; पुनर्प्रकाशित न्यू यॉर्क, 1971), खंड 1, पृ. 331.

7. योहान्न हाइनरिष गॉटलोब फ़ॉन युस्टी, *ग्रुन्डज़ेट् से डेयर पॉलित्साय-विस्सनशाफ़्ट* (ग्योटिंगन, 1976), पृ. 264-5.

8. लियों बेयर्नार, *दि इमर्जिंग सिटीः पेरिस इन दि एज ऑफ़ लुई XIV* (डरहम, उत्तरी कैरोलीना, 1970), पृ. 283.

9. मार्टिन लिस्टर, *ए जर्नी टू पेरिस इन दि इयर 1698* (लंदन, 1699, पुनर्प्रकाशित शिकागो यूनिवर्सिटी प्रेस, 1967), पृ. 17.

10. निकोला द ला मार, *त्रेते द ला पोलिस* (पेरिस, 1738) से उद्धृत, खंड 4, पृ. 189.

11. एर्लो, 'लेक्लेराज़ दे र्यू आ पारी', पृ. 139.

12. ये संख्याएँ इन विवरणों से ली गई हैः इयुजेन द फ़ॉन्स, *इस्त्वार दे लेक्लेराज़* दे र्यू *द पारी* (पेरिस, 1904) ने स्रोत का उल्लेख किए बिना 2,736 की संख्या बताई है; एर्लो, 'एक्लेराज़ दे र्यू आ पारी', जिन्होंने 1702 के लिए 5,470 लालटेन और 1740 के लिए 6,408 लालटेन बताई है (पृ. 136), ने इन संख्याओं के स्रोत के रूप में समकालीन पुलिस रिकॉर्डों का उल्लेख किया है। *ताब्लो द पारी* (एम्स्टर्डम, 1782) में लुई सेबेस्तिएँ मर्सिएर अठारहवीं शताब्दी के उत्तरार्द्ध में 8,000 लालटेनों की बात करते हैं जबकि पिएरे पात्त केवल 6,777 लालटेन बताते है (*द ला मानिएर ला प्लूज़ावोन्ताज़िएज़ देक्लेयरे ले र्यू द्यून वीले पोन्दों ला न्युई*, पेरिस, 1766, पृ. 6).

13. लालटेनों को लटकाने का यह चलन कब शुरू हुआ इसके बारे में कई परस्पर विरोधी विवरण मिलते हैं। मार्टिन लिस्टर जैसी एक समकालीन रिपोर्ट के अनुसार लालटेनों को शुरू से ही इसी तरह लटकाया जाता था और उन्हें सड़क के बीचों-बीच बीस-बीस क़दम के फ़ासले पर लटकाया जाता था। सड़क से उनकी ऊँचाई भी लगभग 20 फ़ुट होती थी (*ए जर्नी टू पेरिस*, 1698, पृ. 25)। परन्तु पेरिस की सड़क प्रकाश व्यवस्था के सामान्य रूप से एक बेहद सटीक इतिहासकार एर्लो का दावा है कि लालटेनों को शुरू में 'सड़क के बीचों-बीच नहीं बल्कि घरों की दीवारों में लगी फ़ाँसी की टिकठी जैसी लटकनों के सहारे लटकाया जाता था' ('लेक्लेराज़ दे र्यू आ पारी', पृ. 157)। उनका कहना है कि लालटेनों को 1760 के दशक तक सड़कों के बीच नहीं लटकाया जाता था और यह चलन रेवेरबेयर (reverbere) नाम की एक नई लालटेन के साथ शुरू हुआ। इस मतभेद का एक कारण यह हो सकता है कि मकानों की

दीवारों पर लगाई जाने वाली लालटेनें और भी पुराने काल की हो सकती हैं। इनके अलावा बड़े चौराहों पर लगने वाली लालटेनें तो नहीं ही लटकाई जाती थीं क्योंकि उनके लिए इतने लंबे रस्से नहीं हो सकते थे.

14. *क्यूनिट् त्स इओकोनोमिष-टेक्नोलोगिषे एन्सिक्लोपेडी* (बर्लिन, 1794), खंड 65, पृ. 408.

15. विलियम मेटलैंड, *द हिस्ट्री ऐण्ड सर्वे ऑफ़ लंदन* (लंदन, 1760), खंड 1, पृ. 565.

16. विलियम सी. सिडनी, *इंग्लैंड ऐण्ड दि इंगलिश इन दि एटीन्थ सेन्चुरी* (लंदन, 1892), खंड 1, पृ. 17.

17. लुई-सेबेस्तिएँ मर्सिएर, *पारीस अम फ़ेरआबन्ड डेयर रेवोलुत्स्योन* (कार्ल्सरूहे, 1967), पृ. 67-8. (यह *ताब्लो द पारी* से लिया गया संकलन है।).

18. सिडनी, *इंग्लैंड ऐण्ड दि इंगलिश*, पृ. 15.

19. उपरोक्त से उद्धृत, पृ. 16.

20. अनाम, *गाज़ेत द रॉबीने*, 29 अक्तूबर 1667 (*इस्त्वार द लेक्लेराज़* से उद्धृत, पृ. 37).

21. एर्लो, 'लेक्लेराज़ दे रयू आ पारी', पृ. 163.

22. *क्यूनिट् त्स इओकोनोमिष-टेक्नोलोगिषे एन्सिक्लोपेडी*, पृ. 353-4.

23. एर्लो, 'लेक्लेराज़ दे रयू आ पारी', से उद्धृत, पृ. 167.

24. सी.एफ़.ए.याह्न, *डी गासबेलॉय्ष्टुंग* (लिप्सिग, 1862), पृ. 95.

25. आ. त्रेबशे, *रशेयर्शे स्युर लेक्लेराज़ प्यूब्लिक द पारी*, पृ. 57.

26. *लेक्चर्स ऑन इल्युमिनेटिंग इंजीनियरिंग* (बाल्टीमोर, 1911), खंड 2, पृ. 824.

27. द फ़्रॉन्स, *इस्त्वार द लेक्लेराज़*, पृ. 37.

28. एर्लो, 'लेक्लेराज़ दे रयू आ पारी', पृ. 157.

29. 'मेमॉअर स्युर लादि्मनिस्त्रासियों द ला पोलिस औं फ्रॉन्स कॉन्तिनो लेज़एक्लेरिस्मो दमॉन्दे आ स स्युज़े पार मिसिएर लम्बासादर द वियेन...', प्रथम प्रकाशन 'ला पोलीस द पारी औं 1770', के रूप में *मेमॉअर द ला सोसिएते द लिस्त्वार द पारी ए द लील-द-फ़्रॉन्स*, खंड 5, में पृ. 1-131. एर्लो, 'लेक्लेराज़ दे रयू आ पारी', पृ. 252 से उद्धृत.

30. मर्सिएर, *ताब्लो द पारी*, खंड 1, पृ. 212.

31. वही, खंड 10, पृ. 147; एर्लो, 'लेक्लेराज़ दे रयू आ पारी', से उद्धृत, पृ. 260.

32. देखें टिप्पणी 12.

33. एर्लो, 'लेक्लेराज़ दे रयू आ पारी', पृ. 252.

34. 'स्ट्रीट लाइट इतनी अपर्याप्त होती थी कि यदि रात में बाहर निकलना पड़े तो लोगों को सड़क के हर कोने पर खड़े लिंकमैन की सेवा लेनी ही पड़ती थी' (सुवेनीर ए कॉज़ेरी, 1781, द फ़्रॉन्स, *इस्त्वार द लेक्लेराज़*, से उद्धृत, पृ. 76)। 'रात के समय अपने ठिकाने से महरूम किसी विदेशी सैलानी के लिए इससे बुरी चीज़ और कुछ नहीं हो सकती... कि उसे संख्यायुक्त मशाल लिए कोई मददगार गाइड न मिल पाए' (एफ़.-एम. मार्शों, *ली नूवो कॉन्द्युक्तर द लेत्रॉन्ज़ेर आ पारी औं 1820*, पेरिस, 1820, पृ. 14).

35. गास्तों बाशेलार, *द पोइटिक दे राउमेस* (म्यूनिख, 1964), पृ. 48; वाल्डेमर डियोना, *ल सैम्बोलिज़्म द लई* (बर्न, 1965), पृ. 251.

36. इस विषय में बाशेलार की चर्चा हैनरी बॉस्को द्वारा लिखित उपन्यास *हायासिंथ* में उल्लिखित एक काल्पनिक स्थिति पर आधारित है इसलिए उसकी हमें चिंता नहीं करनी चाहिए क्योंकि संदर्भ का हमारे लिए कोई महत्त्व नहीं है.

37. गास्तों बाशेलार, *ला फ़्लाम द्युन शॉन्देल्ल* (पेरिस, 1961), पृ. 102 (ज़ोर मूल में).

38. एलन जॉन विलियम्स, *द पुलिस ऑफ़ पेरिस 1718-1789* (यूनिवर्सिटी माइक्रोफ़िल्म्स, एन आर्बर, 1975), पृ. 358.

39. एर्लो, 'लेक्लेराज़ दे रयू आ पारी',पृ. 258; सटीक संख्या 3,528 है.

40. विलियम्स, *द पुलिस ऑफ़ पेरिस*, पृ. 362.

41. मर्सिएर, *ताब्लो द पारी*, खंड 1, पृ. 199.

42. एर्लो, 'लेक्लेराज़ दे र्‍यू आ पारी', पृ. 226.

43. 'जब से परावर्त्तिका आई है तब से इनकी ऊँचाई ही उन्हें रात के खिलंदड़ों की मार से बचाती थी' (रेटिफ़ द ला ब्रेटोन्ने, *ले न्यूई दे पारी अव्र*, पेरिस, 1930, पृ. 68).

44. एर्लो, 'लेक्लेराज़ दे र्‍यू आ पारी', पृ. 226.

45. लिस्टर, *ए जर्नी टू पेरिस*, पृ. 25.

46. मेटलैंड, *द हिस्ट्री ऐण्ड सर्वे ऑफ़ लंदन*, पृ. 566.

47. एर्लो (ली कम्मान्दों), *लेक्लेराज़ द पारी आ लेपॉक रेवोल्युसियोनेर* (पेरिस, 1933) से उद्धृत, पृ. 18.

48. देखें पृ. 87, संख्या 13. 1791 की उस जर्मन रिपोर्ट को थोड़े-बहुत फ़ेर बदल के साथ साहित्य में अकसर उद्धृत किया जाता है जिसमें बताया गया है कि लोगों को दीवार में लगी लालटेनों से लटकाकर किस तरह मारा जाता थाः 'पेरिस में क्रांति के प्रारंभिक दिनों में परावर्त्तिका या सड़की लालटेन बेहद डरावनी चीज़ बन गई थी क्योंकि उन्हें फाँसी देने के लिए इस्तेमाल किया जाने लगा था। जर्मनी में लोग ऐसा सोचते थे कि लोगों को लैम्प पोस्टों पर लटकाकर फाँसी दी जाती थी परन्तु यह सही नहीं हैः असल में इस काम के लिए उन रस्सियों का इस्तेमाल किया जाता था जिनके सहारे लालटेन सड़क पर लटकी रहती थी। ये रस्सियाँ आम तौर पर मकानों से जुड़ी रहती हैं और उन्हें एक पुलीनुमा यंत्र के सहारे उस समय नीचे कर दिया जाता है जब उनमें तेल भरना होता है या उन्हें जलाना होता है। रस्सी के सिरे को एक हुक के इर्द-गिर्द लपेट दिया जाता है। इस काम के बाद इसे एक छोटे से लोहे के दरवाज़े में बंद कर दिया जाता है। इन दरवाज़ों को तोड़कर लालटेनों को नीचे खींच लिया जाता और उनकी रस्सियाँ निकाल ली जातीं। इसके बदले में लालटेन की जगह किसी अपराधी को हवा में लटका दिया जाता। परन्तु इन रस्सियों को लालटेन का बोझ उठाने के लिए बनाया गया था न कि आदमियों का बोझ उठाने के लिए। नतीजतन, ये रस्सियाँ अकसर टूट जाती थीं। अकसर ऐसा होता था कि फाँसी देने के लिए किसी बदक़िस्मत अपराधी को चार या छः परावर्त्तिका पर ले जाया जाता था और तब कहीं जाकर किसी एक लालटेन की रस्सी उसके प्राण हरने में सफल हो पाती थी' (*शूल्त्स, पारी उन्ड डी पारीज़र*, बर्लिन, 1791, *क्र्यूनिट् त्स इओकोनोमिष-टेक्नोलोगिषे एन्सिक्लोपेडी*, खंड 65, पृ. 397).

49. सार्वजनिक प्रकाश व्यवस्था की अलोकप्रियता का एक कारण यह भी था कि किसी भी सड़क के निवासियों को न केवल लालटेन जलानी पड़ती थी बल्कि उन्हें रात भर जलाए रखना पड़ता था। यह चलन निजी घरों को रोशन करने के ज़माने से चला आ रहा था और इसे 1759 तक भी समाप्त नहीं किया गया जब कि पेशेवर लैम्प जलाने वाले नियुक्त कर लिए गए। नागरिकों ने इस परिवर्तन को पुरानी स्वतंत्रता की अनुगूँज नहीं माना बल्कि उन्हें यह पुलिस की मनमानी का एक और साक्ष्य दिखाई दिया। यदि आधी रात में कोई लालटेन बुझ जाती थी तो चौकीदार उसे दोबारा जलाने की बजाय संबंधित व्यक्ति को नींद से जगाता था ताकि वह दोबारा रोशनी चला सके (एर्लो, *लेक्लेराज़ द पारी आ लेपॉक रेवोल्युसियोनेर*, पृ. 185)। परन्तु एक या इससे अधिक सड़कों की लालटेनों के लिए ज़िम्मेदार व्यक्ति (कॉमीज़ाल्यूमर), को पुलिस मनचाहे ढंग से नियुक्त नहीं करती थी बल्कि उसे हर साल निवासियों की बैठक के ज़रिए चुना जाता था। इन चुनावों में इस ज़िम्मेदारी के निर्वाह से बचने की कोशिश न केवल एक वर्गीय विशिष्टता बल्कि बग़ावती तेवरों वाली चीज़ भी बन गई। कहने की आवश्यकता नहीं कि निर्वाचित होने वाला व्यक्ति विरोध करता था तो संबंधित पुलिस अधीक्षक ऐसे निर्वाचन को ख़ारिज कर देता था और पेटि-बुर्ज़आ निवासियों में से किसी एक व्यक्ति को *कॉमीज़ाल्यूमर* नियुक्त कर देता था।

एक और समकालीन आशय रात के बारे में प्रचलित यह पेटि-बुर्ज़आ दृष्टिकोण था कि यह (कुलीन) आनंद का एक ऐसा समय और स्थान होता है जिसे सड़क प्रकाश के ज़रिए बुर्जुआज़ी को किसी भी तरह बढ़ावा नहीं देना चाहिए। 1749 के एक पर्चे में हम पढ़ते हैं: 'यदि कोई ऐसा आदमी है जिसे इस काम में लेशमात्र भी रुचि नहीं है तो वह है दस्तकार। दिन भर के काम से थका-मांदा यह व्यक्ति रात के आनंद में हिस्सेदारी के बिल्कुल लायक़ नहीं रहता' (उपरोक्त से उद्धृत, पृ. 211)। इससे यह भी समझा जा सकता है कि सार्वजनिक प्रकाश व्यवस्था को चलाने के लिए वसूल किया जाने वाला टैक्स 'सबसे अलोकप्रिय करों में से एक' क्यों था (वही, पृ 139-40).

50. माक्सीम द्यू कौं, *पारीः सेज़ोरीज़ीन, से फ़ॉन्क्सियों ए सा वी* (पेरिस, 1875), खंड 5, पृ. 285.

51. *ब्रीफ़े आउस पारी, गेश्रीबन वेयरेण्ड डेयर ग्रोसन फ़ॉल्क्सवॉख इम यूली 1830, फ़ॉन आइनम डॉयचेन आउगनत्सोयगन* (हैमबर्ग, 1831), पृ. 47.

52. *ले बारीकाद इम्मोर्तेल द्यू पप्ल द पारी. रेलैसियों इस्तोरीक, मिलितेर ए आनेक्दोतीक दे ज़ूर आ ज़ामे मेमोराब्ल दे 26, 27, 28 ए 29 जुइये 1830. पार पे. क्वीज़ै* (पेरिस, 1830), पृ. 129-30.

53. योहान्न हाइनरिष श्नित्सलर, *आउस्स्यूरलिशर बेरिष्ट आइनस आउगनत्सोयगन, इयुबर डी लेत्स्टन ऑउफ़्त्रिटऽ डेयर फ्रान्ज़्योज़िशन रेवोलुत्स्योन वेयरेंड डेयर त्स्वाय वॉखन फ़ॉम 26. यूलिउस बिस त्सुम 9. आउगुस्ट 1830* (स्टुटगार्ट और ट्यूबिंजन, 1830), पृ. 37.

54. वही, पृ. 36.

55. वही, पृ. 37.

56. *ले बारीकाद इम्मोर्तेल...*, पृ. 150.

57. पिएरे सित्रों, *ला पोएज़ी द पारी दों ला लितेरात्यूर फ़्रॅन्सेज़ द रूसो आ बॉदलेयर*, 2 खंड, (पेरिस 1961), खंड 1, पृ. 233.

58. वही.

59. उपरोक्त, खंड 1, पृ. 433 (*जर्नल 1830-1848*) से उद्धृत.

60. उपरोक्त, खंड 1, पृ. 233 ('आ ला कोलोन्न').

61. (खड़ंजे के पत्थर! खड़ंजे के पत्थर! सिपाहियों की तरह छायादार सड़कों पर डटे ये हमलों का मुक़ाबला करते हैं।) उपरोक्त, खंड 1, पृ. 233 ('ले त्रवा जूर्ने').

62. वही, खंड 1, पृ. 435.

63. (सूर्य जैसी लालटेनें जो सलेटी खड़ंजों को अपनी बेदाग़ रोशनी से सराबोर कर देती हैं।) उपरोक्त, खंड 1, पृ. 434 से उद्धृत.

64. (मटमैले खड़ंजे पर सीसे की लालटेन अपनी ऐसी अनिश्चित सी रोशनी डालती है जो रात से भी ज़्यादा उदास दिखाई देती है।) उपरोक्त, खंड 1, पृ. 435 से उद्धृत.

65. (लालटेन का शीतल प्रकाश गंदे खड़ंजे में उदास भाव से प्रतिबिंबित हो रहा था।) उपरोक्त से उद्धृत.

66. उपरोक्त से उद्धृत.

67. उपरोक्त, खंड 2, पृ. 177 से उद्धृत.

68. (मैंने इस शांत समय, टहलने वालों और अपनी हज़ारों शाही मशालों से रोशन सीन नदी को कितना प्यार किया है।) उपरोक्त, खंड 1, पृ. 212 से उद्धृत.

69. *ताब्लो द पारी*, पृ. 199.

70. *ले बारीकाद इम्मोर्तेल...*, पृ. 130.

71. श्नित्सलर, *आउस्स्यूरलिशर बेरिष्ट आइनस आउगनत्सोयगन*, पृ. 54.

72. विक्टर ह्यूगो, *ला मिज़राब्ले*, (अनुवाद) नॉर्मन डेनी (हार्मन्ड्सवर्थ, मिडलसेक्स, 1986), पृ. 978.

73. वही, पृ. 944-5.

74. गार्नियेर-पेजेस, *इस्त्वार द ला रेवोलुत्स्यों दे 1848* (पेरिस, 1861), खंड 4, पृ. 305-6.

75. विक्टर ह्यूगो, *शोज़ व्यू* (पेरिस 1913), खंड 1, पृ. 310. इसी पुस्तक में ह्यूगो ने 12 मई 1839 के जनउभार पर यह टिप्पणी की हैः 'पुराना रयू द्यू टैम्पल स्याह काला हो गया है। यहाँ की सारी लालटेनें तबाह कर दी गई हैं' (पृ. 33).

76. ऑनरी बेस्नार, *ल्यून्यूस्त्री द्यू गा आ पारी दप्वी सेज़ोरिजीन्न*, थेस फ़ाक्युल्ते द्यू द्रवा (पेरिस, 1942), पृ. 29. 1842 में अभी भी गैसबत्तियों के मुक़ाबले परावर्त्तिकाओं की संख्या ही ज़्यादा थी (8,000ः 7,000), और 1848 में भी जबकि गैसबत्तियों की संख्या बढ़कर 8,600 हो चुकी थी, लगभग 6,000 परावर्त्तिकाएँ अभी भी चलन में बनी हुई थीं (वही).

77. पर्सी, बी. सेंट जॉन, *द थ्री डेज़ ऑफ़ फ़ैब्रुअरी, 1848* (न्यू यॉर्क, 1848), पृ. 90. (यह माना जा सकता है कि शॉम्प्-एलाइसीस पर लगी लालटेनें अभी भी तेल से जलने वाली परावर्त्तिका ही थीं।) वर्ष 1848 में ही न्यू यॉर्क के एक गैसघर में हुए विस्फोट से शहर की तमाम गैसबत्तियाँ एक साथ बंद हो गईं। 'उस रात पूरा शहर अस्त-व्यस्त हो गया। अँधेरी सड़कों पर लोगों को ठोकरें लगीं, वे गड्ढों में गिरे और यहाँ-वहाँ टकराते रहे' (लुई बेडर, 'गैस इल्युमिनेशन इन न्यूयॉर्क सिटी, 1823-1863', शोधपत्र, न्यू यॉर्क विश्वविद्यालय, 1970, पृ. 265).

78. फ़्रेडरिक अंटेरीटर, *डी रेवोलुत्स्योन इन वीन फ़ॉन मेर्त्स उन्ड माई 1848* (विएना, 1848), खंड 1, पृ. 43. यहाँ इसी घटना का एक और विवरण हैः 'पुश्ते पर लगे लोहे के सभी लैम्प पोस्ट तोड़ दिए गए और जलती हुई गैस एक चौड़ी धारा में पाइपों से बिखरने लगी' (ए. पिशलेर, *आउस डेन मेर्त्स-उन्ड ऑक्टोबरटागन त्सु वीन 1848*, इन्सब्रुक, 1850, पृ. 8).

79. एडोल्फ़ वुल्फ़, *बेर्लीनर रिवोलूत्सियोंस-क्रोनीक* (बर्लिन, 1851), खंड 1, पृ. 169 से उद्धृत.

80. गार्नियेर-पेजेस, *इस्त्वार द ला रेवोलुत्स्यिोन,* खंड 6, पृ. 299-300.

81. अंटेरीटर, *डी रेवोलुत्स्योन इन वीन,* पृ. 91.

82. वियेट वेलेन्टिन, *गेशिष्टे डेयर डॉयचन रेवोलुत्स्योन 1848-49* (बर्लिन, 1930-31; पुनर्प्रकाशित कोलोन, 1970), खंड 1, पृ. 448.

83. अंटेरीटर, *डी रेवोलुत्स्योन इन वीन,* से उद्धृत, पृ. 96.

84. *मंथली मैगज़ीन,* 1807, पृ. 581.

85. सी.एच.हैसेन्स्टीन, *डस इलेक्ट्रीशे लिष्ट* (वायमर, 1859), पृ. 129.

86. *गाज़ेत द लियों,* उपरोक्त से उद्धृत, पृ. 133.

87. *इलुस्त्रियर्टऽत्साइटुंग,* 14 अप्रैल 1882, अर्न्स्ट रेब्स्के, *लाम्पन, लाटेर्नन, लॉयेष्टन—आइने हिस्टोरी डेयर बेलॉयष्टुंग* (स्टुटगार्ट, 1962), पृ. 135 से उद्धृत.

88. पॉन्से द क्ल्यूनी, *प्रोग्रे मेदिकाल* (1880) में, पृ. 627-8.

89. *अलगेमियेन ज़ीटुंग* ने 1850 में सेंट पीटर्सबर्ग से रिपोर्ट भेजी कि वहाँ के मकान 'इतनी तेज़ रोशनी से रोशन हैं कि व्यक्ति चाप लैम्प से तीन-चार सौ क़दम की दूरी पर स्थित मकान की दीवार पर बैठी मक्खी को भी देख सकता है' (हैसेन्स्टीन, *डस इलेक्ट्रीशे लिष्ट* से उद्धृत).

90. पेरिस में प्लास द ला कॉन्कोर्द, ऑपेरा और उसके सामने स्थित चौराहे के साथ-साथ आवेन्यू द लोपेरा, आर्क द त्रेयोम्फ़, प्लास द्यू कॉर लैजिस्लातिफ़ और थेयात्रा द्यू षातेले को, जबकि सेंट पीटर्सबर्ग में विंटर पैलेस और नेव्स्की ड्राइव को शामिल किया जाता था। सीमंस द्वारा बनाई गई चाप प्रकाश इकाइयों की संख्या से पता चलता है कि सार्वजनिक स्थानों में इस तकनीक का कितना कम प्रयोग होता था। 1890 तक सीमंस ने कुल 1,850 चाप प्रकाश इकाइयाँ स्थापित की थीं और उनमें से केवल ग्यारह 'सड़कों और सार्वजनिक स्थानों' में थीं जबकि 250 'कताई और बुनाई कारख़ानों', 226 'विभिन्न प्रकार की कार्यशालाओं, फ़ैक्टरियों, आदि', और 139 'कार्यालयों, दुकानों और व्यावसायिक इमारतों' में लगाई गई थीं (रेब्स्के, *लाम्पन, लाटेर्नन, लॉयेष्टन,* पृ. 169).

91. *आकेदेमी दे सियाँस, मेम्ऑर माशीन ए इनवेंसियों,* खंड 2ः 1702-12 (पेरिस, 1735), पृ. 53-4.

92. दाँदे-द्यूप्रे, *प्रॉजे...* (पेरिस, 1799; An X). पृ. 4. (लेखक को इस पर्चे की केवल एक ही प्रति के बारे में ज्ञात है और वह पेरिस स्थित बिबलियोथेक नेशनल में मौजूद है।).

93. वही, पृ. 5-6.

94. वही, पृ. 7.

95. वही. पृ. 6.

96. देखें, अध्याय 1.

97. सित्रों, *ला पोइसी द पारी,* खंड 2, पृ. 123.

98. उपरोक्त से उद्धृत.

99. 1802 में हैनफ़्रे ने बाल्टीमोर की नगर परिषद् को सुझाव दिया कि उसे 'शक्तिशाली लाइटों से युक्त ऐसे विशाल टावर निर्मित करने चाहिए जो मार्गदर्शक के रूप में काम करें और आस-पास के पूरे इलाक़ों को रोशन करें' (बेडर, 'गैस इल्युमिनेशन इन न्यू यॉर्क सिटी', पृ. 42)। एक वर्ष बाद उन्होंने ऐसा ही एक प्रस्ताव फ़िलाडेल्फ़िया की नगर परिषद् के समक्ष प्रस्तुत किया जिसमें कहा गया था कि 'ऐसे टावर शहर के कुछ ख़ास हिस्सों में स्थापित किए जाएँ ताकि विशाल ऊँचाई से पड़ने वाली उनकी रोशनी सड़कों और गलियों को रोशन करने का काम करे' (वही, पृ. 44).

100. वही, पृ. 43-4.

101. *ला ल्युमियेर इलेक्ट्रिक,* 21 फ़रवरी 1885, पृ. 341; *ल'इलेक्ट्रिसाइट* (1882), पृ. 141; वही। (1885), पृ.28.

102. वही. (1885), पृ. 30. इसका संदर्भ कैलिफ़ोर्निया स्थित सैन जोज़ की नगर प्रकाश व्यवस्था है जिसमें 60 मीटर ऊँचाई के टावर थे.

103. फ़्रेड एच. व्हिप्पल, *म्यूनिसिपल लाइटिंग* (डेट्रॉइट, 1888), पृ. 157.

104. वही.

105. उपरोक्त से उद्धृत, पृ. 162-3.

106. जॉर्ज बी. कैटलिन, *द स्टोरी ऑफ़ डेट्रॉइट* (डेट्रॉइट, 1923), पृ. 608.

107. *इलेक्ट्रिकल इंजीनियर* (लंदन), फ़रवरी 1885, पृ. 129.

108. *सोसिएते देज़ ऍन्जीनियर सिविल द फ़्रॉन्स, मेम्ऑर ए कॉम्त रॉंदू दे त्रावो, आने 1885,* खंड 1, पृ. 53.

109. वही, पृ. 73.

110. *वोशेन्श्रृफ़्ट दे योऽष्ट्राइशिशन इन्ज़ेन्यूर-उण्ड आर्षिटेक्टन-फ़ेराइन्स* (1886, संख्या 49, पृ. 395) में प्रकाशित रिपोर्ट के अनुसार नुमाइश के दौरान एफ़िल टावर पर 'संपूर्ण प्रदर्शनी स्थल को प्रकाशमान करने वाली एक विद्युतीय रोशनी लगाने' का इरादा किया गया था। इसके अलावा इस संभावना को भी ख़ारिज नहीं किया गया था कि, 'जैसा कि लंबे समय से योजना है, पेरिस की सभी सड़कों को इस एक, ऊँचे, केंद्रीय स्रोत से रोशन किया जा सकता है'.

111. बूर्दे की दरख़्वास्त के अनुसार (देखें *सोसाइटे दे इंजेन्यूर्स,* खंड 1, पृ. 53).

112. देखें *सोसाइटे दे इंजेन्यूर्स,* खंड 1, पृ. 74.

113. देखें वही, पृ. 71.

114. *ला ल्युमियेर इलेक्ट्रीक* (21 फ़रवरी 1885, पृ. 340) में पूरी प्रणाली को इस प्रकार स्पष्ट किया था: 'लालटेनों को परावर्तक के घेरे के चारों तरफ़ बारह मीटर व्यास और 36 मीटर गोलाई के घेरे में स्थापित कर दिया गया है। यदि प्रत्येक लालटेन 36 सेंटीमीटर स्थान घेरे तो यह परावर्तक 100 उच्च शक्ति लाइटों को संभाल सकता है। मान्स्यूर सेबिलॉ की गणनाओं के अनुसार प्रत्येक लैम्प में 20,000 कार्सेल की क्षमता है। इस प्रकार पूरी प्रणाली की कुल क्षमता 20 लाख कार्सेल बैठती है.

115. देखें *सोसाइटे दे इंजेन्यूर्स,* खंड 1, पृ. 78.

116. 'यदि रोशनी इतनी तेज़ होती कि क्षेत्र के कोनों तक भी पहुँच जाती तो उसकी कोई प्रशंसा नहीं करता। हर कोई लाइट टावर से मुँह फेर लेता और उसकी मौजूदगी को क्षतिकारक माना जाता' (*एलेक्ट्रो-टेषनीष त्साइटश्रृफ़्ट,* मार्च 1887, पृ. 122).

117. वही, इसे भी देखें *सोसाइटे दे इंजेन्यूर्स,* खंड 1, पृ. 656.

118. देखें *सोसाइटे दे इंजेन्यूर्स,* खंड 1, पृ. 639.

119. लुई सेबेस्तिएँ मर्सिएर, *पारी लॉं 2440* (पेरिस, 1977), पृ. 147.

120. जूल मिशेले, *ल प्युप्ल* (पेरिस, 1974), पृ. 100.

121. उदाहरण के लिए, एच.जी. वेल्स, *व्हेन द स्लीपर वेक्स:* 'ऊपर स्थित विशालकाय प्रास पूरे स्थान की विशाल चौड़ाई में एक

साथ फैल गए और अपारदर्शी पदार्थ की एक परत ने आसमान को छिपा दिया। श्वेत शीतल रोशनी के विशालकाल गोलों ने गर्डर और तारों के बीच से छनकार आ रही सूरज की ज़र्द किरणों को पानी-पानी कर दिया' (मार्क आर. हिलेगास, *द फ़्यूचर एज़ नाइटमेयरः एच.जी. वेल्स ऐण्ड दि एंटी-यूटोपियंस*, न्यू यॉर्क, 1968, पृ. 43 से उद्धृत).

122. *द ट्रेवल्ज़ ऐण्ड एस्सेज़* (न्यू यॉर्क, 1917), खंड 13 में, रॉबर्ट लुई स्टीवेंसन, 'ए प्ली फ़ॉर गैस लैम्प्स', पृ. 168-9. इस संदर्भ में लाइटिंग के सैनिक प्रयोगों पर ध्यान देना बहुत रोचक रहेगा। 1880 के दशक के दौरान, विशेष रूप से औपनिवेशिक युद्धों में, चाप प्रकाश को उतना ही कामयाब माना गया जितना सोलहवीं सदी में युरोपीय शस्त्रों को माना जाता था। अलेक्ज़ेंड्रिया के तट से दूर स्थित एक इंग्लिश बेड़ा 'हर रात कई चाप लैम्प इस्तेमाल करता है, और उनकी रोशनी मिस्र के सिपाहियों को बेचैन करते हुए शहर और आस-पास के तटीय इलाक़ों पर केंद्रित रहती है। मिस्र के सिपाहियों को बेचैनी इसलिए होती है क्योंकि उन्हें इसमें पारलौकिक शक्तियों का हाथ दिखाई देता है और उनके लिए यह पूरी तरह अचरज में डालने वाली परिघटना है' (*ला ल्युमियेर इलेक्ट्रीक*, खंड 6, 1882, पृ. 566).

रात

1. मिशेल डी पुरे, इदे दे *स्पेक्ताक्ल ऑन्सिएन ए नूवो* (पेरिस, 1668; पुनर्प्रकाशित, जिनिवा 1972), पृ. 183.

2. 'फ़्रांस में अलाव और आतिशबाज़ी के बीच संबंध लंबे समय तक क़ायम रहा। अठारहवीं सदी तक भी मध्य ग्रीष्म दिवस को 'पारंपरिक हर्षोल्लास', यानी अलाव और आतिशबाज़ी के साथ फ़्रांस के तमाम जाने माने शहरों में मनाया जाता था। अठारहवीं सदी के मध्य में पेरिस में मध्य ग्रीष्म दिवस की पूर्वसंध्या पर होटेल डी विले के सामने एक विशाल चौकी पर आतिशबाज़ी के लिए लकड़ी का एक ऊँचा ढेर इकट्ठा किया जाता था। इसके बाद उसे वैसे ही आग लगा दी जाती थी जैसे प्राचीन काल में कर्क संक्रांति मनाने के लिए आग लगाई जाती थी' (वही, पृ. 57.) बारोक़ काल की परिष्कृत आतिशबाज़ी के प्रदर्शनों में अलाव की जगह उस स्थान ने ले ली जहाँ से आतिशबाज़ियाँ छोड़ी जाती थीं। 'अंत में अपना मक़सद पूरा कर चुके ख़ूबसूरत स्मारक को जला दिया जाता था और उसके साथ उन नौकाओं को भी आग के हवाले कर दिया जाता था जिसमें उसे लाया गया था। इस विशाल अलाव के साथ त्यौहार ख़त्म हो जाता था' (लॉट्ज़, पृ. 61, 1674 में वार्साय की तैरती आतिशबाज़ियों का विवरण देते हुए).

3. रिचर्ड ऑलविन, *डस ग्रोबे वैल्थिएटर* (हैमबर्ग, 1959), पृ. 31.

4. वॉरविक रॉथ, *द लंदन प्लैज़र गार्डन्स ऑफ़ दि एटीन्थ सेंचुरी* (लंदन, 1896), पृ. 305. ये समय अठारहवीं शताब्दी के उत्तरार्द्ध के हैं। 1760 से पहले तक संगीत संध्याओं की शुरुआत शाम 6 या 7 बजे होती थी (वही, पृ. 303).

5. वॉल्टर सिडनी स्कॉट, *ग्रीन रिट्रीट् सः द स्टोरी ऑफ़ वॉक्सहॉल गार्डन्स 1661-1859* (लंदन, 1955) से उद्धृत, पृ. 15.

6. ज़ाँ बाप्तीस्त प्यूज़ॉक्स, *पेरिस ए ला फ़िन द्यू 18ई सिएक्ल* (पेरिस, 1801), पृ. 141-2; इसे भी देखें, वॉल्फ़गाँग नार्षटैट, डी एंट्ष्टेउंग डेयर फ़्राइत्साइट, दारगेष्टेल्ट अम बाइष्पील हाम्बुर्ग्स (ग्रॉटिंजन, 1971), पृ. 115 और 186 से आगे.

7. ग्रॉस्टा बर्गमैन, *लाइटिंग इन द थिएटर* (स्टॉकहोम, 1977), पृ. 144 और 149; मर्सिएर, *ताब्लो द पारी*, खंड 3, पृ. 88.

8. रात्रि जीवन के बारे में ज़्यादातर किताबें कुछ इसी तरह समाप्त होती थीं। वह मुख्य रूप से 1850 और 1860 के दशकों में प्रकाशित हुईं—जैसे जूलियँ लमेयर, *पेरिस अयू गेज़* (1861), आल्फ़्रेद देल्वॉ, *लेज़र पारीसिएन्न* (1866) और, जूलियस रोडेनबर्ग, *पेरिस बी सोनेंशियन उण्ड लैम्पेनलिख़्ट* (1867).

9. *फ़ुर्स्ट प्रुकलर रीस्ट नेश इंग्लैंड. ऑस डेन ब्रीफ़ेन आइनेस वरसटोरबेनेन* (स्टुटगार्ट, तारीख अज्ञात), पृ. 144-5.

10. ऑगस्ट जेगर, *डेयर डॉयच इन लंडन. ईन बीट्रैग जुर गैस्चिश्टे डेयर पॉलिटिशेन फ़्लक्टलिंगे अनसेरेर ज़ाइट* (लिप्सिग 1839), एक में ही 2 खंड, पृ. 188-9.

11. वर्नर सोम्बार्ट, *डेयर मॉडर्ने कैपिटलिस्मस* (पहला संस्करण, म्यूनिख, 1902), खंड 2, पृ. 402.

12. वही, पृ. 463; सोम्बार्ट के अध्ययन, *कैपिटलिस्मस उण्ड लक्सस* को भी देखें। उसमें लेखक का तर्क है कि दरबारी आभिजात्य वर्ग को ऐश्वर्य के सामानों की उसकी लत ने आर्थिक रूप से तबाह कर डाला जबकि इसी प्रक्रिया के दूसरे छोर पर ऐश्वर्य के सामानों के सप्लायर के रूप में बुर्जुआज़ी की भूमिका से बुर्जुआ अर्थव्यवस्था तेज़ी से फलने-फूलने लगी.

13. डेनियल डिफ़ो, *द कम्प्लीट ट्रेड् समैन*, दूसरा संस्करण (लंदन, 1727; पुनर्प्रकाशित न्यू यॉर्क, 1969), खंड 1, पृ. 257-8.

14. वही, पृ. 259.

15. सत्रहवीं शताब्दी के महलों में विशाल आईनों का इस्तेमाल इसलिए किया जाता था ताकि उनसे स्थान का भ्रम पैदा हो.

16. डोरोथी डेविस, *ए हिस्ट्री ऑफ़ शॉपिंग* (लंदन एवं टोरंटो, 1966), से उद्धृत, पृ. 192.

17. चार्ल्स नाइट (1851), एलीसन एडबर्घम, *शॉप्स ऐण्ड शॉपिंग* 1800-1914 (लंदन, 1964), से उद्धृत, पृ. 96.

18. हिर्थ, डस डॉयच ज़िम्मर, पृ. 152.

19. बोये को पत्र, 10 जनवरी 1775, *लिख़्तेनबर्ग्स वेर्के इन आइनेम बैंड* में (स्टुटगार्ट, 1924), पृ. 356-7.

20. मैरिएन माइल्डेनबर्गर, *फ़िल्म उण्ड प्रोजेक्शन औफ़ डेयर बुहने* (इम्सडेटन, वेस्टफ़ालिया, 1961), पृ. 22.

21. चार्ल्स नाइट, एडबुर्घम, *शॉप्स ऐण्ड शॉपिंग* से उद्धृत, पृ. 96. हाट झरोखों को रोशन करने के लिए निकिल या आईनों के परावर्तक लगाए जाते हैं जिनका क्रॉस सैक्शन पैराबोलिक होता है। ये परावर्तक रोशनी को लंबवत नीचे की तरफ परावर्तित कर देते हैं जिससे खिड़की में रखी चीज़ें तेज़ चमकने लगती हैं।' (सी. मुचाल, *डस ए-बी-सी दे गैस-कन्श्यूमेंटेन*, वीस्बादेन, 1889, पृ. 23).

22. बुनो एच. जाह्न, *रीक्लेमे डुर्श डस शॉफ़ेंस्टेर* (बर्लिन, 1926), पृ. 130.

23. एम्मा फ़ॉन नीन्ड्रॉफ़, *ऑस डेम ह्यूटिगेन पेरिस* (स्टुटगार्ट, 1854), पृ. 171.

24. वाल्टर बेंयामिन, *शार्ल बॉदलेयर. ईन लाइरिकेर इम ज़ीटाल्टेर दे हॉशकैपिटलिस्मस* (फ़्रेंकफ़र्ट, 1969), पृ. 37.

25. *रीस नाच पेरिस इम अगस्त उण्ड सितंबर 1789* (प्रकाशन का स्थान अनुल्लिखित, 1800), पृ. 180.

26. *ल लिव्र दे सॉं-ए-अं* (पेरिस, 1831), खंड 1, पृ. 19-21.

27. नीन्ड्रॉफ़, *ऑस डेम ह्यूटिगेन पेरिस*, पृ. 169.

28. लेमेर, *पेरिस औ गेज़*, पृ. 15.

29. जूलियस रोडेनबर्ग, *पेरिस बी सोनेन्शीन उण्ड लैम्पेनलिष्ट* (लिप्सिग, 1867), पृ. 45.

30. विवरण पृ. 142, संख्या 8, पर, तथा जॉर्ज जी. फ़ॉस्टर, *न्यूयॉर्क बाई गैस-लाइट* (न्यूयॉर्क, 1850)। 1860 के आसपास पेरिस में रात्रि जीवन के बारे में प्रचलित इन शब्दों का उल्लेख किया है : *नोक्तिवाग, नोक्तिलॉग, नोक्तिफ़ाग, नोक्तियोर्ग, फ़िज़ियोलॉजी द लेग्ज़िस्तॉंस द नुइ आ पारी*.

31. डब्ल्यू लॉट्ज़ (प्रकासन), *लिख़्ट उण्ड बैलॉयष्टुंग* (बर्लिन, 1928), पृ. 44.

बैठक (ड्रॉइंग रूम)

1. एड्गर एलेन पो, द *वर्क्स*, (सं.) ई.सी. स्टेडमैन एवं जी.ई. वुडबैरी (फ़्रीपोर्ट, 1971—1895 के संस्करण का पुनर्प्रकाशन), खंड 9, पृ. 217.

2. एमिली कार्दो, *लार ओ फ़ोइये दोमेस्तीक* (पेरिस 1884), पृ. 69.

3. 'आर्ट ऐट होम' शृंखला (लंदन, 1878) में, श्रीमती ऑरिनस्मिथ, *द ड्रॉइंग रूम, इट् स डेकोरेशन ऐण्ड फ़र्नीचर*, पृ. 111-12.

4. जे.ओ.एन. रटर, *डस गंज़े डर गासबेलॉयष्टुंग, नैश इहरेम जेटज़िज़ेन स्टेंडपंक्टे* (क्वेडलिनबर्ग एवं लिप्त्सिग, 1835), पृ. 430.

5. बुर्जुआ घरों के मुख्य कक्ष को कई बार ड्रॉइंग रूम, तो कभी-कभी पार्लर या लिविंग रूम कहकर भी संबोधित किया जाता है। इन संबोधनों की असंगति समकालीन भाषा विन्यास की अनिश्चितता को प्रतिबिंबित करती है। उन्नीसवीं सदी का अच्छा-ख़ासा समय गुज़र जाने के बाद भी उत्सवों तथा सामाजिक मेल-जोल के लिए आरक्षित कमरा ड्रॉइंग रूम या पार्लर ही कहलाता था। पार्लर आभिजात्य वर्गीय सैलून की एक बुर्जुआ नक़ल था। इस कमरे को खुद परिवार के लोग इस्तेमाल नहीं करते थे। यह कमरा बुर्जुआ घर के मध्य में एक बाहरी इकाई, एक निर्जीव केंद्र की तरह दिखाई देता था। आगे चलकर उन्नीसवीं सदी के उत्तरार्द्ध में यह धीरे-धीरे पारिवारिक जीवन के लिए खुलने लगा और आधुनिक लिविंग रूम या विश्राम कक्ष बन गया। ड्रॉइंग रूम, पार्लर और लिविंग रूम, इन सभी की उत्पत्ति घर के उस साझा कमरे से हुई है जहाँ पूरा परिवार एक साथ बैठकर आग सेंकता था। 'इस कमरे की उपादेयता को सबसे अच्छी तरह अलाव के संदर्भ में ही समझाया जा सकता है जो कि इसका एक अभिन्न अंग है। बिना अलाव के इस कमरे का अस्तित्व नहीं हो सकता' (कोनराड बेडल, *हिस्टोरिशे हौज़फोर्शुंग*, मुन्स्टर, 1978, पृ. 125)। स्टोव, अलाव, आग, रोशनी—जिस कमरे में इन तत्त्वों को इसी क्रम में स्थान मिला वह घर का केंद्र बन गया.

6. डीन शैंडलर एवं ए. डगलस लेसी, *द राइज़ ऑफ़ द गैस इंडस्ट्री इन ब्रिटेन* (लंदन, 1949), से उद्धृत, पृ. 76.

7. एन.एच. शिलिंग, *हाण्डबूख फ़्यूर श्टाइनकोलनगास-बेलॉयष्टुंग*, दूसरा संस्करण (म्यूनिख, 1866), पृ. 105.

8. बुशारदा, 'ला ल्युमिएर ए साँ आक्सियाँ स्युर अई', *रव्यू सिऑतिफ़ीक*, 18 अगस्त 1879, पृ. 147.

9. देखें इसी पुस्तक का अध्याय 'रात में'। शिलिंग, *हाण्डबूख फ़्यूर श्टाइनकोलनगास-बेलॉयष्टुंग*, दूसरा संस्करण (1866), पृ. 105, ने लिखाः 'इसकी विस्फोटकता और ज्वलनशीलता अभी भी कुछ लोगों को इसे {गैस लाइटिंग को} घर में लगाने से रोकती है।'.

10. *जर्नल ऑफ़ साइंस* (1820): 'इसकी दमघोंटू गंध, और हर धात्विक वस्तु को बदरंग बना देने का इसका गुण इसे आवासीय मकानों से बेदख़ल कर देता है क्योंकि वहाँ यह हमारे स्वास्थ्य, फ़र्नीचर, पुस्तकों, तस्वीरों, तश्तरी, रंग रोगन आदि को नुकसान पहुँचाएगी...। इन प्रभावों की वजह से कोयले की गैस हमारे विश्राम कक्षों में अप्रिय मालूम होने लगती है और इसी वजह से इसका इस्तेमाल खुली दुकानों और सड़क पर लगे लैम्पों तक सीमित होकर रह गया है' (मैथ्यूज़, *हिस्टॉरिकल स्केच* से उद्धृत, पृ. 108).

11. एल. गालीन, *त्रेते ज़ेनेराल देक्लेयराज़* (पेरिस, 1894), पृ. 408.

12. कार्डन, *लार ओ फ़ोइये दोमेस्तीक*.

13. गास्तों बाशेलार, *ला फ़्लाम द्युन शॉन्देल* (पेरिस, 1961), पृ. 93-4.

14. अलाव, जो मूल रूप से एक कमरे वाले घरों के मध्य में स्थित होता था, धीरे-धीरे दीवार के पास चला गया। इसकी जगह एक मेज़ ने ले ली जो घरेलू जीवन, विशेष रूप से भोजन का केंद्र बन गई (हर्बर्ट फ़्रयूडेन्थल, *डस फ़िय़ूर इम डॉयचन ग्लाउबेन उण्ड ब्राउश*, बर्लिन और लिप्त्सिग, 1931, पृ. 54)। फलस्वरूप मेज़ के साथ या ऊपर रखे लैम्प को मूल अलाव के अवशेष के तौर पर देखा जा सकता है.

15. योहानेस फ़ाइग, *डेयर आल्ट फ़ायरआबंड, आर्बाइटन त्सूअर एन्ट् विकलुंगससिषेलोगी*, खंड 17 (म्यूनिख, 1936), पृ. 15. विल्हेम हॉफ़ 'डस काल्टऽ हैर्त्स' नाम की अपनी कहानी में निम्नलिखित दृश्य खींचते हैं: 'रात के खाने के बाद घर की औरत और उसकी बेटियाँ अपनी तकलियाँ लेकर विशाल अलाव के चारों तरफ़ बैठ जातीं। इस दौरान घर के बच्चे आग में फ़र के बरोज़ेदार लट्ठे डालते रहते। दादा, मेहमान और मालिक हुक्का गुड़गुड़ाते रहते और महिलाओं को काम करते देखते। दूसरी तरफ़ घर के युवा लकड़ी की चम्मचें और काँटे बनाने में मसरूफ़ रहते' (*ज़ेम्टलिष वैर्क*, म्यूनिख, एन.डी. {1970}, खंड 2, पृ. 222).

16. योसेफ़ मेडर, *लेबेन उण्ड मीनुंनज़ेन आइनेस आल्टेन बौरनजुंगेन* (विएना और लिप्त्सिग, 1918), फ़ाइगऽ, डेयर आल्टऽ फ़ायरआबंड से उद्धृत, पृ. 15.

17. पाउल हैट्ट्स, *उन्ज़र एल्टर्नहाउज़* (1913), उपरोक्त से उद्धृत, पृ. 80.

18. लिली ब्राउन, *इम शाट्टन डेयर टीटानन* (1910), उपरोक्त से उद्धृत, पृ. 85.

19. *मंथली मैगज़ीन* (1805), पैक्स्टन, *थ्योरी ऐण्ड प्रैक्टिस ऑफ़ गैस लाइटिंग*, से उद्धृत, पृ. 38.

20. पॉलक, *ब्रोज़ामेन*, फ़ाइग, *डेयर आल्ट फ़ायरआबंड* से उद्धृत, पृ. 19.

21. बेंजामिन काउंट रम्फ़ोर्ड, *द कम्प्लीट वर्क्स* (बोस्टन, एन.डी.), खंड 4, पृ. 106.

22. वही, पृ. 134.

23. वही, पृ. 106.

24. 'यह युक्ति आरगाँ के ख़ूबसूरत लैम्प की तेज़ रोशनी को नियंत्रित करने के लिए युरोप के ज़्यादातर हिस्सों में कई वर्षों से प्रचलित है' (वही, पृ. 106).

25. वही, पृ. 109.

26. *अन्नालन डेयर फ़्यूज़ीक* (1817), पृ. 400.

27. ई. पैकलेट, *डी कुंस्ट डेयर गेबाउड-, त्सिम्मर- उण्ड स्ट्रास्सनबेलॉयष्टुंग डुर्ष एयोल, टाल्ग, वाख़्स उण्ड गास* (वाइज़मर, 1853), पृ. 150.

28. कॉर्नेलिउस गुर्लिट, *इम बिउर्गरहाउस* (ड्रेसडेन, 1888), पृ. 166.

29. मैक्स वॉन बोइहन, *मोड् स ऐण्ड मैनर्स ऑफ़ द नाइन्टीथ सेंचुरी,* खंड 1, पृ. 124.

30. मायर-ओबरिस्ट, *कुलटुअरगेशिष्टऽ डेस वोनेन्स इम आबंडलेंडिशन राउम* (हैमबर्ग, 1956), पृ. 252.

31. वॉल्फ़गाँग शेओने, *इ्यूबर डस लिष्ट इन डेयर मालराइ,* चौथा संस्करण (बर्लिन, 1977), पृ. 161.

32. वही, पृ. 162.

33. वही, पृ. 194. उन्नीसवीं सदी की पेंटिंग के इस नए गुण का एक प्रारंभिक विवरण अंग्रेज पेंटर हेनरी राइख़्टर द्वारा लिखी गई छोटी सी पुस्तक, *डे-लाइटः ए रीसेंट डिस्कवरी इन दि आर्ट ऑफ़ पेंटिंग* (लंदन, 1817), में मिलता है जिसका शेओन ने उल्लेख किया है। इस किताब में एक समकालीन कला प्रेमी और सत्रहवीं शताब्दी की डच पेंटिंग के पुराने माहिरों के बीच काल्पनिक बातचीत दिखाई गई है। लेखक की तरफ़ से बोलने वाला युवक इन महान आत्माओं से पूछता हैः 'मगर, बाखुदा क्या आपके दिनों में वाक़ई साफ़ आसमान नहीं हुआ करता था? और क्या उस वक़्त वातावरण का साफ़ नीला रंग उस तरह नहीं चमकता था जैसे अब चमकता है? जी हाँ, दिन की रोशनी से मेरा यही आशय है और यह सूर्य की प्रत्यक्ष रोशनी से भिन्न है। और आसमान की ये रोशनी तमाम चीज़ों के सिर पर लंबवत पड़नी चाहिए फिर चाहे सूरज चमक रहा हो या नहीं' (पृ. 2-3).

34. ई. पैकलेट, *त्रेते द लेक्लेराज़* (पेरिस, 1827), खंड 1, पृ. 1.

35. रम्फ़ोर्ड, *द कम्प्लीट वर्क्स,* खंड 4, पृ. 110.

36. वही.

37. *त्साइटश्रिफ़्ट फ़्यूर बेलॉयष्टुंग्स्वेज़न,* संख्या 6 (1897), पृ. 55.

38. शिलिंग, *हाण्डबूख फ़्यूर श्टाइनकोलनगास-बेलॉयष्टुंग,* दूसरा संस्करण (1866), पृ. 379.

39. वही, पृ. 326.

40. गॉटफ़्रेड सेम्पर, *विस्सनशाफ़्ट, इंदुस्त्री उण्ड कुंस्ट* (1851; पुनर्प्रकाशित मेंज़ 1966), पृ. 33.

41. यूलियूस लैस्सिंग, 'एलैक्ट्रिश बेलॉयष्टुंगज़्क्योर्पर', *वैस्टरमन्स मोनाट् सहैफ़्ट,* अक्तूबर 1894, पृ. 100.

42. जी.एम.एस. ब्लॉकमैन, *फ़्यून्फ़ फ़ॉर्त्रेगऽ इ्यूबर बेलॉयष्टुंग फ़्यूर गासकॉन्ज़ुमेन्टन* (ड्रेसडन, 1873), पृ. 36ः 'आँखों को लौ की प्रत्यक्ष रोशनी से बचाते हुए अधिकतम प्रकाश प्राप्त करने के लिए काँच के शेड.के ऊपर एक बड़ा सा छेद बना दिया जाता है। इससे ज़रूरत भर रोशनी छत की तरफ़ जाती है और वहाँ से परावर्तित होकर चारों तरफ़ फैल जाती है।'.

43. बाशेलार, *ला फ़्लाम,* पृ. 90.

44. विल्हेल्म हाउज़ेन्श्टाइन, *लिष्ट उंटर डेम हॉरित्सोंट, टागऽब्यूशर फ़ॉन 1942 बिस 1946* (यानी, डायरी 1942.1946) (म्यूनिख, 1967), पृ. 273. (इस अंश का संदर्भ मुहैया कराने के लिए मैं कार्ल-फ़्रेडरिक बॉमैन का आभारी हूँ।).

45. 'अलाव के बग़ल में रखने के लिए रेडियो एक आधुनिक विकल्प है' (हैडली कैंट्रिल एवं गॉर्डन डब्ल्यू. आलपोर्ट, *द साइकोलॉजी ऑफ़ द रेडियो* (न्यूयॉर्क व लंदन, 1935), पृ. 15.

46. जेम्स विलियम फ़ेसी, *प्रैक्टिकल हाउस डेकोरेशन* (लंदन, 1886), पृ. 25.

47. ऑनरी हावार, *ल देकोरासियाँ* (पेरिस, काल अज्ञात), पृ. 141.

48. *इल्युमिनेटिंग इंजीनियरिंग सोसाइटी*, ट्रांज़ेक्शंस, खंड 1, पृ. 4.

49. वही, पृ. 5-6.

50. डब्ल्यू. सी. पोज़े, *हाइजीन ऑफ़ दि आई* (फ़िलाडेल्फ़िया व लंदन, 1918), पृ. 112-13.

51. लुई बैल, *दि आर्ट ऑफ़ इल्युमिनेशन* (न्यू यॉर्क, 1902), पृ. 164-5.

52. *आर्किटेक्चरल रिकॉर्ड* (न्यू यॉर्क), खंड. 33 (1913), पृ. 154.

53. लैस्सिंग, *'एलैक्ट्रिशऽ बेलॉयष्टुंग्ज़क्योर्पर'*, पृ. 103.

54. *त्साइटश्रिफ़्ट फ़्यूर बेलॉयष्टुंग्स्वेज़न*, संख्या 1 (1898), पृ. 9.

55. याकोब फ़ॉन फ़ाल्क, *डी कुंस्ट इम हाउज़े* (विएना, 1882), पृ. 326.

56. ऑरिनस्मिथ, *द ड्रॉइंग रूम*, पृ. 64-5.

57. फ़ाल्कऽ, *डी कुंस्ट इम हाउज़े*, पृ. 330.

58. वही, पृ. 328.

59. ऑनरी आवार, *लार दाँ ला मेज़ाँ. ग्रामेयर द लाम्ब्ल्मॉ* (पेरिस, 1884), पृ. 301.

60. गुर्लिट, *इम बिउर्गरहाउस*, पृ. 168.

61. ऑनरी आवार, *लार दाँ ला मेज़ाँ*, पृ. 300.

62. गेयॉर्ग हिर्थ, *डस डॉयचे त्सिमर डेयर गॉथिक उण्ड रेनेसाँ, डेस बारॉक़-रोकोको-उण्ड त्सॉप्फ़्स्टील्स* (म्यूनिख व लिप्त्सिग, 1899), पृ. 162-3.

63. फ़ाल्क, *डी कुंस्ट इम हाउज़े*, पृ. 163-4.

64. मायर-ओबरिस्ट, *कुल्टुअरगैशिष्टे डेस वोनेन्स*, पृ. 150.

65. ऑरिनस्मिथ, *द ड्रॉइंग रूम*, पृ. 64.

66. कार्ल रोज़्नर, *डस डॉयचे त्सिम्मर इम 19. यारहुंडर्ट* (म्यूनिख व लिप्त्सिग, 1899), पृ. 227 (हिर्थ, डस डॉयचे त्सिम्मर का भी कुछ अंश).

67. मिशेल फूको, *इ्यूबरवाखन उण्ड श्ट्राफ़न* (फ़्रैंकफ़र्ट, 1976), विशेष रूप से 'panoptism' पर केंद्रित भाग.

68. गुर्लिट, *इम बिउर्गरहाउस*, पृ. 188.

मंच

1. रुडॉल्फ़ त्सूअर लिप्पे, *नाटुअरबेहैर्शुंग अम मैंशन*, (फ़्रैंकफ़र्ट, 1974), पृ. 25.

2. ज़ाँ बाप्तीस्त प्यूज़ॉक्स, *पारी आ ला फें द्यू 18एम सिएक्ल* (पेरिस, 1801), पृ. 130.

3. ग्रोस्टा बर्गमैन, *लाइटिंग इन द थिएटर* (स्टॉकहोम, 1977), से उद्धृत, पृ. 178.

4. उपरोक्त से उद्धृत, पृ. 180.

5. 'इसका कोई साक्ष्य नहीं है कि शीर्ष लाइटिंग निरंतर और सामान्य प्रयोग में थी' (कार्ल-फ़्रीडरिष बाउमन, 'एनट्विक्लुंग उण्ड अनवेंडुंग डेयर ब्यूननबेलॉएष्टुंग ज़ाइट डेयर मिट्ट डेस 18, यारहुंडर्ट्स', शोधपत्र, कोलोन विश्वविद्यालय, 1956, पृ. 21).

6. प्यूज़ॉक्स, *पारी आ ला फें द्यू 18एम सिएक्ल*, पृ. 128.

7. बाउमन, 'एनट्विक्लुंग उण्ड अनवेंडुंग डेयर ब्यूननबेलॉएष्टुंग', पृ. 294.

8. देनी दिदेरो, *अव्र कॉम्प्लेत*, खंड 7 (पेरिस, 1875), पृ. 396.

9. लुई कातेल, *फ़ोर्शलेग त्सुअर फ़ेर्बेसऽरुंग डेयर शाउश्पीलहॉयज़र* (बर्लिन 1802), पृ. 18.

10. वही, पृ. 17.

11. फ़्रॉन्त्स बेनेडिक्ट बीयरमन, *डी प्लेन फ़्यूर रेफ़ॉर्म डेस ठेआटेरबाउएस बाय कार्ल फ़्रीडरिष शिंकल उण्ड गॉटफ़्रीड सेम्पर, शृफ़्टन* डेयर गेज़ेलशाफ़्ट फ़्यूर ठेआटेरगेशिष्टे, 38 (बर्लिन, 1928) से उद्धृत, पृ. 35.

12. ल कोलोनेल ग्रोबेएर, *द लेक्सीक्यूसियाँ द्रामातीक...* (पेरिस, 1809), पृ. 224.

13. लाव्आज़ियेर, *अव्र, प्यूब्लीए पार ले स्वाँ द एस. एक्स. ल मिनीस्त्र द लेंस्त्रिक्सियाँ प्यूब्लीक*, खंड 3 (पेरिस, 1865), पृ. 18-19.

14. वही, पृ. 93-4.

15. वही, पृ. 95.

16. बर्गमैन, *लाइटिंग इन द थिएटर*, पृ. 402 (टिप्पणी 25) से उद्धृत.

17. 'आपको सिर्फ़ इतना करना है कि परदे के पास प्रेक्षागृह की चौड़ाई में अंतरालों पर तीन 'लैम्प-पोस्ट' लगा दें। तीन लैम्प पोस्ट... ख़ानों की दूसरी, तीसरी और चौथी मंज़िलों की क़तार के छोर पर लगा दें जहाँ से वह अपनी रोशनी को सही ढंग से बिखेर सकें और उनकी किरणों के दायरे में आने वाले प्रोसिनियम की ऊँचाई और चौड़ाई के वर्णों को अपने में समो लें। इन साधनों से, सेट की चीज़ों पर नीचे से ऊपर की तरफ़ पड़ने वाली बेतुकी रोशनी की जगह ऊपर से नीचे की तरफ़ रोशनी पड़ने लगेगी जैसे सूरज की रोशनी होती है। यह ज़्यादा स्वाभाविक भी दिखाई देगी। इस बात का ध्यान रखना ज़रूरी है कि ख़ानों की क़तारों के दूर छोर पर रखे इन लैम्पों की जगह को देखते हुए, उनसे दर्शकों को असुविधा न हो। यानी वे दर्शकों को दिखाई न दें बल्कि उन्हें देखे बिना ही दर्शक उनके उजलेपन का आनंद उठाएँ। उनकी दिशा ऊपर की तरफ़ होनी चाहिए और उनका धुँआ टिन प्लेट के बने एक साधारण पाइप की सहायता से प्रेक्षागृह की छत की तरफ़ चला जाए।' बर्गमैन, *लाइटिंग इन द थिएटर*, पृ. 403, टिप्पणी 26 से उद्धृत.

18. टेरेंस रीस, *थिएटर लाइटिंग इन दि एज ऑफ़ गैस* (लंदन, 1978) से उद्धृत, पृ. 185.

19. बाउमन, 'एनट्विक्लुंग उण्ड अनवेंडुंग डेयर ब्यूननबेलॉएष्टुंग' से उद्धृत, पृ. 360.

20. *नॉय फ़्राय प्रैस*, 11 मई 1883 (संख्या 6, 718).

21. *नायेस वीनर टाग्ब्लट्ट*, 11 मई 1883 (संख्या 128).

22. बाउमन, 'एनट्विक्लुंग उण्ड अनवेंडुंग डेयर ब्यूननबेलॉएष्टुंग' से उद्धृत, पृ. 231.

23. बर्गमैन, *लाइटिंग इन द थिएटर*, पृ. 261.

24. रीस, *थिएटर लाइटिंग*, से उद्धृत, पृ. 189.

25. दिदेरो, *अव्र कॉम्प्लेत*, खंड 7, पृ. 375-6.

26. वही.

27. बाउमन, 'एनट्विक्लुंग उण्ड अनवेंडुंग डेयर ब्यूननबेलॉएष्टुंग', पृ. 304.

28. प्यूज़ॉक्स, *पारी आ ला फें द्यू 18एम सिएक्ल*, पृ. 129.

29. बाउमन, 'एनट्विक्लुंग उण्ड अनवेंडुंग डेयर ब्यूननबेलॉएष्टुंग', पृ. 422.

30. वही, पृ. 15.

31. ये सभी विवरण बर्गमैन, *लाइटिंग इन द थिएटर*, पृ. 170-1 में.

32. उपरोक्त से उद्धृत, पृ. 64.

33. उपरोक्त से उद्धृत, पृ. 66.

34. वही, पृ. 89.

35. वही, पृ. 90.

36. बाउमन, 'एनट्विक्लुंग उण्ड अनवेंडुंग डेयर ब्यूननबेलॉएष्टुंग', से उद्धृत, पृ. 61; इसके अलावा योहान आडम ब्रेसिष, *स्कित्सेन, गेडांकन, एंटव्युर्फ़, उमरिस्से, फ़ैरज़ुखे, श्टूडीएन, डी बिल्डेन्डन क्युन्स्ट बेत्रैफ़ंड* (मैगदेबर्ग, 1800), पृ. 71 में भी। (यह मोटे तौर पर सी.-एच. वैटेलेट और पी.सी. लवेस्क, *दिक्सियोनेर दे आर द पेन्त्यूर, स्क्रिप्च्यूर ए ग्राव्यूर*, पेरिस, 1792 का भावानुवाद है।).

37. ग्रोबेएर, *द लेक्सीक्यूसियाँ द्रामातीक*, पृ. 265.

38. प्यूज़ॉक्स, *पारी आ ला फें द्यू 18एम सिएक्ल*, पृ. 129.

39. ग्रोबेएर, *द लेक्सीक्यूसियाँ द्रामातीक*, पृ. 267.

40. बाउमन, 'एनट्विक्लुंग उण्ड अनवेंडुंग डेयर ब्यूननबेलॉएष्टुंग', से उद्धृत, पृ. 104.

41. उपरोक्त से उद्धृत, पृ. 271.

42. रीस, *थिएटर लाइटिंग*, पृ.188.

43. बाउमन, 'एनट्विक्लुंग उण्ड अनवेंडुंग डेयर ब्यूननबेलॉएष्टुंग', पृ. 279.

44. यहाँ हम स्टीफ़न ओटेरमान के अध्ययन, *डस पैनोरामाः डी गेशिष्ट आईनस मासनमेडियुम्स* (फ़्रेंकफ़र्ट, 1980) – का उल्लेख करने से अधिक और कुछ नहीं कर सकते क्योंकि इस विषय पर यह सबसे परिपूर्ण, ज्ञानवर्धक और भव्य पुस्तक है.

45. हाइंत्स बूडेमायर, *पैनोरामा, डियोरामा, फ़ोटोग्राफ़ी। एंट् ष्टेउंग उण्ड विर्कुंग नॉयर मेडियन इम 19. यारहुंडर्ट* (म्यूनिख, 1970), पृ. 17.

46. उपरोक्त से उद्धृत, पृ. 166.

47. उपरोक्त से उद्धृत, पृ. 175.

48. हैलमुट और एलीसन गर्नशीम, *एल.जे.एम. डॉग्वेरे : द हिस्ट्री ऑफ़ द डियोरामा ऐण्ड द डॉग्वेरोटाइप* (लंदन, 1965), से उद्धृत, पृ. 15.

49. बूडेमायर, *पैनोरामा, डियोरामा, फ़ोटोग्राफ़ी*, पृ. 25-6.

50. आल्फ़्रेड आउरबाख, *पैनोरामा उण्ड डियोरामा। आइन अब्रिस्स इयूबर गेशिष्टे उण्ड वेज़न फ़ोल्क्श्ट् यूमलिशर विर्क्लिषकाइट् सकुंस्ट* (ग्रिम्मन, 1942), मारिआने मिल्डनबैर्गर, *फ़िल्म उण्ड प्रोयेक्त्स्योन आउफ़ डेयर ब्यून* (एम्सडेट्टन, वेस्टफ़ेलिया, 1961), पृ. 22 से उद्धृत.

51. बाउमन, 'एनट्विक्लुंग उण्ड अनवेंडुंग डेयर ब्यूननबेलॉएष्टुंग', पृ. 318. 'यह सिद्ध किया जा चुका है कि शिंकेल की कुछ सुप्रसिद्ध पेंटिंग और थिएटर सेट्स उनके पैनोरमा पर आधारित थे; और व्युत्क्रम में, कि डायोरेमा उनकी पेंटिंगों का अनुकरण थे' (कुर्ट कार्ल एबरलाइन, 'डियोरामा, पैनोरामा उण्ड रोमांटीक', *डस नात्सियोनालठेआटर*, खंड 1, संख्या 4 (1928/9), पृ. 37)। 'पैनोरमा पेंटर के तौर पर शिंकेल ने जो अनुभव हासिल किया उसने उन्हें थिएटर आर्टिस्ट के रूप में एक नए कैरियर के लिए तैयार किया। उनके थिएटर सेट्स की निपुणता... इस अजीबोग़रीब क़िस्म की दृश्यकला के बिना अकल्पनीय है' (वही, पृ. 38).

52. काटेल, *फ़ॉर्शलेज ज़ुर वर्बेसेरुंग डर शॉस्पीलहौज़र*, पृ. 5-6.

53. थेओ फ़ान आल्स्ट, 'गेश्टाल्टुंग्स्प्रिंत्सिपियन डेस त्सेनिशन नाटुअरालिस्मुस', शोधपत्र, कोलोन विश्वविद्यालय, 1954, मिल्डनबैर्गर, *फ़िल्म उण्ड प्रोयेक्त्स्योन आउफ़ डेयर ब्यून*, से उद्धृत, पृ. 23.

54. गर्नशीम, *एल.जे.एम. डॉग्वेरे* (न्यूयॉर्कः डॉवर संस्करण) पृ. 12.

55. फ़ान आल्स्ट, 'गेश्टाल्टुंग्स्प्रिंत्सिपियन डेस त्सेनिशन नाटुअरालिस्मुस', बाउमन, 'एनट्विक्लुंग उण्ड अनवेंडुंग डेयर ब्यूननबेलॉएष्टुंग', से उद्धृत, पृ. 312.

56. वाग्नर ने 'ऑर्केस्ट्रा आँखों से ओझल होना चाहिए' की अपनी माँग के चलते पैदा हुए 'प्रोसीनियम और दर्शक दीर्घा के बीच स्थित रिक्त स्थान' को एक रहस्यात्मक गर्त की संज्ञा दी। उनका मानना था कि यह एक बिल्कुल सही नाम है 'क्योंकि इसे यथार्थ को आदर्श से अलग करना है'। एक ऑर्केस्ट्रा के आगे और एक उसके पीछे, ये दो प्रोसीनियम चाप बायरेयॉथ में फ़ैस्टश्पीलहाउज़ पर एक क़िस्म की दृश्य सुरंग रच देते हैं। यह 'इस आशय का बेजोड़ भ्रम पैदा करता है कि वास्तविक दृश्य हमसे दूर जा रहा है...। यह भ्रम इस तथ्य से पैदा होता है कि दर्शक यह सोचते हैं कि मंच पर जो कुछ हो रहा है वह बहुत दूर है, जबकि वास्तव में वह उसे निकटता में उपलब्ध सारी बारीकियों के साथ देख रहे होते हैं; इससे एक और भ्रम पैदा होता है, कि मंच पर दिखाई देने वाले व्यक्ति महाकाय हैं। इस प्रणाली की सफलता ही दर्शक और मंच के बीच पैदा होने वाले संबंध के अतुलनीय प्रभाव का कुछ अनुमान करा देती है। जैसे ही दर्शक अपनी सीटों पर बैठते हैं वे खुद को एक आभासी 'रंगशाला', यानी एक ऐसी जगह बैठा पाते हैं जिसे ख़ास तौर से उन चीज़ों को देखने के लिए ही बनाया गया है जो उसकी सीटों पर बैठे-बैठे देखी जा सकती हैं। दर्शकों और देखे जाने वाले दृश्य के बीच कुछ भी स्पष्ट रूप से दृष्टिगोचर नहीं होता; वहाँ सिर्फ़ एक 'शून्य' होता है, जिसे वास्तुशिल्पीय हस्तक्षेप से अगणित बना दिया जाता है। यह शून्य दो प्रोसीनियमों के बीच स्थित होता है, और एक स्वप्न की असंभव पहुँच से लैस एक दूरस्थ छवि प्रस्तुत करता है' (*सैम्टलिशे श्रिफ़्टेन उण्ड डिखटुंजेन*, वुल्क्सऑसगेइ, लिप्सिग, एन.डी., खंड 9, में आर. वॉगनर, 'बायरेयॉथ, डस ब्यूननफ़ैस्टश्पीलहाउज़', इम ज़ेम्टलिश श्रुफ़्टन उण्ड डिष्टुंगन, फ़ॉल्क्सआउसगाब, लिपत्ग्नि पृ. 337-8).

57. ग्लोब, 1826, बूडेमायर, *पैनोरामा, डियोरामा, फ़ोटोग्राफ़ी* से उद्धृत, पृ. 182.

58. बेला बालास्ज़, *डेयर गाइस्ट डेस फ़िल्म्स* (पुनर्प्रकाशित म्यूनिख, 1983), पृ. 9-10.

Select Bibliography

d'Allemagne, H.-R., *Histoire du luminaire*, Paris, 1891

Bachelard, G., *La Plamme d'une chandelle*, Paris, 1961

Bader, L., 'Gas Illumination in New York City, 1823—1863', dissertation, New York University, 1970

Bell, L., *The Art of Illumination*, New York, 1902

Bergman, G., *Lighting in the Theatre*, Stockholm, 1977

Besnard, B., *L'Industrie du gaz a Paris depuis ses origines*, Paris, 1942

Bryan, G.S., *Edison: The Man and His Work*, London and New York, 1926

Buddemeier, H., *Panorama, Diorama, Photographie. Entstehung and Wir—kung neuer Medien im 19. jahrhundert*, Munich, 1970

Cardon, E., *L'Art au foyer domestique*, Paris, 1884

Chandler, D., *Outline of History of Lighting by Gas*, London, 1936

Chandler, D., and Lacey, A.D., *The Rise of the Gas Industry in Britain*, London, 1949

Citron, P., *La Poésie de Paris dans la littérature frangaise de Rosseau a Baudelaire*, Vol. 1, Paris, 1961

Clegg, S., Jr, *A Practical Treatise on the Manufacture and Distribution of Coal-Gas*, 1st edn, London, 1841

Davis, D., *A History of Shopping*, London and Toronto, 1966

Davy, Humphry, *Elements of Chemical Philosophy*, London, 1812, Vol. 1

Defrance, E., *Histoire de l'éclairage des rues de Paris*, Paris, 1904

Facey, J.W., *Practical House Decoration*, London, 1886

Foster, G.G., *New York hy Gas-Light*, New York, 1850

Furst, A., *Das elektrische Licht*, Munich, 1926

Galine, L., *Traité général d'éclairage*, Paris, 1894

Gernsheim, A., and Gernsheim, H., *L.J.M. Daguerre: The History of the Diorama and the Daguerrotype*, London, 1965

Gurlitt, C., *Im Biirgerhaus*, Dresden, 1888

Harris, J.R., 'The Rise of Coal Technology', *Scientific American*, August 1974

Hassenstein, C.H., *Das elektrische Licht*, Weimar, 1859

Hausenstein, W., *Licht unter dem Horizont*. Tagebilcher von 1942 his 1946, Munich, 1967

Havard, H., *La Décoration*, Paris, n.d.

I-lerlaut (Commandant), 'L'Eclairage des rues a Paris a la fin du 17e au 18e siecles', *Société de l'Histoire de Paris et de l'Ille-de—France. Mémoires*, Vol. 43

Hirth, G., *Das deutsche Zimmer der Gotik und Renaissance, des Barock-Rokoko- und Zopfstils*, Munich and Leipzig, 1899

Hunt, C., *A History of the Introduction of Gas Lighting*, London, 1907

Knaggs, N.S., *Adventures in Man's First Plastic*, New York, 1947

Lavoisier, A.L., *Oeuvres*, Vol. 3, Paris, 1865

Lotz, A., *Das Feuerwerk*, Leipzig, n.d. [1940]

Maitland, W., *The History and Survey of London*, Vol. 1, London, 1760

Matthews, W., *An Historical Sketch of the Origin, Progress and Present*

State of Gas-Lighting, London, 1827

Mildenberger, M., *Film und Projektion auf der Biihne*, Emsdettten, West-phalia, 1961

Nahrstedt, W., *Die Entstehung der Freizeit, dargestellt am Beispiel Hamburgs*, Gottlngen, 1972

Nef, J.U., *Rise of the British Coal Industry*, 2 vols., London, 1932

Orrinsmith, Mrs, *The Drawing Room, Its Decoration and Furniture*, in the

series 'Art at Home', London, 1878

Parville, H., de, *L'Electricité et ses applications*, 2nd edn, Paris, 1883

Peckston, T.S., *The Theory and Practice of Gas-Lighting*, London, 1819

Peclet, E., *Die Kunst der Gebiiude- Zimmer- und Strafienbeleuchtung durch Oel, Talg, Wachs und Gas*, Weimar, 1853

Pugin, A., and Heath, C., *Paris and its Environs*, London, 1831

Pujoulx, J.P., *Paris a la fin du 18e siécle*, Paris, 1801

Rees, T., *Theatre Lighting in the Age of Gas*, London, 1978

Rodenberg, J., *Paris bei Sonnenschein und Lampenlicht*, Leipzig, 1867

Rumford, Count B., *The Complete Works*, Vol. 4, Boston, n.d.

Rutter, J.O.N., *Gas-Lighting: Its Progress and Its Prospects*, London, 1849

Salusbury-Jones, G.T., *Street Life in Medieval England*, Brighton, 1975 (1st edn 1939)

Schilling, N.H., *Handbuch fdr Steinkohlengas-Beleuchtung*, 2nd edn, Munich, 1866

Schöne, W., *Über das Licht in der Malerei*, 4th edn, Berlin, 1977

Schroeder, M., *The Argand Burner: Its Origin and Development in France and England 1780-1859*, Odense, 1969

Scott, W.S., *Green Retreats: The Story of Vauxhall Gardens 1661-1859*, London, 1955

Stevenson, Robert Louis, 'A Plea for Gas Lamps', in *The Travels and Essays*, Vol. 13, New York, 1917

Sydney, W.C., *England and the English in the 18th Century*, London, 1892

Trébuchet, A., *Recherches sur l'éclairage public de Paris*, Paris, 1843

Whipple, F.H., *Municipal Lighting*, Detroit, 1888

Wroth, W., *The London Pleasure Gardens of the 18th Century*, London, 1896